宋代政教史

（上篇二）

劉伯驥著

中華書局印行

第五章　政治變革（五）

第二十二節　理宗獨斷

理宗昀（一二〇三－一二六四）即位，崇尚道學，眞德秀、魏了翁（一一七八－一二三七）等首蒙內召，天下拭目望治。但仍由史彌遠爲相，銷鑠正人。以薛極爲肺腑，馮椅爲爪牙，李知孝、梁成大、莫澤爲鷹犬，彌遠欲行事，此數人相與謀之。忤彌遠意旨者，李知孝三人必相繼擊之，於是名人賢士，排斥殆盡，人目爲三凶。政風日偷，貪汚流行，士大夫競求第宅之麗，聲伎之美，服用之侈，餽遺之珍。公家之財，視爲己物。薦舉獄訟軍伎吏役僧道富民，凡可以得賄者，無不爲也。故理宗之初治，尙秕政百出。

寶慶元年（一二二五）正月，湖州人潘壬與其從兄甫及弟丙，以史彌遠廢立，不平，乃遣甫密告謀立濟王意於李全，全陽與之定期進兵接應，而實無意也。壬等信之，遂部分其衆以待。及期，全兵不至，壬等懼事泄，乃以其黨雜販鹽盜千人，假扮全軍，揚言自山東來，夜入州城，求濟王。王聞變，匿水竇中。壬等得之，擁至州治，以黃袍加其身。王不從，壬等強之。王不得已，乃與約曰：「汝能勿傷太后官家乎？」衆許諾，遂發軍資庫金帛會子犒軍，知州謝周卿率官屬入賀。僞爲李全榜揭於門，數史彌遠廢立之罪，且曰：「今領精兵二十萬，水陸並進。」人皆聳動。比明視之，則皆太湖漁人，及巡尉卒耳。王知事不成，乃遣王元春告於朝，而帥州兵討壬。壬變姓名，走楚州，甫丙皆死。元春至行在，史彌遠懼甚，急召殿司將彭任帥師赴之，至則事平矣。壬至楚，將渡淮被獲，送臨安斬之。彌遠忌王，詐言王有疾，令余天錫召醫入湖州視之。天錫至，諭旨，逼其縊於州治，以疾薨聞。尋詔追貶爲巴陵郡公。起居郎魏了翁，考功員外郎洪咨夔相繼言王之寃（註一）。禮部侍郎直學士院眞德秀入見，奏謂霅之川變，非濟王本志，前有避匿之跡，復聞捕討之謀，情狀本末，灼然可考，願舍罪恤孤，斟酌行之。四月，太后以疾罷政。五月，進士鄧若水上封事，力斥史彌遠之姦，謂：「寧宗皇帝晏駕，濟王當繼大位者也，廢黜不聞於先帝，過失不聞於天下。史彌遠不利濟王之立，夜矯先帝之命，棄逐濟王，並殺皇孫，而奉迎陛下。曾未半年，濟王竟不幸於湖州。揆以春秋之法，非弑乎？非簒乎？非攘奪乎？」（註二）奏上，彌遠以筆橫抹之。六月，加彌遠太師，封魏國公。七月，以梁成大爲監察御史，罷直學士院眞德秀、工部尙書陳德綱、金部員外郎洪咨夔，竄大理評事胡夢昱於象州（廣西象縣），以論濟王之寃忤史彌遠故也。十一月，以薛極參知政事，葛洪簽書樞密院事，李知孝爲右正言，魏了翁眞德秀落職。了翁靖州（湖南靖縣）居住，彌遠黨猶欲竄德秀，帝不肯，乃止。眞魏之進，彌遠固推轂焉，及濟邸難作，二人執清議以置彌遠於無可自全之地，而激之以反噬耳。了翁至靖州，湖湘江浙之士，不遠千里負笈從學。德秀歸浦城，亦修讀書記。二年（一二二六）八月，從李知孝之請，追降巴陵郡公竑爲縣公，直至端平初，始詔復其官爵，有司檢視墓域，以時致祭。時竑妻吳氏自請爲尼，特賜號慧靜法空太師，紹興府月給衣資緡錢。三年（一二二七）七月，史彌遠乞歸田里，詔不允。

紹定元年（一二二八）十二月，以薛極知樞密院事，袁韶（一一五六—一二三四）同知樞密院事，鄭清之（一一七六—一二五一）簽書院事，葛洪參知政事。三年（一二三〇）十二月，以鄭清之參知政事，喬行簡（一一五六—一二四一）同簽書樞密院事。詔史彌遠十日一赴都堂治事。四年（一二三一）六月，詔魏了翁眞德秀敍復元官職。五年（一二三二）四月，起魏了翁爲集英殿修撰，知遂寧府。八月，起眞德秀爲徽猷閣待制，知泉州。六年（一二三三）十月，史彌遠進爲太師左丞相兼樞密使魯國公，加食邑千戶，進封會稽郡王，奉朝請。鄭清之爲右丞相並兼樞密使，薛極爲樞密使，喬行簡陳貴誼（一一八三—一二三四）參知政事。史彌遠以疾解政，未幾卒。彌遠柄國，誅賞予奪，悉其所主持，鉗制內外，事無大小，或用私事，或用申狀，惟不得奏聞，故四方有敗，無由上達。姦猾官僚，徒逞自利之私，其肆虐善類，雖遠較秦檜爲輕，但其黠更甚焉。南外睦宗院教授王邁（一一八四—一二四八）曰：「我國家自韓侂冑用於慶元，迄於開禧，甫及十年，天下之勢，如人少壯而得疾，故其療之也易爲功。自史彌遠相於嘉定，迄於紹定，凡二十有七年，天下之勢，如人垂老而得疾，故其藥之也難爲力。」（註三）當金人垂亡之時，不圖振作，擅權弄術，苟且偷安，江淮巨鎮，委之肺腑之親；襄陽上流，畀之膏粱之子；殿巖重寄，庸夫尸之；總餉要權，濁吏領之。兵驕不可制，政紊不可理，積弊既深，所遺一沉痼難廓之局也。彌遠死，詔奪梁成大祠祿，莫澤罷刑部尚書，諂附彌遠之袁韶、陳貽、鄭損皆落職。趙善湘有討李全功特寢免。李知孝亦斥逐。十一月，召魏了翁爲文華閣待制知瀘州潼川安撫使，了翁應詔上章，論十弊，乞復舊典，以彰新化：一曰復三省之典，以重六卿；二曰復二府之典，以集衆議；三曰復都堂之典，以重省府；四曰復侍從之典，以來忠告；五曰復經筵之典，以熙聖學；六曰復臺諫之典，以公黜陟；七曰復制誥之典，以謹命令；八曰復聽言之典，以通下情；九曰復三衙之典，以強主威；十曰復制閫之典，以黜私意。疏列萬言，引故實，陳新弊，蓋首欲整飭彌遠所破壞之綱紀，以澄淸其頹靡之政風也（註四）禮部郎中洪咨夔進對，帝問以今日急務，咨夔言進君子，退小人，開誠心，布公道。因乞召用崔與之、眞德秀、魏了翁，帝納之，命咨夔與王遂並拜監察御史，痛矯宿弊，斥去奸邪。咨夔上疏言：臣歷考往古治亂之源，權歸人主，政出中書，天下未有不治。然中書之弊端，其大者有四：一曰自用，二曰自專，三曰自私，四曰自固。願力懲往轍，而圖方來，以仰稱勵精更始之意。帝嘉納之（註五）。樞密院編修官陳塤（一一九七—一二七五），彌遠之甥也，亦上言：「天下之安危在宰相，南渡以來，屢失機會，秦檜死，所任不過万俟卨沈該耳。侂冑死，所任史彌遠耳，此今日之所當謹也。」次言內庭當嚴宦官之禁，外庭當嚴臺諫之選。宦者嫉之，監察御史王定劾塤，乃出之常州（註六）。

端平元年（一二三四），帝以彌遠既死，懲其擅權之失，復攬威柄，親總庶政，赫然獨斷出之。五月，詔李知孝瑞州居住，梁成大潮州居住，莫澤南康軍居住，彌遠黨人，斥逐殆盡。六月，以曾從龍參知政事，喬行簡知樞密院事，鄭性之（一一七二—一二五五）簽書院事。九月，召眞德秀爲翰林學士，魏了翁直學士院。時江淮帥閫有進取中原之議，德秀以爲憂，乃上封事，言移江淮甲兵以守無用之空城，運江淮金穀以治不耕之廢壤，富庶之效未期，根本之弊立見，唯陛下審之重之。召德秀爲戶部尙書。了翁入對，言和議不可信，北軍不可保，軍實財用不可恃。帝嘉納之，時又召徐僑爲太常少卿，趣入覲，手疏數千言，皆感憤剴切，上劘主闕。帝慰諭之，顧見僑衣履垢敝，愀然謂曰：「卿可謂淸貧。」僑對曰：「臣不貧，陛下乃貧耳。」帝曰：「朕何爲貧？」僑曰：「陛下國本未建，疆宇日蹙，權倖用事，將帥非才，旱蝗相仍，盜賊並起，經用無藝，帑藏空虛。民困於橫斂，軍怨於掊克，羣臣養交，而天子孤立；國勢阽危，而陛下不悟。臣不貧，陛下乃貧耳。」又言：「今女謁閹宦，相爲囊橐，誕爲二豎，以朘國膏肓，而執政大臣，又無和緩之術，陛下不此之慮，而耽樂是從，世有扁鵲，將望見而却走矣。」時貴妃閻氏方有寵，而內侍董宋臣表裏用事，故僑及之，帝爲之感動。明日，手詔罷邊帥之尤無狀者，申儆羣臣，以朋黨爲戒，命有司裁節浮費，而待僑甚厚（註七）。

鄭淸之之入相也，能以廉儉，首變貪風，亦慨然以天下爲己任，召還眞德秀、魏了翁、崔與之、李壇、徐僑、趙汝談、尤焴、游似、洪咨夔、王遂、李宗勉、杜範（一一八一—一二四四）、徐淸叟、袁甫、李韶，故端平間召用正人，淸之之力也。是以公正萃朝，忠讜接武，天下翕然曰：「此小元祐也。」（註八）頗有百度維新之氣象，號稱更化。然王邁論之曰：「淸之爲相，避權則有之，而不敢以專權；遠勢則有之，而不至怙勢。然其心甚爲國，而其力不足以副心；德可服人，而其力不足以稱德，而又政府鮮協恭之助，宰掾乏素練之賢，處煩治劇而才疏，臨機應變而見鈍。開邊一事，雖出於帥臣之喜功，而淸之不能救其源。換楮一策，雖出於樞臣之寡謀，而淸之不能奪其議。然而公正平實，以主善類，而無妒賢嫉能之偏。明白洞達，以受人言，而無淺中自是之失。通國之臣，無愚不肖，皆稱爲君子之相，而非彼相比也。」（註九）邁非阿附淸之者，其言頗爲公允。二年（一二三五）三月，以眞德秀參知政事，以疾辭，五月卒。德秀立朝，不滿十年，奏疏無慮數十萬言，皆切當世要務，直聲振朝廷，史彌遠忌之，輒擯不用，而聲聞愈彰。晚年，帝始有意向用，而德秀遽殞。六月，以鄭淸之爲左丞相，喬行簡爲右丞相，曾從龍知樞密院事兼參知政事，崔與之參知政事，鄭性之同知樞密院事。十一月，以曾從龍爲樞密使，魏了翁同簽書樞密院事。了翁在朝六月，前後二十餘疏，皆當世急務。帝將引與共政，而忌者相與合謀，假出督以外之。十二月，以了翁往京湖督視軍馬，賜便宜詔書如張浚故事。了翁開幕府於江州，以吳潛爲參謀官，趙善瀚馬光祖爲參議官。三年（一二三六）二月，召了翁還，依舊端明殿學士簽書樞密院事，兼督視江淮軍馬，了翁乞帶行軍費一千萬緡，只撥五百萬緡，而實得三百萬緡，楮輕物貴，以此開府、犒軍、慰勞、調援、補給、振濟、招叛、用間，供應不敷，極爲困難，兼督視江淮，經費亦感拮据萬端，於是固辭求去。四月，了翁罷，出知潭州，湖南安撫使。帝時又召崔與之以爲參知政事，不至。七月，以鄭性之參知政事，李鳴復簽書樞密院事。九月，鄭淸之喬行簡罷，召崔與之爲右丞相兼樞密使，復辭不至。以鄭性之同知樞密院事，李鳴復兼參知政事。十一月，以喬行簡爲特進左丞相兼樞密使，魏了翁知紹興府兼浙東安撫使。崔與之旣屢辭宰執不拜，帝乃訪以行政用人之事，與之條陳陛下勵精更始，擢用老成，然以正人爲迂濶而疑其難以集事，以忠言爲矯激而疑其近於好古，任之不專，信之不篤。敢諫之臣，忠於爲國，言未脫口，斥逐隨之，一去而不可復留，人才豈易得，而輕棄如此。又謂比聞獨斷以來，朝廷之事體愈輕，宰相進擬，多沮格不行，或除命中出，而宰相不與知，立政造命之原，失其要矣(註一〇)。與之有大臣之風，其指陳獨斷之失，誠深中嚴害之言。夫韓史用事，四十年間，分朋植黨，任小人，逐君子，擅權專政，海內積痛。紹定之末，元氣索然，理宗矯之以獨斷，欲求其變，故端平標榜更化，初意甚美，搢紳交口誦詠，以爲清明可觀，太平可期。然施行甚銳，除擢太驟，況朝堂門戶派系之對立，是非莫辨，互爲抵銷，實難革新。居相位者非其人，無能改於其舊，貪吏固未盡除，楮幣泛濫，民力凋耗，市井蕭條。且開邊激變，國事日壞，如江河之決，日趨日下而不可挽。故自端平以後，局勢急迫，無暇計治亂安危，而直論存亡問題矣。

嘉熙元年（一二三七）正月，以魏了翁知福州兼福建安撫使，越兩月卒。二月，以鄭性之知樞密院事。鄒應龍（一一六八—一二四八）簽書院事，李宗勉同簽書院事。八月，以李鳴復參知政事，李宗勉簽書樞密院事。二年（一二三八）二月，以史嵩之參知政事，督視京西、荊湖南北、江西路軍馬，置司鄂州。嵩之爲人，尙權術，本不知兵，務功自侈，於紹定五年爲京湖安撫制置使，知襄陽府。端平元年以入蔡功，加兵部尙書。三年爲淮西制置使。嘗反對端平之師而得帝信任，委負全線軍事之責，至是復爲執政，爲擅權之漸。五月，以李鳴復知樞密院事，余天錫簽書院事，李宗勉參知政事。當時兵財兩問題，最爲嚴重，喬行簡請以兵事委李鳴復，財用委李宗勉，楮幣委余天錫，當會議者已則參酌行之，詔允所請。三年（一二三九）正月，以喬行簡爲少傅平章軍國重事，行簡爲人，素號多智，歷練老成，方姦凶得志之時，獨以婉辭，陰主善類，居官無所不言，好薦士，多至顯達。李宗勉爲左丞相兼樞密使，史嵩之爲右丞相兼樞密使督視江淮四川京湖軍馬，余天錫參知政事，游似簽書樞密院事。喬行簡、李宗勉與史嵩之並相當國，論者謂喬失之泛，李失之狹，史則失之專。故嵩之既相，復守其家學，謀擅國政，私植黨羽，一時正人如杜範、游似、劉應起、李韶、趙汝騰等皆以不合逐去。四年（一二四〇）九月，喬行簡罷。閏月，李宗勉卒。宗勉爲人，淸儉平直，守法度，抑僥倖，不私親黨，召用老成，尤樂聞讜論，所謂公淸之相也。自是以史嵩之獨相國，權勢寖盛，苞苴公行，政出多門。以游似知樞密院事兼參知政事，徐榮叟簽書院事，范鍾參知政事。淳祐二年（一二四二）正月，游似罷，以范鍾知樞密院事，趙葵同知院事，別之傑簽書院事，徐榮叟有人望，爲參知政事。五月，趙葵罷。六月，徐榮叟罷。以別之傑同知樞密院事，高定子（一一七一—一二四七）簽書院事，杜範同簽書院事，定子尋罷。十月，史嵩之進封永國公。十二月，別之傑罷。四年（一二四四）正月，以李鳴復參知政事，杜範同知樞密院事，劉伯正簽書院事兼權參知政事，範固辭，遂與鳴復俱罷。三月，以金淵簽書樞密院事。六月，禮部進士徐霖以嵩之挾邊功要君，植黨專國，上疏歷言其姦狀，不報。九月，嵩之以父彌忠病謁告，許之。詔范鍾劉伯正暫領相事，輪日當筆。已而彌忠卒，詔嵩之起復右丞相兼樞密使，謂嵩之素諳敵情，熟識邊事，終難忍其去。當時臺諫給舍侍從執政不敢言，蓋皆爲嵩之之爪牙羽翼也。獨太學生黃伯愷、金九萬等，武學生翁日善等，京學生劉時舉、王元野等，宗學生與寰等共三百三十九人，分別伏闕上書，論不可。翁日善等且謂：「凡當世傑特之士，皆銷落於嵩之排擯之餘，如王萬謝方叔以爭不勝最先去，游似以大政不使聞而激之去，劉應起以轉對直言去，張蟠以轉對觸諱去，劉漢弼以臺論攻嵩之之黨去，趙與懽以才名軋己而嗾逐斥去，李韶以侍從數嵩之之專柄去，王伯大以意向不合去，趙汝騰以廝詞無佞語陰摘其小疵而遣去，徐榮叟趙葵皆墮其機穽去。別之傑號爲長厚，又以每事必問本末，假託而擠之去，杜範尤爲簡聖眷，負人望，上前敢論諍，遇事有分決，則又用李鳴復而速其去。……陛下所藉以爲耳目心腹者，皆盡空於嵩之之一網。」(註一二)皆不報。三學學生，再伏闕上書，時嵩之久擅國柄，帝亦患苦之，乃夜降御筆，黜諫議大夫劉晉之、侍御史王瓚、監察御史龔基先、胡清獻皆罷之。十一月，工部侍郎徐元杰復上疏論史嵩之起復，士論紛然，乞許其舉執宰自代。左司諫劉漢弼亦上書，願聽嵩之終喪，亟選賢臣，早定相位。嵩之亦自知不爲衆論所容，上疏乞終制，帝乃許之。史嵩之之去，以劉漢弼之力爲多，自是元老舊臣，次第收召。當嵩之居喪，虛相位三月，十二月，乃以范鍾杜範爲左右丞相兼樞密使，游似知樞密院事，劉伯正參知政事兼簽書樞密院事，趙葵同知院事。帝素重視杜範，每比之司馬光，仍親擢爲相，傾心委任之。時範已病，亦力疾思報，條革時弊，復延徐元杰議政，多所裨益，都人歡呼載道。五年(一二四五)正月，劉伯正罷，以李性傳簽書樞密院事兼權參知政事。四月，杜範卒。六月，徐元杰謁范鍾歸，是夕中毒暴卒。三學學生相繼伏闕請求治兇，詔付臨安府鞫治嘗所給使之人，獄迄無成。劉漢弼類風溚末疾，又以腫症暴死。太學生蔡德潤等復叩閽上書訟冤。杜範夙有公輔之望，入相纔八十日而卒，元杰漢弼又相繼暴斃，當時物論沸騰，但事不白，或謂諸人皆中毒，堂食無敢下筯者。嵩之從子璟卿，嘗上書諫嵩之，請盡去在幕之羣小，悉召在野之君子，相與改絃易轍，戮力王事。無何，璟卿暴卒，相傳乃嵩之致毒。十二月，以謹愿之游似爲右丞相兼樞密使，趙葵知樞密院事，李性傳同知院事，性傳尋罷。六年（一二四六）二月，范鍾乞歸田里，許之。鍾爲相，清直守法，重惜名器，雖無赫赫之可稱，而清德雅量，與杜範李宗勉齊名。六月，以陳韡（一一七八—一二六〇）參知政事。十二月，史嵩之服除，有進用之意，殿中侍御史章琰，正言李昴英（一二〇一—一二五七）、監察御史黃師雍、翰林學士李韶抗疏論之，乃命嵩之致仕。七年（一二四七）四月，以王伯大簽書樞密院事，吳潛同簽書院事，游似罷。以鄭清之爲太傅右丞相兼樞密使。清之與史彌遠議廢濟王竑而立帝，故帝信任之。然清之再相也，端平遺老凋謝，存者十無一二，新貴各立門庭，分黨與，雖素有主眷，尙操化權，而人情固已陰懷向背，無同舟共濟之意，且清之復年齒衰暮，政歸妻子，乏善政可言。趙葵爲樞密使兼參知政事，督視江淮京湖軍馬。陳韡知樞密院事，湖南安撫大使，知潭州。七月，吳潛罷，以別之傑參知政事；鄭采同簽書樞密院事，尋罷。八年（一二四八）七月，以王伯大參知政事，應䌛同知樞密院事，謝方叔簽書院事，史宅之同簽書院事，伯大尋罷。十月，應䌛謝方叔別之傑俱罷。九年（一二四九）二月，以鄭清之爲太師左丞相，趙葵爲右丞相並兼樞密使，應䌛謝方叔參知政事，史宅之同知樞密院事。九月，嚴中外上書之禁。十一月，應䌛罷。十二月，以吳潛同知樞密院事，徐清叟簽書院事。十年（一二五〇）三月，以賈似道爲兩淮制置大使，李曾伯爲京湖制置使，自是賈似道禍國，此其嚆矢。言者以宰相須用讀書人，趙葵罷。十一年（一二五一）三月，以謝方叔知樞密院事，徐清叟同知樞密院事，吳潛參知政事。十一月，鄭清之薨，以謝方叔吳潛爲左右丞相兼樞密使，徐清叟參知政事，董槐簽書樞密院事。潛與槐，皆彌遠所薦也。十二年（一二五二）十一月，以水災，吳潛乞去職，許之。潛素有才望，不喜任術，但帝不甚親信之。

自端平更化，再變而爲嘉熙，三變而爲淳祐，皆求所以優於端平而不得，政局每況愈下。四變至於寶祐，董宋臣、丁大全、賈似道寵用，正邪互爲消長，國事益不可爲矣。理宗之季，年高怠政，閻妃色升，近倖用事；導帝荒淫，不恤國事，起自宦官董宋臣。寶祐二年（一二五四）四月，以徐清叟知樞密院事兼參知政事，董槐李曾伯參知政事。六月，加賈似道同知樞密院事。三年（一二五五）五月，以董宋臣幹辦佑聖觀。宋臣逢迎帝意，起梅堂、芙蓉閣、蘭亭，強奪民田，引倡優入宮，招權納賄，無所不至，人以董閻羅目之。六月，以丁大全爲右司諫，大全、鎭江人，面藍色，爲戚里婢婿，夤緣閻妃及內侍盧允升董宋臣，得寵於帝，遂自蕭山（浙江蕭山縣）尉累拜右司諫。時正言陳大方、侍御史胡大昌，與大全同除，人目爲三不吠犬。監察御史洪天錫，屢上疏論宦官外戚小人之患，會吳民列訴董宋臣奪其田，天錫下其事於有司，乃申劾宋臣併盧允升，疏六七上，悉留中不報，天錫遂罷去。宗正寺丞趙崇嶓移書責謝方叔不能救正，監察御史朱應元劾方叔及徐清叟，七月，罷之。方叔相業，無過人者，其子弟招權，誤用余晦帥蜀，無辜殺王惟忠，公論尤少之(註二二)。詔三省樞府機政，令董槐程元鳳輪日判事取旨。八月，以董槐爲右丞相兼樞密使，程元鳳簽書樞密院事權參知政事，蔡抗同簽書院事。董槐爲人淸勤有守，自以爲人主所振拔，可以利安國家者無不爲，嘗言於帝，謂臣爲政，而有害政者三：一、戚里不奉法；二、執法大吏久於其官而擅威福；三、皇城司不檢士。「將帥不檢下，故士卒橫；士卒橫，則變生於無時。執法威福擅，故賢不肖混淆；賢不肖混淆，則奸邪肆，賢人伏而不出。親戚不奉法，故法令輕；法令輕，故朝廷卑。三者不去，政且廢，願自上除之。」於是嫉之者滋甚。四年（一二五六）四月，加賈似道參知政事。時帝年寖高，收攬大權，悉歸獨斷，羣臣無當意者，漸喜狎佞人。丁大全方諂事內嬖，竊弄威權。董丁二兇，朋比爲奸，以獨斷之名奉君，而帝弗悟。大全旋擢至侍御史，嘗遣人欲私結於董槐，槐拒之。大全乃日夜刻求槐短。槐入對，極言大全邪佞不可近，帝不聽，上書乞骸骨，不報。(註一三)大全益怒。六月，乃上章劾槐，辭極詆毀，章走下，大全半夜以臺檄調隅兵百餘人，圍槐第，驅迫之出，給令輿槐至大理寺，欲以此脅之，須臾，出北關，棄槐，囂呼而散。槐徐步入接待寺，罷相之制下矣。(註一四)物論殊駭，三學生屢上書言之，乃詔槐以觀文殿大學士提舉臨安府洞霄宮。詔程元鳳蔡抗可輪日判事，軍國重務取旨。大全既逐槐，益恣橫，道路以目。太學生陳宜中、黃鏞、林則祖、黃唯、劉黻、陳宗六人，上書攻之，謂丞相槐秉政未朞月，而爲奸邪所中傷。劉黻且謂：「自昔天下之患，莫大於舉朝無公論，空國無君子，」(註一五)蓋實論也。大全怒，使御史吳衍劾之，削其籍，編管遠州。七月，以程元鳳爲右丞相兼樞密使，蔡抗參知政事，張磻簽書樞密院事。元鳳有度量而太樸茂，引丁大全同列，受制於羣小。十一月，以張磻同知樞密院事，丁大全簽書院事，馬天驥同簽書院事。外戚謝堂厲文翁，內侍盧允升董宋臣既用事，而閻妃怙寵，大全天驥擅權，奸佞竊柄，朝政日壞。時境土漸蹙，以一百餘郡之事力，贍二萬四千餘員之冗官，況戰事方殷，飛芻輓粟，故調度日廣，賦斂日繁，國勢內外堪虞，將亡之象已露。五年（一二五七）正月，加賈似道知樞密院事，職任依舊。六月，馬天驥罷。八月，以張磻參知政事，丁大全同知樞密院事。十月，張磻卒，以林存簽書樞密院事。六年（一二五八）正月，以丁大全參知政事兼同知樞密院事。四月，程元鳳罷，以丁大全爲右丞相兼樞密使，林存知樞密院事。十一月，林存罷，以賈似道爲樞密使，朱熠同知樞密院事兼權參知政事。

開慶元年（一二五九）正月，國子監主簿徐宗仁伏闕上書，略謂：「今通國之所謂佚罰者，不過丁大全、袁玠、沈翥、張鎮、吳衍、翁應弼、石正則、王立愛、高鑄之徒，而首惡則董宋臣也。是以廷紳抗疏，學校叩閽，至有欲借上方劍爲陛下除惡，而陛下乃釋而不問，豈眞欲愛護此數人而重咈千萬人之心？天下之事勢急矣，朝廷之紀綱壞矣，若誤國之罪不誅，則用兵之士不勇。今東南一隅，天下已半壞於此數人之手。」宗仁又極論宋臣盤固日久，蒙蔽日深，不誅且誤國，竟不報。（註一六）時蒙古侵軼日甚，大全當國，匿不以聞。六月，以朱熠參知政事，饒虎臣同知樞密院事。九月，丁大全罷相出判鎮江府。中書舍人洪芹繳奏，乞追官遠竄，以伸國法。御史朱貔孫等相繼論大全奸回險狡，狠毒貪殘。饒虎臣又論其絕言路，壞人才，竭民力，誤邊防四罪，詔致仕。當此人才殆盡，羣奸充斥之際，大全雖去，而又有賈似道之禍國焉。以吳潛爲左丞相兼樞密使，即拜賈似道爲右丞相兼樞密使，軍漢陽以援鄂。時蒙古兵已渡江，圍鄂州，帝問潛策安在，潛對曰：「當遷幸。」又問卿如何？潛曰：「臣當死守於此。」帝泣下曰：「卿欲爲張邦昌乎？」潛不敢復言。董宋臣亦請遷都，不果行。

以朱熠知樞密院事。景定元年（一二六〇）三月，出董宋臣於吉州。宋臣十餘年聲焰薰灼，結兇渠以致大禍，中外惶惑切齒，逐而出之，人心大快。帝在位久，儲宮尚虛。度宗禥時在忠王邸，欲立爲嗣，以問吳潛，潛密奏云：「臣無彌遠之才，忠王無陛下之福。」帝怒。賈似道聞之，因陳建儲之策，欲利用此行尸走肉之童昏，匍伏以聽己，且意在傾潛。帝既不樂潛，又以潛勸其遷幸，語羣臣曰：「吳潛幾誤朕！」四月，遂罷之。賈似道獨相，忠王立爲太子，進似道少師，封衞國公。以饒虎臣參知政事，戴慶炣同知樞密院事。六月，又以賈似道兼太子太師。二年（一二六一）四月，以皮龍榮參知政事，沈炎同知樞密院事。七月，竄吳潛於循州。似道專政，引薦奔競之士，受納賄賂，寘諸通顯，臺諫何夢然、孫附鳳、桂錫孫、劉應龍，承順風旨。又引外戚子弟爲監司郡守，進倡優傀儡，奉帝爲遊燕。臺臣有諫者，宣諭使裁去，謂之節帖，凡爲似道所惡者皆罷斥，權傾中外，進用羣小，而變更法制矣。十月，以何夢然同知樞密院事，尋爲參知政事，馬光祖知樞密院事兼知臨安府。三年（一二六二）正月，賜賈似道第宅家廟。五月，馬光祖罷，吳潛暴卒於循州。十一月，竄丁大全新州，道死。四年（一二六三）三月，以何夢然知樞密院事，楊棟同知院事，葉夢鼎簽書院事。五年（一二六四）三月，何夢然罷。五月，以楊棟參知政事，葉夢鼎同知樞密院事。七月，中外上書乞罷公田，似道力求去位，詔勉留之。十月，帝崩，年六十二，遺詔太子禥卽皇帝位。理宗朝四十年之間，若李宗勉、崔與之、吳潛之賢，皆弗究於用，而史彌遠、丁大全、賈似道竊弄威福，與相終始。中年嗜慾既多，怠於政事，權移姦臣，政風極壞，不獨臺諫爲大臣友黨，內簡相傳，風旨相諭，且甘爲鷹犬，而聽其指嗾，故權臣得遂其奸，王應麟曰：「端平訖景定，更一相則曰更化，然姦臣弄權之日常多，陽淑消而陰慝長，危亡之證，所由來漸矣。陰凝冰堅，極於似道。邵子謂禍在夕陽亭一語，遂與西晉同轍，哀哉！」（註一七）

第二十三節　聯蒙滅金

理宗朝初期，用兵最烈者，一爲李全之亂，一爲聯蒙滅金。李全之亂，乃招撫羣盜跋扈難制之結果，受兵禍者凡六年。及其亂平，淮東暫安。聯蒙古以滅金，重蹈海上之盟之覆轍。金哀宗謂：「蒙古滅國四十，以及西夏。夏亡，及於我；我亡，必及於宋。」（註一八）夫宋既會金以滅遼，遼亡，宋受其禍。今又會蒙古以滅金，唇亡齒寒，旋以自滅。理宗君臣之愚，誠不可瘳也。

李全之亂，實史彌遠爲之。初，金主遷汴，賦斂益苛，物價飛騰，人民闕食，益呈凋敝，遺民保巖阻思亂。於是劉二祖起泰安，掠淄沂。二祖死，霍儀繼之，彭義斌、石珪、夏全、時靑、裴淵、葛平、楊德廣、王顯忠等附之。時河北殘破，干戈相尋，其黨復相團結，所在寇掠。李全者，起自濰州北海，農家也，銳頭蠭目，權譎善下人。以弓馬趫捷，能運鐵槍，號李鐵槍。時楊安兒起掠莒（山東莒縣）、密（山東高密縣），金人討之，敗死於卽墨。母舅劉全收潰卒，奉安兒妹四娘子爲主。四娘子狡悍，善騎射，衆尚萬餘。李全以衆附楊氏，遂嫁之，黨徒漸衆，金不能除之也。嘉定十一年，率衆來歸，詔以全爲京東路副總管。時山東之民，蜂屯蟻聚，歸投朝廷，不得已而納之，置忠義軍，有季先、石珪、楊德廣、李全等凡五六萬人，命賈涉主管淮東制置司（治楚州，後治揚州，兼山東制置使）以節制之，歲費錢五百萬緡，米十四萬斛。而山東張林，由李全往說，奉青、莒、密、登、萊、濰、淄、濱、棣、寧、海、濟南十二州來歸，乃授林京東安撫使兼總管。由淮東以至山東，爲忠義軍出沒之地帶，惟此等土盜，性難節制，禦敵不足，長亂有餘。涉初任用季先，招來全等，分屯寨，涅軍手，頗懷遠慮。無如史彌遠鑑禍開禧，志存姑息，涉亦號令漸疏，羣下交搆。李全自化湖陂之捷，有輕諸將心，以季先威望出己上，譖先欲反，十三年，賈涉信而誘殺之，其部潛迎石珪，奉爲統帥，據漣水，心懷不安，李全迫之，遂降蒙古。李全併漣水忠義，勢由是坐大，益驕悍，輕朝廷。十五年，李全使其兄福守膠西，爭舟楫鹽場之利，張林不能堪，遂以京東諸郡降於蒙古。李全攻林急，林走，全遂復泗州，入青州。史彌遠加全爲京東路鎮撫副使。十六年六月，賈涉以李全驕暴難制，力求還朝，在道卒。以邱壽邁攝帥事，全乘機併統帳前忠義。十一月，以許國爲淮東制置使。國武人，控馭無術，欲壓全就範，遂釀成暴亂。

寶慶元年二月，全遣劉慶福還楚州作亂，許國縋城走，賊擁通判姚狲入城，犒兩軍，使歸營。慶福殺國之幕客章夢先，翌日，國縊於途。事聞，史彌遠懼激他變，欲事含忍，以徐晞稷爲制置使，令屈意撫全。全自青州還，上表待罪，朝廷不問。五月，李全牒彭義斌於山東，欲求其受節制。義斌大怒，斬來使，誓衆必報此仇。全自青州攻東平不克，乃攻恩州（山東恩縣），義斌敗之，劉慶福引兵救全，又敗。全遣人求徐晞稷書，與義斌連和，乃止。義斌致書沿江制置使趙善湘曰：「不誅逆全，恢復不成。但能遣兵扼淮，進據漣海以蹙之，斷其南路，此賊必擒。賊平之後，復一京三府，然後義斌戰河北，盱眙諸將襄陽騎士戰河南、神州可復也。」盱眙四總管各遣使致書，乞助討賊。知揚州趙范亦以爲言，皆不報。六月，彭義斌既克山東，復納李全降兵，軍勢大振，遂圍東平。嚴實潛約蒙古合兵攻之，兵久不至，食盡，乃與義斌連和。義斌亦欲藉實取河朔而後圖之，遂以兄禮事實。七月，義斌下眞定，道西山，與孛里海軍相望。嚴實復投於孛里海軍，聯合戰於內黃，義斌兵潰，史天澤復以銳卒略其後，義斌被擒，不降而死。於是京東州縣，復爲實有。李全北剽山東，南仰錢糧，且挾朝廷以疑蒙古，蒙古攻之，全大小百戰，終不利。二年六月，蒙古圍李全於青州。九月，徐晞稷罷，以劉琸爲淮東制置使，以彭忺代琸知盱眙。十一月，劉琸至楚州，心知不能制盱眙四總管，惟以鎮江兵三萬自隨。夏全請從，琸素畏其狡，不許。彭忺認爲琸止夏全，是欲遺患盱眙，乃激全赴楚州。時青亦自淮陰入屯城內。琸駭懼，勢不容却，復就二人謀焉。時傳李全已死，全兄李福欲分兵赴青州，琸令夏全盛兵楚城，李全之黨震恐。李全妻使人行成於夏全，以玉帛酒色誘之(註一九)。夏全心動，轉仇爲好，反與福謀逐琸，遂圍楚州治，焚官民舍。時琸精兵尚有萬餘，事起倉卒，不能發一令，夜半縋城走，鎮江軍與賊戰，死者大半。琸步行至揚州。夏全既逐琸，暮歸李全營，被拒。全恐楊氏圖己，因大掠，趨盱眙，欲爲亂。盱眙將張惠、范成進，閉城門，不得入。狼狽降金。朝廷聞之大怒，琸自劾，未幾死。三年正月，以姚翀爲淮東制置使，翀至楚城東，艤舟以治事，閒入城，見李全妻，用徐晞稷故事而禮過之。楊氏許翀入城，翀乃入，寄治僧寺中，極意娛之。三月，趙范上書史彌遠，痛論淮東之事變，謂淮河不能失，揚州之必守。朝廷乃召范禼議，後令知池州。李全被圍一年，五月，以靑州降蒙古。劉慶福在山陽，自知已爲厲階，懷不自安，欲圖李福以贖罪於朝，反被李福所殺。時楚州自夏全之亂，儲積無餘，綱運不續，賊黨怨福所致。福畏衆口，數見狆，促之，狆謝以朝廷撥降未下。六月，福與李全妻謀，召狆飲而害之，殺其幕客杜來，並欲殺狆，鄭衍德救之得免，縋城西夜走，歸明州，未幾死。楚州於二三年間，大帥數易，揭竿屢告，朝廷充耳不聞，淮東重鎮，輕等甌脫，孰非史彌遠失策哉？

時朝廷以淮亂相仍，姑欲輕淮而重江，楚州不復建閫，就以其帥楊紹雲兼制置，改楚州爲淮安軍，命通判張國明權守，視之若羈縻州然。七月，全將國安用、閻通、及張林、邢德、王義深，相與謀曰：「朝廷不降錢糧，爲有反者未除耳」，乃共議殺李福及全妻楊氏以獻。遂率衆趨楊氏家，殺李福，相屠者數百人，並殺全妾劉氏，妄稱楊氏，函其首併福首，獻於楊紹雲，雲馳送臨安，傾朝皆喜。八月，檄知盱眙軍彭忳及總管張惠、范成進、時靑，合兵往楚州，盡戮李全餘黨。忳不敢自決，請制府及朝廷處之。朝議乃檄時靑策劃，靑恐禍及，密遣人報全於靑州。惠、成進以朝檄專委靑不及己，乃歸盱眙，設宴邀忳，乘其醉縛之，渡淮，以盱眙降金。李全得靑報，力告蒙古大將，求南還。蒙古大將授全山東河南行省，得專制山東，歲獻金幣。全遂與蒙古張宣差及通事還楚州，楊紹雲聞其至，遂留揚州不還。王義深奔金，國安用殺張林邢德以自贖。十二月，金封李全爲淮南王，不受。已而李全誘殺時靑，併其衆。紹定三年二月，起復趙范趙葵，節制鎮江滁州軍馬。全自還楚州，卽厚募人爲兵，官軍多亡應之。又謀習水戰，治巨舶，欲循海道以窺臨安，外恭順朝廷以就錢糧，朝廷亦利用之往來山東，得少寬北顧之憂，遣餉不絕。全因縱遊說於朝，復請建閫山陽，又遣使入金，乃挾蒙古李宣差、宋宣差以恫疑虛喝。朝廷雖知其奸，姑事苟安，不之詰。全欲先據揚州以渡江，分兵徇通泰以趨海。已而以水陸數萬衆，徑擣鹽城。五月，朝廷乃授全爲京東鎮撫使，命釋兵，不受命。時朝士皆知全必反，而不敢言。國子監丞度正、趙范、趙葵累疏力言之，史彌遠不納。全造舟益急，招沿海亡命爲水手，又給暫攝制置司趙敬夫以防蒙古爲辭，求增五千人錢糧。朝廷猶遣餉不絕，叛迹已著，仍事含忍。獨參知政事鄭淸之，引爲深憂，力勸帝討全。帝乃以趙善湘爲江淮制置大使，並下詔討全，十二月，李全突至揚州灣頭，揚州副都統丁勝拒之，全乃攻城南門。趙敬夫得史彌遠書，許增一萬五千名糧，勸全歸楚州，卽遣劉易就全壘示之，全擲地不受。敬夫恐，亟迎趙范於鎮江，范亦刻日約葵，葵帥雄勝、寧淮、武定、強勇四軍一萬四千人赴之。時，全分兵攻取泰州，聞范葵已入揚城，乃分兵守泰，而悉衆攻揚州。至灣頭，立砦，據運河之衝，以屢戰多敗，遂築長圍，使三城自困。范葵出兵刼砦，縱兵衝擊，奪獲全糧。全以攻城不得，欲戰不利，始大悔，忽忽不樂。四年正月，范悉集精銳數千出西門，蓋西出常不利，賊必見易，又取官軍素爲賊所輕視者，張其旗幟以易之。全望見果喜，范麾兵並進，葵親搏戰，諸軍爭奮，賊始疑非前日軍，欲走入土城，李虎軍已塞其甕門。全窘，從數十騎北走，葵率諸將以制勇、寧淮二軍蹙之。全趨新塘，陷泥淖中，制勇軍追及，刺殺之，並殺其將校三十餘人。全死，餘黨將潰，國安用等欲還淮安擁全妻楊氏爲主，范葵追擊，大破之，乃散去。范還揚州，捷聞，加趙善湘江淮制置大使，范淮東安撫使，葵淮東提刑。善湘季子汝楳，史彌遠婿，奏請無阻，而善湘亦以范葵進取有方，慰藉殷勤，故能成功。五月，范葵復率步騎大軍攻鹽城，敗賊衆，遂薄淮安城，殺賊萬計，焚二千餘家。淮安五城俱破，斬首數千，燒砦柵萬餘家。淮北賊歸赴援，舟師又剿擊，焚其水柵，夷五城餘址，賊始懼。全子才率王旻、趙必勝軍移砦西門與賊大戰，又破之。全妻絕淮而去，其黨納款軍門，趙范許之，淮安始平(註二〇)。夫李全以土盜，殺主帥，降蒙古，罪在不赦，彌遠縱之，跳梁南北，養亂之罪，實浮於韓侂胄也。

金自宣宗南遷，汴京漸繁盛，然僅二十年而被蒙宋之聯軍所滅。夫宣宗懦弱無能，性本猜忌，術喜刑名，政尙威嚴，苛刻成風。爲宰執者往往無恢復之謀，上下同風，止以苟安目前爲樂。爲將帥者多出於世家，皆膏粱乳臭子。朝廷近侍，以諂諛成風，而近侍之權尤重，蓋宣宗置近侍局於宮中，喜用其人爲耳目，以伺察百官，其要密埒宰相，寄爲心腹。大臣宿將，有罪必除去不貸。「況南渡之後，不能苦心刻意，如越王勾踐志報會稽之羞，但苟安幸存，以延歲月。由高琪執政，擢用胥吏，抑士大夫之氣，不復伸文法，紛然無興復遠略。大臣在位者，亦無忘身徇國之人，縱有之，亦不馳騁。又偏私族類，疏外漢人，其機密謨謀，雖漢相不得預。人主以至公治天下，其分別如此，望羣下盡力難哉！故當路者惟知迎合其意，謹守簿書而已。爲將者但知奉承近侍，以偷幸寵，無効死之心。倖臣貴戚，皆據要職於一時。士大夫一有敢言敢爲者，皆投置散地，此所以啓天興之亡也。」(註二一)金之棄燕遷汴，既失策於前，而吏治苛刻，賦役繁重，民生困憊，逃亡者衆，將帥携離，人心渙散。「方且狃於餘威，牽制羣議，南開宋衅，西啓夏侮，兵力既分，功不補患。曾未數年，昔也日闢國百里，今也日蹙國百里，其能濟乎？」(註二二)且自濡染漢化，「其中葉鄙遼儉樸，襲宋繁縟之文；懲宋寬柔，加遼操切之政，是棄二國之所長而併用其短也。」(註二三)於是原有之民族強悍性漸失，而驕惰奢靡之習日盛。南遷以後，頹風益熾，昔日沉雄鷙勁之兵，今一變以貴游子弟而赴敵；向之將勇而志一，兵精而力齊，不可復見焉。金非蒙古之敵，亦猶遼非女眞之敵也。實力尚有數十萬衆，但庸將不知兵，士卒皆脆弱。每下令簽軍，州縣騷動，丁男揀取，號泣怨嗟，闔家以爲苦。況自河北淪喪，羣牧散亡，馬匹短乏，步多騎少，故兵勢不振。雖堅守關河，而蒙古避實擊虛，迂迴唐鄧，金兵大潰，汴京被圍，終蹈宋人之覆轍矣。

自嘉定十二年蒙古主鐵木眞第一次西征，任木華黎專負伐金之責。十六年，木華黎死，蒙古軍遽失主將，攻擊暫停，蒙金之戰，無形停頓。至寶慶元年，鐵木眞歸來，旋又帥師征西夏。三年五月，蒙古遣使責歲幣於金。六月，金亦遣使請和於蒙古。夏國主睍力屈出降，立國二百餘年，乃亡。七月，鐵木眞殂於六盤山(甘肅固原縣西南)，臨卒，謂左右曰：「金精兵在潼關，南據連山，北限大河，難以遽破。若假道於宋，宋金世讎，必能許我，則下兵唐鄧，直擣大梁。金急，必徵兵潼關，然以數萬之衆，千里赴援，人馬疲敝，雖至，弗能戰，破之必矣。」(註二四)十二月，蒙古入京兆，關中大震，復以兵破關外諸隘。金陝西行省進三策：上策親征，中策幸陝西，下策棄秦保潼關。但金人只取下策，盡棄河北山東關陝，惟集中兵力守河南，保潼關，其防線自洛陽三門析津，東至邳州之源雀鎭，東西六百里，立四行省，帥精兵二十萬以守禦之。紹定元年三月，蒙古兵入大昌原，金平章政事完顏合達以忠孝軍提控完顏陳和尙（彝）爲前鋒，陳和尙以四百騎大敗蒙古八千之衆，士氣皆倍。自蒙古之難，二十年間，始有此捷，奏功第一，名震關中。忠孝一軍，皆回鶻、乃蠻、羗渾、及中原被俘避罪來歸者組成之，鷙狠凌突，每戰則先登陷陣，諸軍倚以爲重(註二五)。三年正月，蒙古兵入大昌原，金將移剌蒲阿敗之，慶陽之圍亦解。武仙旣降蒙古，殺蒙古將史天倪以叛，復封恒山公。十月，蒙古主窩濶台（太宗）帥衆入陝西，翺翔京兆同華之間，趨鳳翔。時金之勁旅，皆爲完顏合達與移剌蒲阿二帥所統，行省事於閿鄉，保衛潼關，倚以決存亡。四年四月，蒙古取鳳翔。陳和尙敗蒙古將速不台於倒回谷。五月，金降人李昌國言於拖雷曰：「金主遷汴，所恃者黃河潼關之險耳，若出寶雞，入漢中，不一月，可達唐鄧，金人聞之，寧不謂我師從天而下乎？」拖雷然之，白於蒙古主。蒙古主乃會諸將，期以明年正月，合南北軍攻汴，遣拖雷先趨寶雞。八月，拖雷分騎兵二萬入大散關，破秦州，徑趨華陽，屠洋州，出武休東南，遂圍興元。旋攻入饒風關，由金州而東，將趨汴京。金主守緒召宰執等議，皆主張以兵屯京畿外圍諸縣，以大將守洛陽、潼關、懷、孟等處，嚴兵備之。金主不甘示弱，主迎戰。十二月，合達、蒲阿率諸將入鄧州，楊沃衍、陳和尙，武仙兵皆會之，遂出屯順陽（河南淅川縣東）。合達蒲阿失策，詎讓蒙古兵三萬畢渡漢江，又不乘機掩擊，以爲以勁騎蹴入江，但蒙古兵殊死戰，金兵幾不成列。五年三月，金主聞蒙古兵趨汴，召羣臣議，平章白撒遣廝斤出等部民丁壯萬人，開短堤決河水以衞京城，命夾谷撒合將步騎三萬巡河渡，起近京諸色軍家屬五十萬口入汴城。蒙古主用西夏人恤可計，自河中由河淸縣（河南孟津縣東南二十里）渡河，遣人馳報拖雷，以師來會。夾谷撒合行至封邱而還，蒙古兵奄至，麻斤出等皆死，丁壯得免者僅三百人。蒙古主入鄭州，遣速不台攻汴。金主又召羣臣議，決計守外城。時，京城諸軍不滿四萬，而城周百二十里，不能徧守，故議以遷避之民充軍。又集京東西沿海舊屯兩都尉及衞州義軍凡四萬，併丁壯二萬，分置四面，每面選飛虎千名，以專救應，然亦不能軍矣。蒙古兵自禹山之戰，蜂湧北進，由唐州以趨汴京。合達、蒲阿自鄧州帥步騎十五萬赴援，蒙古以騎兵三千躡其後。金軍至鈞州（河南禹縣）沙河，蒙古兵不戰而退，採遊擊戰術，金軍不得休息，且行且戰，至黃榆店，望鈞州二十五里，雨雪不能進。忽有旨兩省軍急赴京師，合達等遂發，次於三峯山，軍士寒餒，雪深沒膝，蒙古兵與由河北南渡之兵四面圍之，乘金兵困疲，乃開鈞州路，縱之走，而以生力軍擊之，金軍大潰。楊沃衍、樊澤、張惠步皆戰死。合達陳和尚走入鈞州，城破被執。蒲阿走，蒙古兵追擒之，皆被殺。金之勁將銳卒，自是俱盡，不復可爲矣。初，金聞蒙古入饒風關，二月，遣徒單兀典行省閿鄉，以備潼關；徒單百家爲關陝總帥，便宜行事。會傳旨召兀典援汴，兀典遂與潼關總帥納合合閏、秦藍總帥完顏重喜等帥軍十一萬騎五千，盡撤秦藍諸關之備，從陝入虢，同華閿鄉一帶軍糧數十萬斛，備關船二百餘艘，欲順流東下。俄聞蒙古兵近，糧食不及載，船悉空下，復盡起州民搶運靈寶硤石倉粟，會蒙古遊騎至，殺掠不可勝計。金守將李平以潼關降，蒙古遂長驅入陝。兀典發自閿鄉，行至鐵嶺，蒙古以數百騎追及之，重喜先降，軍潰，兀典、合閏被擒殺，關陝之援師遂絕（註二七）。三月，蒙古礮攻洛陽，金兵力守，圍攻三月餘，不能拔，乃去。

當蒙古兵之進迫汴京也，蒙古主窩濶台將北還，自鄭州遣使至汴，諭金主降。金主乃封荆王守純子訛可爲曹王，命尙書左丞李蹊送之蒙古爲質以請和，御史裴滿阿虎帶爲講和使。速不台聞之，曰：「我受命攻城，不知其他也」。平章白撒以議和不散與戰，但蒙古兵仍併力進攻，以西南隅及西北隅爲最急，礮飛如雨，城中亦以震天雷應之，蒙古兵中雷者，燒死數人，全城丁壯出而應戰，太學生亦選爲兵。攻城十六晝夜，內外死者以千萬計。速不台知不可取，乃爲好語曰：「兩國已講和，更相攻耶？」金人乃以酒炙犒蒙古兵，且以金帛珍異賂之。四月，速不台遂許退兵，散屯河洛汝州之間。金主御端門肆赦，汴京解嚴。五月，汴京大疫，凡五十日，諸門出柩九十餘萬具，貧不能葬者，不在此數。七月，飛虎軍申福等殺蒙古行人唐慶等三十餘人於館，金主不問，和議遂絕。夫三峯之敗，精銳俱盡，陳和尚死，國無驍將，而質子請和，蒙古退軍，扶危救傷，莫若自保，乃殺行人，以開敵釁，亦計左之尤者矣。當三峯之敗也，武仙率三十騎逃脫，走南陽，收潰軍，得十萬人，屯留山。汴京被圍，金主詔仙與鄧州行省完顏思烈、鞏昌總帥完顏忽斜虎，合兵入援。思烈等至京水，蒙古乘之，不戰而潰，仙衆奔散，走還留山，京西僅有之援師亦絕。八月，金主以和議既絕，懼兵再至乃復簽民兵括汴京粟，下令存三月糧，計口每人三斗，以爲守禦之備。

十二月，汴京糧盡援絕，勢益危急，金主召羣臣入議，或言歸德四面皆水，可以自保；或言宜沿西山入鄧；或言取陳蔡路轉往鄧下，右司郎中白華認爲不可。金主又集衆諭以京城食盡，今擬親出，諸將佐奏止之，不聽。金主命右丞相賽不、平章白撒、右副元帥訛出，左丞相李蹊、元帥左監軍徒單百家等，帥諸軍扈從。發汴京，會忽斜虎援兵至，言於金主曰：「京西三百里之間無井灶，不可往，不如幸秦鞏。」金主決意東行，進次黃陵岡，白撒擊蒙古，降其兩寨，得河朔降將，遂一意向河朔。速不台聞金主棄汴，復進圍之。六年正月，金主渡河，會大風，後軍不能濟，蒙古軍追擊於南岸，金兵溺者近千人。金主次於北岸，望之震懼，遣白撒帥師攻衛州，敗績，遂與副元帥合里合等六七人，夜登舟，潛渡河，走歸德。翌日，諸軍始聞金主棄師，遂大潰。金主入歸德，遣使赴汴奉迎太后及后妃，諸軍怨憤，乃暴白撒罪，殺之。初，汴人以金主親出師，日聽捷報，及聞軍敗，始大懼。時速不台攻城日急，內外不通，米每升至銀二兩，殍死相望，城中觸目皆瓦礫廢墟，無復向來繁侈矣。西面元帥崔立，性淫狡，因民洶洶，潛謀作亂，初舉事止三百人，殺樞副兼知開封府完顏斜捻阿不，參政完顏奴申等十餘人。當是時，諸將帥四面握兵者甚衆，皆束手聽命，無一人出而與抗者。立遂勒兵入宮，集百官議所立，乃立衛紹王故太子從恪，命爲梁王監國，立自爲太師拜元帥。遂送款詣青城見速不台，速不台喜，飲之酒，立以父事之。還城，悉燒樓櫓，令在京士庶皆割髮爲蒙古民，速不台益喜，始信其實降也。四月，以天子袞冕后服進於速不台，又括在城金銀，訊掠慘酷。立又以太后王氏、皇后徒單氏、梁王及荆王守純諸妃嬪，凡車三十七輛，宗室男女五百餘人，衍聖公孔元措、名儒梁陟、及三教醫流工匠繡女赴青城。速不台殺二王及宗屬，而送后妃等於和林，在道苦楚萬狀，尤甚於徽欽之時。速不台入汴城，縱兵大掠，欲依蒙古之制，請屠城，幸藉耶律楚材力諫，乃詔除完顏氏一族外，餘皆原免。時避兵在汴者尚有一百四十萬戶，幸得保全，遂爲定制（註二八）。

初，五年十二月，蒙古遣王楫來京湖，議夾攻金。史嵩之以聞，朝臣皆以爲可遂復讎之舉。獨趙范不喜，曰：「宣和海上之盟，厥初甚堅，迄以取禍，不可不鑑。」帝不從，命嵩之報使許之。嵩之乃遣鄒伸之往報蒙古，俟成功，以河南地來歸。六年三月，金主在歸德，隨駕親軍及河北潰軍漸集，樞密副使權參知政事石盞女魯歡懼不能給，白於金主，乞遣出城，及就糧於徐陳宿三州。金主不得已從之，止留元帥蒲察官奴忠孝馬軍四百五十人，都尉馬用軍二百八十餘人於城中。時蒙古兵圍亳州，且日遣兵薄歸德，民心搖動。官奴請北渡河，再圖恢復，女魯歡沮之；又謀邀金主幸海州，金主不從。官奴積忿，異志益堅，李蹊以聞。官奴乘隙率衆攻殺馬用，遂殺李蹊女魯歡以下凡三百人，軍將禁衞民庶死者三千人。金主被脅，不得已暴女魯歡罪，而以官奴繼其職。四月，唐鄧行省武仙次於順陽，與唐州守將武天錫，鄧州守將移剌瑗相犄角，謀迎金主入蜀，遂犯光化，其鋒甚銳。孟珙（一一九五－一二四六）破之，殺天錫，走武仙，降移剌瑗。金僅有外援之力，全部消滅。五月，官奴詐言欲劫金主以降，蒙古將忒木䚟還其母，因定和計，日往來講議會飲，官奴突率兵襲擊之，敗蒙古軍於亳州，遂眞拜左副元帥參知政事，命習顯總軍以守亳州。官奴既敗忒木䚟，勢益驕橫，居金主於照碧堂，禁近無人敢奏對者。金主惟益悲泣，遂與內侍局令宋珪等密謀討官奴。且聞蔡州（河南汝南縣）城堅池深，兵衆糧廣，咸勸幸之，以救饑窘。會蔡息陳潁等州便宜總帥烏古論鎬運米四百斛至歸德，且請臨幸。金主意遂決。六月初，官奴自亳州還，金主諭以幸蔡，官奴知蔡州備禦不及歸德，力爭以爲不可。金主遂與珪等謀，召宰相議事，官奴進見，伏殺之。金主留元帥王壁守歸德，遂如蔡州。明日至亳州，從者二三百人，馬五十匹而已。進次亳南六十里，蒿艾滿目，無一人跡。金主太息曰：「生靈盡矣！」爲之一慟。二十五日，入蔡，遂以忽斜虎爲尚書右丞，總領省院事，烏古論鎬爲御史大夫，張天綱權參知政事，孛朮魯小婁室簽書樞密院事。忽斜虎有文武才，事無巨細，率親爲之，選士括馬，繕治甲兵，未嘗一日忘奉金主幸秦鞏之志。兗王用安蠟書言入蔡六不可，無險無糧，勢難堅守，莫如權幸山東，但業已遷蔡，無可議。近侍久困睢陽，貪汝陽之安，皆娶妻營室，不願遷徙，進言西幸不便，金主信之。時蒙古兵離蔡稍遠，商販漸集，金主懷安，命選室女備後宮，及修建山亭爲遊息之所，忽斜虎切諫，乃止。忽斜虎進馬選兵，得精銳萬餘，兵威稍振。時從官近侍皆窮乏，悉取給於烏古論鎬，鎬不能繼，交譖於金主，金主遂疏鎬。鎬憂憤成疾，多不視事。七月，孟珙大敗武仙於馬蹬山，破九砦，降其衆七萬，珙還襄陽。八月，蒙古都元帥塔察兒遣宣撫王檝至襄陽，約攻蔡州。史嵩之先以兵會伐唐州，金將烏古論黑漢戰死，城遂降，官軍駐於息州之南，降者日衆。九月，金使完顏阿虎帶來乞糧，朝廷不許。蒙古兵數百突至蔡城下，金兵出接戰，蒙古兵奔潰，塔察兒以數百騎復駐城東，金兵又敗之。自是蒙古兵不復薄城，分築長壘圍之。十月，史嵩之命孟珙、江海帥師二萬，運米三十萬石，赴蒙古之約。塔察兒大喜，益修攻具，城中甚恐。賴忽斜虎循撫其民，營畫禦備，軍民感奮，始有固志。然應付南北兩路之薄攻，金盡徵民丁防守，不足，復括婦人壯健者運木石。孟珙得降人，言蔡城中饑，盡力守之，以防突圍。塔察兒遣張柔帥精兵五千薄城，金人堅拒之。

珙殊死戰，進薄柴潭，——蔡城恃潭爲固，外卽汝河，——立柵潭上，命諸將奪柴潭樓，南北兩軍皆濟，攻其外城破之。進薄土門，兩軍又合攻西城克之，因墮其城。金主率兵夜出東門，謀遁去，及柵，遇敵兵戰而還。端平元年正月，城中饑窘，絕糧已久，鞍韉敗鼓皆糜煮，且聽以老弱互食，諸軍以人畜骨和芹泥食之。又往往斬敗軍全隊拘其肉以食，故欲降者衆。且自被圍以來，戰沒將帥甚多，禁近內臣亦皆供役，分守城陴，蒙古兵攻城愈急，九日，金主守緒傳位於東面元帥承麟，——承麟者，系出世祖諸孫，白撒之弟也，拜泣不敢受。金主曰：「朕所以付卿者，豈得已哉？以朕肌體肥重，不便鞍馬馳突。卿平日矯捷，有將略，萬一得免，祚胤不絕，此朕志也。」承麟乃受璽卽位。十日，孟珙之師猛攻南門，列雲梯，萬衆競進，大戰城上。金百官稱賀禮畢，亟出應戰，而南門之陴已立宋幟，俄頃，四面鼓譟夾攻，執其參政烏古論鎬，殺其元帥烏林答胡土，南門守者棄門走，門遂開，孟珙招江海、塔察兒之師以入，忽斜虎帥精兵一千巷戰，不能禦。守緒自經死，忽斜虎聞之，赴汝水死，參政孛朮魯小婁室以下及軍士五百餘人皆從死焉。江海入宮，執參政張天綱，知金主已死。承麟亦爲亂兵所殺。金亡（註二九）。歷世九主，凡一百一十七年。

金既亡，史嵩之發露布，遣郭春按循故壤，詣奉先縣，汛掃諸陵。孟珙還師，屯襄陽，江海亦還屯信陽。王旻戍隨州，王安國守棗陽，蔣成守光化，楊恢守均州，並增兵整備，經營屯田於唐鄧州。四月，嵩之遣使以所獲金主完顏守緒遺骨及寶玉法物，並俘囚張天綱完顏好海等獻於臨安。乃備禮告於太廟，藏守緒骨於大理寺獄庫，孟珙江海以下論功行賞。

說者論金亡之跡，不殊汴宋。蒙古分兵侵金河北河東諸部，即金人分道入寇也。速不台圍汴京，即斡離不之圍京師也。昔康王爲質於金以請平，金曹王爲質於蒙古亦請平。昔斡離不引兵北去而赦，今速不台退師河洛而亦赦。徽宗奔亳州，而斡離不圍汴；守緒奔河北而速不台以圍汴。金人向汴京勒索金銀，訊掠慘酷。蒙古亦然。宋徽欽二帝赴青城，與后妃宗室全部北遷；金梁王荆王皆赴青城，與后妃宗室三教醫流工匠亦全部北遷。一百年間，故事一一重演，敗亡何相似也？第考宋之不能守汴也，無幽薊爲之蔽耳，宋取燕而不知取三關之險，守汴京而不知守關河之險，使虜笑南朝無人固矣。而金能守關河之險矣，蒙古則假道於宋，迂迴腹攻，三峯一役，知金之必亡，不須俟蔡州之圍也。夫宋人棄汴，猶有南可渡，江淮之人皆中國之族也。金以少數民族而迫宋作城下之盟，以華制華，盤據河朔。及其棄中都而南遷，兩河關陝之人，原非金族也。既人口之懸殊（註三〇），且心理之仇視，壓力一弛，全部瓦解。當戰事逆轉，完顏氏故老宿將，凋零殆盡，四面楚歌，進退徬徨，戰守和皆不成策，唯圖一遷。然蔡州與秦鞏，形勢已非，是以力竭而亡，完顏氏之族，亦隨之而消滅矣，寧不哀哉！

第二十四節　蒙古南侵

金亡後，右丞相鄭清之有乘時撫定中原之意，會趙范趙葵全子才等惑於降人谷用安之說，謂非扼險無以爲國，於是守河據關之議起。朝臣多以爲未可。秘書少監趙汝談反覆言不可輕戰。樞密副都承旨吳淵謂力既不能取，取之亦不能守。監察御史李宗勉主張量力以有爲，相時而後動，謂：「今朝廷安恬無異於常時，士卒未精銳，資糧未充衍，器械未犀利，城堡未繕修，於斯時也，守禦猶不可，而欲進取可乎？」(註三二)獨淸之力主其說，致民兵死者以萬計。端平入洛之師，由於不量力而橫挑強敵之咎，宋之失計誤國，未有如淸之者也。

端平元年六月，詔出師收復三京，以趙范爲東京留守，趙葵爲南京留守，全子才爲西京留守，乃命趙范移師黃州，剋日進兵。范參議官丘岳曰：「方興之敵，新盟而退，氣盛鋒銳，寧肯損所得以與人耶？我師若往，彼必突至，非惟進退失據，開釁致兵，必自此始。且千里長驅，以爭空城；得之，當勤餽餉，後必悔之。」范不聽。京西湖北制置使史嵩之亦言荆襄方爾饑饉，未可興師。淮西轉運判官杜杲（一一七三—一二四八）復陳守境之利，出師之害。參知政事喬行簡上三大憂疏，謂：「不憂師出之無功，而憂事力之不繼；有功而至於不繼，則其憂始深矣。」皆不聽。淮西總領吳潛又告執政，論用兵復河南不可輕易。金人既滅，與北爲鄰，法當以和爲形，以守爲實，以戰爲應。取之若易，守之實難。今日之事，豈容輕易？執政不能從。十二日，初以知廬州全子才合淮西兵萬人赴汴，沿途所見，淮北凋殘之象，一片蕭條(註三三)。汴京都尉李伯淵殺崔立以應，子才次於汴。七月二十日，趙葵以淮東之師五萬，由泗宿抵汴，與子才會師。時沿淮旱蝗，不任征役，汴隄破決，水潦泛溢，盛暑行師，糧運不繼，所復州郡皆空城，無兵食可因。子才以待糧餉爲辭，逾半月，葵催其赴洛，子才乃檄鈐轄范用吉、樊辛、李先、明顯等提兵一萬三千人，由徐敏子爲監軍，先行西上。又命楊誼以廬州强勇軍一萬五千人繼之，只携五日糧。至中牟，敏子遣和州寧淮軍正將張迪以二百人潛赴洛陽。時蒙古之戍洛陽者，空其城以相誘。迪至城下，城中寂然無應。逮晚，有民庶三百餘家，登城投降，遂入洛陽。翌日，軍食已盡，乃採蒿和麵作餅而食之。楊誼至洛東三十里，方散坐蓐食，被蒙古伏兵襲擊，倉卒無備，遂大潰，誼僅以身免。潰卒到洛報告，謂蒙古軍已據虎牢，洛師聞而奪氣。八月，蒙古兵至洛陽城下，徐敏子據洛水爲陣，略接戰，但不食四日，遂突圍南走，蒙古縱兵追擊，死傷者十八九。敏子中流矢，徒步間行，道收潰卒得三百人，食桑葉梨棗，轉戰而前，乃抵浮光。洛師既潰，敗耗傳至汴，趙葵全子才乃班師南下(註三三)。當時以江淮邊境守軍，乘虛北進，後方無全力支持，故糧援不繼，不戰而潰。此由於不明敵情，輕進易退，純爲戰術上錯誤也。趙范以入洛之師敗績，上表劾趙葵全子才輕遣偏師復西京，趙楷劉子澄參贊失計，師退無律，致後陣喪敗。詔趙葵全子才削一秩，分別措置河南京東及唐鄧息州營田邊備。劉子澄、趙楷、徐敏子、范用吉、楊誼削放貶降有差。河南新復郡縣，播種久廢，民食甚艱，乃命江淮制置司發米麥百萬石，往救濟歸附之軍民。蒙古以金既滅，寒盟無信，命劉福爲河南道總管，河南地不肯歸宋。十二月，遣王檝來責敗盟，朝廷遣鄒伸之等報謝。夫欲復三京八陵，不先令孟珙定議於軍前，而計出於兵退之後，乘虛襲取，用計之左，無以逾此，自是江淮之間無寧日矣。

當時軍政不修已久，軍紀廢弛，賞罰無章，邊防兵力，甚爲脆弱。兩淮民兵，雖號驍捷，然輕進易退，不足以當堅韌之鐵騎。淮西精甲數萬入洛之師，損失一萬五千人，而他州陷沒者猶不計焉。淮東尚有險可守，擁有新舊戰艦千艘，但江上諸軍常互調，皆非舊戍，且將不知士，士不識將，緩急不可倚仗。荊襄所恃保捷一軍，十餘年來，頗已凋落。金亡後，收容其降卒，除納合買住部屯於建康外，多不敢放在江南，而散置於揚泗滁廬及江陵。孟珙所招收屯襄陽者爲最多，組成鎮北軍二萬人，亦稱北軍，獨立組編，自兼都統制以統之，分駐漢北、樊城、新野、唐、鄧間，以備蒙古，但與南軍殆如冰炭。荊鄂舊軍二萬人，粗若可用，然僅存者六七千人，雖有外五軍，亦不滿數千。蜀中諸軍，實額爲六萬人，忠義一萬五千人(註三四)。廣東有摧鋒軍，增防建康。二年六月，蒙古主命濶端將塔海侵蜀，忒木䚟、張柔等侵漢，口溫不花及察罕等侵江淮。七月，口溫不花寇唐州，全子才等棄師走，趙范率師敗蒙古兵於上閘兒而還。十月，濶端入蜀，次鞏昌（甘肅隴西縣），金總帥汪世顯（秦鞏土豪）降，令率所部從征，世顯遂截高陵，進趨大安，濶端自鳳州入西川。十二月，入沔州，殺知州高稼，制置使趙彥吶進屯青野原，蒙古圍之。統制曹友聞即往救之，解其圍。既而汪世顯擣大安，友聞又救之，蒙古大軍數萬突至，友聞復敗之。友聞遂引兵扼仙人關。三年正月，蒙古兵攻洪山，張順翁成大等以兵捍禦之。二月，忒木䚟寇江陵，統制李復明奮勇戰沒。信陽光州境內，蒙古軍虜掠焚燬，赤地千里，蘄州舒州黃州，往往行十日無炊煙。時京湖安撫制置使趙范在襄陽，以王旻、李伯淵、樊文彬、黃國弼等爲腹心，上下無序，諸事廢弛。既而南北軍交爭，又以歧視北軍而生變，范失於撫馭，三月，北軍主將王旻之克敵軍（背心有紅月號）首叛，伯淵繼之，焚襄陽城郭倉庫，而降於蒙古。城中官民尚有四萬七千，倉庫財粟無慮三十萬，軍器二十四庫，皆爲蒙古所有，金銀鹽鈔不預焉。南軍主將李虎到援，乘勢刼掠，城中爲之一空(註三五)。襄陽自岳飛收復以來，百三十年，生聚繁庶，城高池深，甲於西陲，一旦灰燼，詔以趙范失於撫馭，削三官，仍舊職任，制置司暫移江陵。而江陵府以去年被圍攻，沙市商貨所聚，掃地無餘。官兵旣屢爲蒙古所敗，襄漢淮蜀日急，帝悔前事，下罪己之詔。蒙古軍隨陷郢州荊門軍，又陷棗陽軍，德安府。九月，曹友聞與蒙古戰於大安軍陽平關，敗績死之。蒙古兵遂長驅入蜀，一月之間，成都、利州、潼川三路俱陷沒，西蜀所存，惟夔州一路，及潼川順慶府（四川南充縣）而已。十月，蒙古兵陷固始縣。濶端離成都，入文州，軍民死者數萬人。十一月，口溫不花入淮西蘄舒光州，守臣皆遁；又合三州人馬糧械，趨黃州，遊騎自信陽趨合肥。詔淮西史嵩之援光州，淮東趙葵援合肥，沿江陳韡遏和州，爲淮西聲援。忒木斛攻江陵，史嵩之遣孟珙救之，珙破蒙古二十四砦，救回俘民二萬而歸。察罕攻眞州，知州丘岳拒之，不逞引去。

嘉熙元年十月，口溫不花攻黃州，孟珙赴援，卻之，遂攻安豐軍（安徽壽縣）。知安豐軍杜杲繕完守禦，蒙古以火礮擊焚樓櫓，杲督士奮死戰，會池州都統制呂文德突圍入城，合力捍禦，蒙古引去。當時江淮守軍主力，維揚爲趙葵，廬江爲杜伯虎，金陵則有別之傑，尤其葵留揚八年，墾田治兵，邊備益飭，朝廷倚之如長城。二年正月，詔史嵩之趙葵援黃州安豐。二月，蒙古再遣王檝來求歲幣，銀絹各二十萬。李宗勉言：「輕諾者多後患，當守原約可也。」史嵩之開督府，力主和議。三月，命周次說爲蒙古通好使，蓋自端平以來，敵兵歲至，和不可，戰不能，楮劵日輕，物價踊貴，民生流離，大勢殆無可爲，故欲尋和也。九月，察罕帥兵號八十萬，圍廬州，期破廬後，造舟巢湖，以窺江北。

杜杲極力守禦，蒙古敗走，杲追躡數十里，又練舟師，扼淮河，遣其子庶監呂文德聶斌，伏精銳於要害。蒙古不能進，遂引而北歸，詔加杲淮西制置使（治廬州）。十月，以孟珙爲京湖制置使（治江陵），詔珙收復京襄。珙謂必得郢，然後可以通餽餉；得荆門，然後可以出奇兵。先謀後動，遂發兵深入，收復郢州荆門軍。三年正月，曹文鏞復信陽，劉全收復樊城，再復襄陽，譚深復光化軍，息蔡降。八月，塔海將兵入蜀，制置使丁黼戰死於新井，蒙古遂取漢、邛、簡、眉、蓬州，遂寧、重慶、順慶府，尋引還。十二月，珙諜知塔海南侵，測其必假道施黔以滲入湖湘，乃以二千人屯峽州，千人屯歸州，命弟瑛以精兵五千駐松滋，爲夔州聲援，增兵守歸州隘口黃戶谷。及蒙古兵至，珙密遣劉全禦之，又遣伍思智以千人屯施州（湖北恩施縣）。蒙古既入蜀，珙從水陸積極佈防，遣兵間道抵均州防遏，且設策備禦。未幾，蒙古兵渡萬州（四川萬縣）湖灘，施夔震動。珙兄璟時知峽州，帥兵迎拒於歸州大埡砦，在巴東（湖北巴東縣）告捷，遂復夔州。四年正月，張柔等分道入寇。二月，以孟珙爲四川安撫使兼知夔州，節制歸、峽、鼎、澧軍馬。珙至鎮，招集散民，擇險立砦，屯田墾耕，教以戰守。四月，蒙古復使王檝來，檝前後凡五至，以和議未決，隱憂成疾而卒。淳祐元年十一月，塔海部汪世顯等復入蜀，進圍成都，制置使陳隆之被執見殺。十二月，蒙古月里麻思來議和，從行者七十餘人，淮上守將囚之長沙飛虎寨。二年二月，蒙古也可那延耶律朱哥自京兆取道商房以攻三川，孟珙遣一軍屯江陵及郢州，一軍屯沙市，一軍自江陵荆門出襄陽與諸軍會。又遣一軍屯涪州。嚴令主兵官不許失棄寸土，諸將稟命惟謹。五月，蒙古陷廬州。七月，張柔自五河口渡淮，進攻揚、滁、和諸州，統制王溫等兵敗於天長縣。十月，蒙古陷通州，屠其民，守將杜霆棄城遁。十二月，蒙古攻敍州，都統楊大全戰死。三年七月，蒙古兵破大安軍，忠義副總管楊世安力戰卻之，詔以世安知大安軍。四年五月，蒙古兵圍壽春，呂文德率諸軍禦之。六月，以呂文德爲淮西招撫使，未幾，文德敗蒙古兵於五河口，復其城。十二月，以孟珙兼知江陵府。五年五月，詔沿江、湖南、江西、湖廣、兩浙制帥漕司，共造輕捷戰船，置游擊軍壯士，分備捍衛。七月，察罕帥步騎三萬與張柔再攻壽春，進至揚州而還。六年十一月，蒙古寇荆湖江淮之境，攻拔虎頭關，進至黃州。當端平嘉熙之際，蒙古病宋亟矣，幸而摧堅抵險，扞圉無患者，孟珙諸將力也。珙善知兵，當其駐兵岳陽也，曾條陳上流防禦之策，假想敵人沿江而下，分三道防線以禦之。以夔、忠、涪、萬以下江面爲第一線，鼎澧爲第二線，辰、沅、靖、郴、桂爲第三線，請峽州松滋各屯一萬人，舟師隸焉。歸州屯三千人，鼎、澧、辰、靖各屯五千人，郴桂各屯七千人，如是則江面可保。謂虜必由間道涉湖南江西之境，先事而言，其後皆驗也(註三六)。然而廟堂之上，空其無人，僅以公侯干城，寄之一珙。珙亦徘徊身後，莫有繼也。已而珙卒，遺表舉賈似道自代，而薦李庭芝於似道，局勢遂不可爲矣。

蜀自吳曦之變，地號多事，安丙卒，崔與之罷，統馭乏人。寶慶三年失關外。端平二年，蜀地破殘，所存州郡無幾。迄淳祐二年之十六年間，凡授宣撫使者三人，制置使者九人，副使四人，或老或暫，或庸或貪，或慘或繆，或遙領而不至，或開隙而各謀，而事權分散，無復紀律，其不亡者僅爾。余玠用而城守始備，軍事上產生一奇蹟，人心粗定，軍民始有安土之志，亦西土中興之會也。玠、蘄州人，家貧，有膽識，少爲白鹿洞諸生，殺人亡命，寄跡襄淮，喜功名，好大言。後謁淮東制置使趙葵，葵壯之，留置幕府。嘉熙三年，俾帥舟師，泝淮入河，與蒙古兵戰於汴城河陰。淳祐元年，又提兵應援安豐。有功，累擢淮東制置副使。曾入對，以「視文武之士爲一，勿令偏有所重，」奉於帝。帝曰：「卿人物議論，皆不尋常，可獨當一面，」乃授四川宣諭使。淳祐三年二月，加制置使，知重慶府。玠至，築招賢館，以禮納士。播州（貴州遵義縣）人冉璡（一作璉）冉璞兄弟，有文武才，聞玠賢，相率詣謁。玠賓禮之，對玠進言：「爲今日保蜀之計，其在徙合州（四川合川縣）城乎？」玠躍起執其手曰：「此玠志也！但未得其所耳。」二冉曰：「蜀口形勝之地，莫若釣魚山，請徙諸此，聚粟，得其人以守之，勝於十萬師遠矣，巴蜀不足守也」。玠大喜，密以其計劃聞於朝，詔以璡爲承事郎，權發遣知合州；璞爲承務郎，權通判州事，徙城之事，悉以任之。二冉之計，利用四川天然地理優勢，因山另築新城，因城設防。合州爲渠江與嘉陵江合流之地，山在合州城對岸。平時以舊城爲住居生聚之所，臨敵則以新城爲防禦之堡壘，以抵抗敵騎之馳突。一年而山城成，城位於釣魚山頂，因名曰釣魚城，徙合州治於其上。山西南北三面，絕壁劍立，僅一道通出入，山頂平坦，周圍十餘里，上有天池，汲用不竭。並依次建築青居（順慶府治所，今南充縣南約四十里）、大獲（閬州治所，今蒼溪縣東南三十里）、雲頂（利戎軍治所，今金堂縣）、雲山（又名天生，蓬州治所，今蓬安縣）、得漢（洋州治所，今通江縣東一百二十里）、白帝（夔州府治，今奉節縣東）、苦竹（卽苦竹隘，劍州治所，今劍閣縣北），凡十餘處，皆因山爲壘，棋布星分，爲保蜀之防禦網（註三七）。其中最有戰略價值者，爲上述之八處，乃六州二府之治，號爲「巴蜀八柱」。其部署計劃，移金州兵於大獲，以護蜀口；移沔州兵於青居，興州兵先駐合州舊城，移守釣魚山，共備內水。移利州兵於雲頂，以備外水。於是如臂使指，氣勢聯絡，屯兵聚糧，爲必守計。又屬嘉定俞興開屯田於成都，蜀以富實。玠慷慨自許，又作經理四蜀圖以進曰：「幸假十年，手挈四蜀之地，還之朝廷，然後歸老山林，臣之願也」(註三八)。數年之間，建城堡，築關隘，增屯堡，邊警稍息，於是一意出師，率諸將巡邊，數與蒙古戰，迭獲勝利。四年，樞密院言：「四川帥臣余玠與蒙古大小三十六戰，皆有勞效，宜第功行賞。」六年，玠亦上言：「北兵分四道入蜀，將士捍禦有功者，宜便宜推賞。」(註三九)十年十月，出師擣興元，遇蒙古將汪德臣鄭鼎，大戰而還。十二年二月，汪德臣城沔州，未幾，又城利州，自是蒙古兵且耕且戰，以城堡對抗城堡，蜀土遂不可復。十月，汪德臣將兵掠成都，薄嘉定，四川大震，余玠帥諸將俞興、元用等，夜開關力戰，始解去。初，利州都統王夔素殘悍，恃功驕恣，桀驁不受節制，所至刼掠，蜀人苦之。玠召夔議事，潛以親將楊成代領其衆。夔至，玠斬之，乃薦成爲文州刺史。會戎帥欲舉統制姚世安爲代，玠素欲革軍中舉代之弊，以三千騎至雲頂山下，遣將代世安，世安閉關不納。世安素結丞相謝方叔子姪，至是求援於方叔，攻玠之短，爲夔報怨，而世安乃與玠抗。寶祐元年五月，召玠還，而以知鄂州余晦代之。余晦者，天錫之姪也，徐淸叟以晦輕儇浮薄，不堪任重，乞賜收回，但詔命已頒，不果。夫玠之治蜀也，雖出奇善戰，不若吳玠吳璘，而任都統張實治軍旅，安撫王惟忠治財賦，監簿朱文炳接賓客，隨材器任，人各盡能。至於修學養士，輕徭以寬民力，薄征以通商賈。蜀既富厚，乃罷京湖之餉；邊關無警，又撤東南之戍。自寶慶以來，蜀閫未有能及之者，西陲疆寄，作一木之支。然久假便宜之權，不顧嫌疑；昧於勇退，遂來讒賊之口。七月，聞召不自安，一夕暴卒，或謂仰藥死，蜀人莫不悲之(註四〇)。二年八月，余晦以私怨奏利州西路安撫王惟忠通敵，遂下大理獄，竟斬於市。旋召余晦還，以李曾伯爲四川宣撫使，置夔州。九月，追削余玠官秩，籍玠家財以犒師。嗟乎！孟珙卒，則宋無京湖；余玠卒，則宋無巴蜀。敵人有蜀，則舟師可自蜀浮江而下，而長江之險，敵人與我共之矣。當南宋之初，守江必守淮，故與金人常角逐於兩淮，而長江之天塹自若也。及蒙古南侵，戰略不同，入蜀以爭長江之險，欲從建瓴之勢，順流直下，向使余玠不城釣魚山，則無蜀久矣；無蜀，則長江之險早失，無江南久矣。余玠治蜀十二年，阻蒙古軍東下之路，玠死，蜀非宋有。全線統帥人才，兩淮惟賈似道，荊蜀惟李曾伯二人而已，故淳寶之際，亡形已露，國祚之危，從可知矣。

六年二月，蒙古主命諸王阿里不哥居守和林，阿藍答兒輔之，自將南侵，由西蜀以入。先命張柔從忽必烈攻鄂，趨杭州；塔察攻荊山（湖北南漳縣西）。又詔兀良合台自交廣引兵會鄂，李全子璮進攻海州漣水軍等處。四月，蒙古主進次六盤山，軍四萬，號十萬，分三道而入。蒙古主自隴州趨散關，諸王莫哥由洋州趨米倉關（陝西南鄭縣南米倉山，山下有道曰米倉道，爲川陝交通要道），萬戶孛里察由漁關趨沔州。紐璘將前軍，欲會都元帥阿答胡於成都，制置使蒲擇之遣安撫劉整等據遂寧江箭灘渡，以斷東路，紐璘軍至不能渡，自旦至暮，大戰，整等軍敗。紐璘遂長驅至成都，擇之命楊大淵等守劍門及靈泉山，自將兵救成都。會阿答胡死，紐璘率諸將大破大淵等於靈泉山，進攻雲頂山堡，克之。成都、彭、安（四川安縣）、漢、綿（四川綿竹縣）等州，威茂諸蕃，相繼悉降。九月，紐璘率衆渡馬湖江，獲張實，遣實招諭苦竹隘，實入城，與楊立堅守之。十月，蒙古主渡嘉陵江，至白水，命總帥汪德臣造浮橋以濟，進次劍門，破苦竹隘，楊立張實死之。蒙古進兵圍長寧山，守將王佐徐昕戰敗。十一月，進攻鵝頂堡，知縣王仲以城降，佐死之。又進攻大獲山，守將楊大淵降。十二月，龍州（四川平武縣）、青居、大良（四川廣安縣）、雲山、石泉（四川北川縣）俱降(註四一)。朝廷以蒙古兵渡馬湖入蜀，詔馬光祖移師峽州，向士璧移師紹慶府（四川彭水縣），以便策應，光祖士璧以兵阻蒙古，戰於房州（湖北房縣），敗之。蒙古取隆（四川隆昌縣）、雅（四川雅安縣）州，又取閬州，楊仲淵以城降。蒙古遣宋人晉國寶招諭合州守將王堅，堅拒之。開慶元年正月，蒙古兵攻忠（四川忠縣）涪州，漸迫夔境，詔蒲擇之，馬光祖戰爭調遣，以便宜行事。以賈似道爲京西湖南北四川宣撫大使，移馬光祖爲沿江制置使，似道尋兼督江西二廣軍馬。蒙古兵破利州、隆慶（四川劍閣縣）、順慶諸郡。兀良合台會由大理入交阯，是時率四王兵四千，蠻僰萬人，破橫山（廣西邕寧縣東八十里橫山寨），徇內地，乘勝破賓州，入靜江府（廣西桂林縣），連破辰沅，如入無人之境，遂壁潭州城下。王堅追還晉國寶，殺之。蒙古主遂命大將渾都海以兵二萬守六盤，乞台不花守青居山。又命紐璘造浮橋於涪州之藺市，以杜援兵，謀攻合州。二月，蒙古主悉帥諸軍渡雞爪灘（合川縣東北江中），直抵合州釣魚城下，王堅力戰以守，蒙古會師圍之。四月，詔守合州王堅，嬰城固守，百戰彌厲，節義爲蜀列城之冠。詔賞典加厚。六月，四川制置副使呂文德帥兵攻涪州浮橋，力戰，得入重慶，遂帥艦千餘艘，泝嘉陵江而上，圖救合州。史天澤分兵爲兩翼，順流縱擊，文德敗績。七月，蒙古主屢督諸軍攻合州，歷五月不克，前鋒將汪德臣選兵夜登外城，堅率兵逆戰，德臣幾爲飛石所中，因得疾死。會天大雨，攻城梯折，後軍不克進，俱退。蒙古主蒙哥（憲宗）殂於釣魚山下，或傳中飛矢死(註四二)。諸王大臣用二贏負之北行，合州圍解。捷聞，加堅寧遠軍節度使(註四三)。

蒙古主蒙哥既殂於軍中，由忽必烈繼之，蒙古南侵，戰事急轉直下。夫忽必烈以雄才大略，能用漢人之智謀以滅宋，而又用漢人之學問以建國，史家譽之可媲美唐之太宗，信然。當時忽必烈主持荆淮戰場，八月，遣楊惟中郝經宣撫荆湖江淮，宣佈招納降附。經言於忽必烈，以用兵久且多，兵連禍結，久未卽功，宜諭宋令降名進幣，割地納質，偃兵息民，以全吾力，而圖後舉。宋之精銳，盡在兩淮，江面濶越，恃其巖阻，然兵皆柔脆，用兵以來，未嘗一戰，一處崩壞，則望風皆潰。乃獻先荆後淮，先淮後江之策。又謂取國之術與爭地異，併力一向，爭地之術也；諸道並進，取國之術也。(註四四)此以政治配合軍事之攻勢，政略與戰略之統一運用，正宋之大患也。於是會兵渡淮，忽必烈由大勝關（河南羅山縣南），張柔由虎頭關（湖北麻城縣東北，接河南光山縣界，爲鄂豫兩省之要隘），分路並進，官軍皆遁。九月，宗王莫哥自合州遣人以蒙古主凶訃告忽必烈，請北還以繫人望。忽必烈欲立功而後北還，乃至黃陂（湖北黃陂縣）趨陽邏堡（沙蕪口東）。時官軍以大舟扼江渡，軍容甚盛。忽必烈以董文炳帥死士爲前鋒，鼓譟強渡，官軍大敗。翌日，遂帥諸軍自黃州沙蕪口渡江，進圍鄂州，中外大震。蒙古兵進至臨江軍（江西清江縣），制置使徐敏子在隆興（江西南昌縣），頓兵不進，知軍事陳元桂力疾戰死，蒙古兵遂入瑞州（江西高安縣）。詔諸路出師以禦蒙古，大出內府銀幣犒師，前後出錢七千七百萬緡，銀帛各一百六十萬兩匹。十月，以賈似道爲右丞相兼樞密使，出師漢陽以援鄂。時邊報日急，臨安結集義勇，招募新兵，增築平江、紹興、慶元城堡，朝野震恐。董宋臣請帝遷都四明（鄞縣西南四明山），以避敵鋒。軍器監何子舉、御史朱貔孫認爲不可，皇后亦請留蹕以安民心，帝遂止。十一月，蒙古圍鄂州，都統張勝戰敗死。吳潛用御史饒應子言，移賈似道由漢陽至黃州，堠騎言前有北兵，似道大懼。及北兵至。乃老弱部所掠金帛子女而去者，由江西降將諸再興騎牛先之，孫虎臣出擒再興，似道遂狼狽入黃州。十二月，蒙古攻鄂州城益急，城中死傷者至萬三千人，似道密遣宋京詣蒙古營請稱臣納降，忽必烈不許。會走報蒙古主計聞，似道再遣京往。忽必烈亦聞阿藍荅兒等謀立阿里不哥（拖雷第七子，忽必烈同母弟），因召羣臣議事。郝經勸其與宋議和，許割淮南、漢上、梓、夔兩路，定疆界歲幣，置輜重，率輕騎而歸。忽必烈以爲然。會宋京至，請稱臣，割江南爲界，歲奉銀絹各二十萬兩匹。忽必烈許之，遂拔砦而去。留張傑閻旺以偏師候湖南兀良合台之兵。景定元年二月，張傑閻旺作浮橋於新生磯，兀良合台兵至，傑等濟師北還。賈似道用劉整計，命夏貴以舟師攻斷浮橋，進至白鹿磯殺敵卒一百七十人。詔賈似道以緡錢三千萬犒師，並示賞功之典。三月，似道匿議和稱臣納幣之事，只以所殺獲俘卒殿兵，虛報言諸路大捷，鄂圍始解，江漢肅清。帝以似道有再造功，詔入朝。四月，進似道少師，封衛國公。及似道至，又詔百官郊勞，獎眷備至，諸將士悉進官。時蒙古以郝經爲國信使，來告忽必烈（世祖）即位，且徵前日講和之議。賈似道還朝，方使其客廖瑩中輩撰福華編，稱頌鄂功，通國皆不知所謂和也。郝經至宿州，遣其副使何源、劉仁傑請入境日期，不報。經數遺書於三省樞密院，及主管兩淮制置司公事李庭芝。似道恐經至謀泄，七月，乃密令拘經於眞州之忠勇軍營。經上表，願附魯連之義，排難解紛。數上書於帝，論天下之勢，始於北而終於南，宋以和議邦交爲國，無非爲勸和之論，並質問稽留使人之故，且請入見及歸國，皆不報。驛使棘垣鑰戶，晝夜守邏，欲以動經，經不屈。帝聞有北使，謂宰執曰：「北朝來使，事體當議。」似道奏：「和出彼謀，豈宜一切輕徇，倘以交鄰國之道來，當令入見。」蒙古遣詳問官崔明道、李金義詣淮東制置司，訪問經等所在。李庭芝奏蒙古使者久留眞州，亦爲似道所格。憾由一介之使，罔恤後患，似道以非和非戰誤國，比秦檜韓侂冑又等而下之矣。

李全之子璮，降蒙古爲山東行省，都督江淮。寶祐六年，陷海州漣水軍，拔四城，殺官軍幾盡，淮揚大震。自蒙哥大汗殂，忽必烈立，璮始萌南歸之心。前後所奏，凡數十事，皆恫疑虛喝，以動蒙古，而自爲完繕益兵計。景定三年二月，召其質子彥簡於開平，用私驛逃歸，修築濟南益都等城堡，遂殲蒙古戍兵，以漣海三城來歸，獻京東州縣，請贖父過，仍遣總管李毅等傳檄列郡。詔授璮保信寧武軍節度使，督視京東河北路軍馬，封齊郡王，復其父全官爵，改漣水爲安東。蒙古平章事王文統，璮其婿也，嘗遣其子蕘與璮通謀，事覺被誅。四月，璮引兵還攻益都，入之，遂入淄州（山東淄川縣）。蒙古主命哈必赤總諸道兵討之，璮兵勢甚張；又命史樞、阿朮各將兵赴濟南，璮帥衆出掠輜重，將及城，北兵邀擊，璮敗，退保濟南。復命右丞相史天澤往督師，諸將受節制。五月，用深溝高壘圍之，璮自是不得復出。六月，朝廷聞李璮被圍，給銀五萬兩下益都府犒軍，遣靑陽夢炎帥師援之。夢炎至山東，不敢進而還。已而璮愛將田都統縋城降，璮猶日夜拒守，糧竭窘甚。七月，璮知城且破，乃手刃妻妾，投大明湖，爲蒙古所獲，史天澤殺之(註四五)。益都亦降，三齊復爲蒙古所有，命董文炳爲經略使治之。李璮死，北人歸朝之志亦絕。

第二十五節　襄陽大戰

蒙古自景定元年（中統元年）三月忽必烈卽位，至咸淳四年開始圍攻樊城，九年（一二六〇—一二六八）之間，蒙古侵宋之戰，暫趨沉寂，蓋其正有事於內也。忽必烈卽位於開平府（察哈爾多倫縣），四月，阿里不哥卽僭號於和林城（外蒙古庫倫西南，一名喀喇和林）西之按坦河，宗王紛紛響應，蒙哥之將領亦與通，聲勢頗大。阿里不哥使霍魯歡、劉太平行省於關右，藉以抗命。六月，京兆等路宣撫使廉希憲執霍魯歡劉太平殺之，並誅怯的不花於東川，明里火者於西川。於是六盤山守將渾都海舉兵反，以應阿里不哥，阿藍答兒自和林援之。忽必烈乃遣兵進討，九月，殺阿藍答兒、渾都海，隴右悉平。阿里不哥佯言歸順，二年秋，復據和林，乘勝踰漠西南，兵敗西走。五年（至元元年）正月乞降，七月入京師，越二年卒(註四六)。爭位之亂，歷五年始平定。在此期間，忽必烈致力於消化佔領之版圖，整頓內部，任用儒者開始講論治道，以劉秉忠張文謙定官制，姚樞許衡立學校，郭守敬主水利，培養新興之力量，建立鞏固之基礎，而準備南犯。

南宋至度宗（一二三—一六七四）之世，賈似道當國要君，國是大搖，胡塵四合，而廟廊已空，大事已不可爲矣。度宗禥既卽位，以似道有定策功，每朝必答拜，稱之曰師臣而不名，朝臣皆稱爲道公。理宗山陵事竣，似道徑棄官，還越，而密令呂文德詐報蒙古兵攻下沱急，朝中大駭，以奪天子之氣。帝與太后手詔起之，似道乃至，授鎭東節度使。咸淳元年（一二六五）二月，以姚希得參知政事。四月，加似道太師，封魏國公。閏五月，以江萬里參知政事，王爚同知樞密院兼權參知政事，馬廷鸞簽書樞密院事。十一月，以留夢炎簽書樞密院事。二年（一二六六）正月，江萬里罷。四月，姚希得罷。五月，以王爚參知政事，留夢炎同知樞密院事，包恢（一一八二—一二六八）簽書院事。三年（一二六七）二月，賈似道上疏乞歸養，帝命大臣侍從傳旨固留，日四五至。中使加賜，日十數至，夜交臥第外以守之。特授平章軍國重事，一月三赴經筵，三日一朝，治事都堂。賜第西湖之葛嶺，使迎養其中，似道於是五日一乘湖船，入朝不赴都堂治事，吏抱文書，就第署，大小朝政，一決於館客廖瑩中、堂吏翁應龍，宰執充位署紙尾而已（註四七）。三月，程元鳳爲右丞相兼樞密使，元鳳謹飭有餘，但乏風節。又以葉夢鼎參知政事，王爚知樞密院事，常挺簽書院事。元鳳爚尋罷。六月，以馬光祖參知政事。八月，以葉夢鼎爲右丞相兼樞密使，與似道分任，但以厭於似道，謂我斷不爲陳自強，卽求去，不許。以留夢炎爲樞密使，常挺同知樞密院事。十一月，以挺參知政事，馬廷鸞同知院事。似道雖深居簡出，但臺諫彈劾，諸司薦辟，及京尹畿漕一切事，不關白不敢行，正人端士，斥罷殆盡。吏爭納賂求職，貢獻不可勝計。一時貪風大肆，兵喪於外，匿不以聞，民怨於下，誅責無藝，莫敢言者。太府寺主簿陳蒙嘗入對，極言似道爲相，國政闕失。後爲淮東總領，似道誣以貪污，安置於建昌軍，籍沒其家。五年（一二六九）正月，以李庭芝爲兩淮制置大使。葉夢鼎上疏引杜衍故事乞致仕，不待報而去。以馬廷鸞江萬里參知政事，三月，以萬里廷鸞爲左右丞相兼樞密使，馬光祖知樞密院事兼參知政事。七月，光祖求致仕，許之。六年（一二七〇）正月，江萬里罷。萬里器望清峻，論議風采，傾動一時，學問德望，優於諸臣，然不免爲似道籠絡。晚年微露鋒穎，輒見擯斥，士大夫不幸與權姦同朝，自難免矣。八月，似道屢稱疾求去，帝至涕泣留之，不從。詔六日一朝，一月兩赴經筵。尋又詔入朝不拜。朝退，帝必起避席，目送之，出殿廷，始坐。繼復詔十日一朝。時蒙古圍攻襄樊甚急，似道日坐葛嶺，起樓閣亭榭，作半閒堂，延羽流塑己像其中，取宮人葉氏及娼尼有美色者爲妾，日肆淫樂，與故博徒縱博，人無敢窺其第者。嘗與羣妾踞地鬥蟋蟀，所狎客戲之曰：「此軍國重事耶？」或累月不朝，有言邊事者，輒加貶斥。一日，帝問曰：「襄陽已圍三年矣，奈何？」似道對曰：「北兵已退，陛下何得此言？」帝曰：「適有女嬪言之。」似道詰其人，誣以他事賜死。由是邊事雖日急，無敢言者(註四八)。七年（一二七一）十一月，蒙古改國號曰元，取易乾元之義，從太保劉秉忠之請也。八年（一二七二）九月，有事於明堂，以似道爲大禮使。禮成，幸景靈宮，將還，遇大雨。似道期帝雨止升輅，但帝升逍遙輦還宮。似道大怒，乞罷政，即日出嘉會門，帝固留之，不得，乃罷帶御器械胡顯祖，出胡貴嬪爲尼，似道始還。似道專恣日甚，畏人議己，務以權術駕馭上下，以官爵牢籠一時名士，以故言路斷絕，威福肆行，相視以目。十二月，馬廷鸞罷。十二月，召葉夢鼎入相，固辭不至。九年（一二七三）十月，似道母胡氏死，歸越治喪，詔以天子鹵簿葬之。起墳擬山陵，百官奉喪事。既葬，詔似道起復，遂還朝(註四九)。

郝經久被拘囚，屢遣使詳問，不報。景定二年，忽必烈乃下伐宋之詔，諭將士水陸並進，以爲問罪，然尚未有軍事行動也。初，賈似道以論鄂功，專務欺蔽朝廷，不以聞。又忌諸將，欲汚蔑置之罪，遂行打算法於諸路，遣客會計邊費，以軍興時支散官物爲贓私。向士璧守潭城，費用委浙西閫打算；趙葵守淮，則委建康閫馬光祖打算。於是趙葵、史巖之、杜庶皆坐侵盜掩匿罪，而向士璧曹世雄下獄死。劉整時爲潼川安撫使，亦以邊費爲蜀帥俞興所脅持，整素與興有隙，自遣使訴於朝，不得達，心益疑懼，遂籍瀘州十五郡領親兵數千人降於蒙古。整有智謀，善騎射，驍將也，自金亂入宋，隸趙方麾下，方嘗謂其子葵曰：「整才氣，汝輩不能用宜殺之，勿留爲異日患。」葵不聽。從孟珙作戰，夜率壯士十二人襲取信陽，有賽李存孝之稱。既知瀘州，捍西邊有功，南方諸將，皆出其下(註五〇)。蒙古得整，由是盡知宋事虛實，南征之謀益決。時呂文德守鄂，有威名，整言於蒙古主曰：「南人惟恃呂文德耳，然可以利誘也，請遣使賂以玉帶，求置榷場於襄陽城外以闉之。」至鄂，請於文德，文德果許之，遂開榷場於樊城，築土牆於鹿門山，外通互市，內築堡壘。由是敵有所守，以遏南北之援，將出兵哨，掠襄樊城外，兵勢益熾。文德知爲所賣，然已無及矣。至是，整又言於忽必烈曰：「攻宋方略，直先從事襄陽；如復襄陽，浮漢入江，則宋可平也。」忽必烈從之，整遂爲鄉導，併力築堡斷江，爲必取之計。咸淳三年十一月，忽必烈遂徵諸路兵，命阿朮與整經略，取襄陽（註五一）。襄陽大戰，由是開始，而爲宋室存亡之關鍵焉。

自賈似道誅鋤將帥，兵力既弱，武將亦凋零。襄陽戰局吃緊之際，當時可倚之統帥，唯呂文德李庭芝而已。阿朮築壘虎頭山，以斷官兵餉道。知襄陽府呂文煥大懼，遣人以蠟書告呂文德，文德認爲假城，戒勿妄言，邀功賞。四年九月，劉整與阿朮計議曰：「我精兵突騎，所當者破，惟水戰不如宋耳。奪彼所長，造戰艦，習水軍，則事濟矣。」乃造船五十艘，日練水軍，訓練士卒七萬人，遂築白河城，以逼襄陽。呂文煥報白河口、萬山、鹿門山、蒙古兵興築城堡。呂文德始檄知郢州（湖北鍾祥縣）翟貴，兩淮都統張世傑申嚴戒備。五年二月，阿朮自白河進圍樊城。三月，遂城鹿門。京湖都統張世傑將兵拒蒙古圍樊城之軍，戰於赤灘圃，敗績。沿江制置副使夏貴援襄樊，乘春水漲，輕兵運糧至襄陽城下，懼蒙古軍掩襲，僅能與呂文煥交語而還。七月，大霖雨，漢水溢，貴率兵五萬，饋糧三千艘，分遣舟師出沒東岸林谷間，而徑趨新城（沙洋南），至龍尾洲爲阿朮所敗，士卒溺漢水死者甚衆。貴又泊鹿門山西岸相持，范文虎復以舟師援貴，至灌子灘，亦爲阿朮所敗，文虎以輕舟遁。呂文德以許蒙古置榷場爲恨，每曰：「誤國家者我也！」因疽發背，乞致仕，十二月卒。六年正月，以李庭芝爲京湖制置大使，督師援襄樊。范文虎聞庭芝至，貽書賈似道曰：「吾將兵數萬入襄陽，一戰可平，但願無使聽命於京閫，事成，則功歸恩相矣。」似道即命文虎之兵從中制之，庭芝屢欲進兵，文虎但擘妓飲宴爲樂，以取旨未到爲辭。當時軍事佈置，高達爲湖北安撫使，知鄂州；孫虎臣爲淮東安

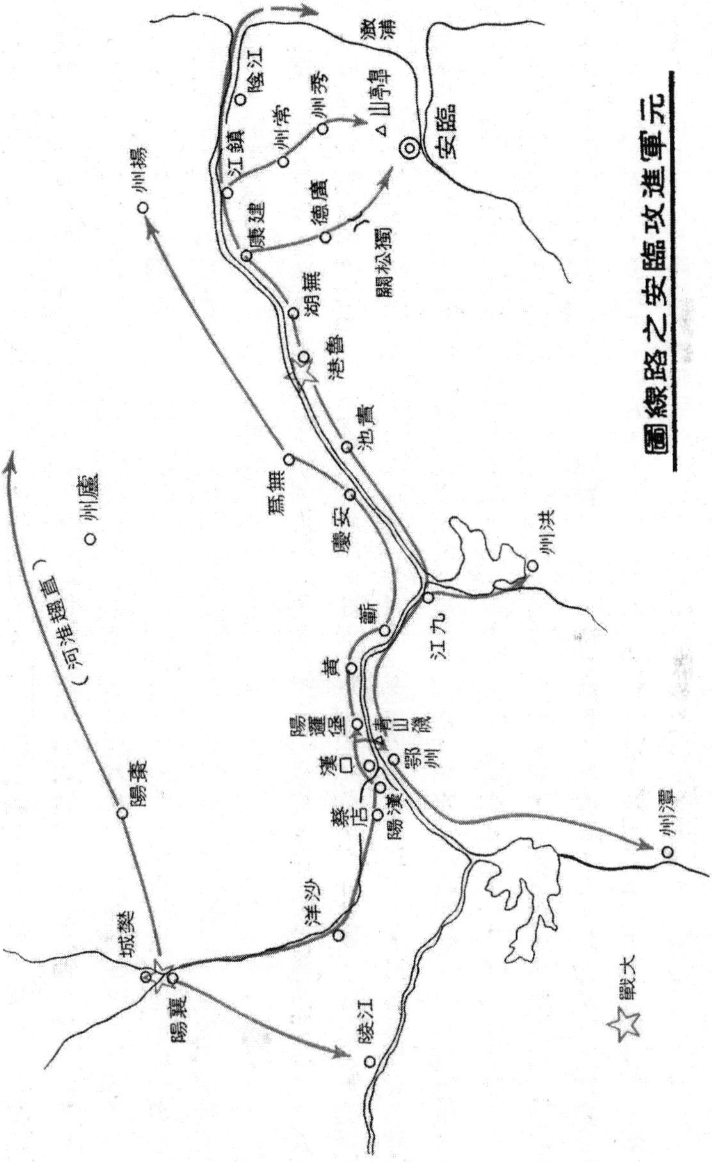

圖十　元軍攻取臨安之進兵路線圖

撫副使，知淮安；呂文福爲淮西安撫副使，兼知廬州；吳革爲沿江制置宣撫使，黃萬石爲沿江制置使，後皆爲降將。十二月，張宏範言於史天澤，今規取襄陽，若築城萬山以斷其西，立柵灌子灘以絕其東，則庶幾斃之之道也。天澤從之，遂城萬山，徙宏範軍於鹿門，自是襄陽道絕，而糧援不繼。七年五月，蒙古詔東道兵圍襄陽，各道並進兵以牽制之。六月，范文虎將衞卒及兩淮舟師十萬進至鹿門，時漢水溢，阿朮夾江東西爲陣，別遣一軍趨會丹灘犯其前鋒，諸將順流鼓譟，文虎軍逆戰不利，乘夜遁去，損失甚重。

襄陽被圍歷五年，援兵不至，呂文煥竭力拒守，幸城中稍有積粟，所乏者鹽薪布帛耳。八年五月，李庭芝將兵救襄陽。詔庭芝移屯郢州，將帥悉駐荊郢及均州河口，以守要津。庭芝乃於襄陽西北清泥河，造輕舟百艘，出重賞，募死士，得襄郢山西民兵之驍悍善戰者三千人，又徵得民兵部轄之張順張貴，乘順流，發舟百艘。各舟置火槍、火礮、熾炭、藥箭、勁弩，深夜出江，以紅燈爲號，徑犯重圍。至磨洪灘以上，元兵布舟蔽江，無隙可入。順等乘銳，轉戰百二十里，元兵皆披靡，以避其鋒。黎明，抵襄陽城下。城中久絕援，聞順等至，又運入大批軍需，踴躍過望，勇氣百倍。及收軍，獨失順，蓋已陣亡也。貴入襄陽，文煥固留共守，貴恃其驍勇，欲還郢，乃募二士泅水持蠟書赴郢，向范文虎求援。還報，發兵五千駐龍尾洲，以助夾擊。約期既定，乃別文煥東下，乘夜發舟，斷絙破圍冒進，元兵皆辟易。轉戰漸進龍尾洲，元人先得逃卒之報，預據龍尾洲，以逸待勞。貴與戰而困，且出於不意，所部殺傷殆盡，力不能支，被執見殺。此爲最後一次之救援，亦無濟於坐困也。九年正月，樊城被圍四年，范天順牛富力戰，不爲衂。阿里海牙得西域人所獻新礮法，用以攻樊城，破其郛。阿朮又破襄樊間之浮橋，襄兵不能救，乃以兵截江而出，銳師薄樊城，城遂破，范天順牛富自殺死，元兵盡屠樊城之軍民。二月，阿里海牙帥總管唆都等兵，轉攻襄陽。以回回礮轟擊城內，摧折樓閣甚猛。一礮中其譙樓，聲如震雷，城中洶洶，諸將多踰城降者，文煥亦意怯。阿里海牙親至城下，宣元主所降詔諭文煥，文煥遂出降。阿朮入襄陽，阿里海牙隨偕文煥朝燕。元主以文煥降，命如詔遷擢。文煥且陳策攻郢州，請自爲先鋒(註五二)。

襄陽既失，三月，賈似道上疏言：「事勢如此，非臣上下驅馳，聯絡氣勢，將有大可慮者。」帝曰：「師相豈可一日離左右？」似道乃建機速房於中書，以革樞密院洩漏兵事稽遲邊報之弊。四川制司言：「近出師成都，劉整故吏羅鑑自北復還，上整書稿一帙，有取江南二策：其一曰先取全蜀，蜀平，江南可定。其二曰淸口桃源河淮要衝，宜先城其地，屯山東軍，以圖進取。」帝覽奏，詔淮東制置司往淸口擇地利，築城以備之。四月，以汪立信爲京湖制置使，趙溍爲淮西總領兼沿江制置使，建康留守。李庭芝乞解職，詔赴闕。六月，前四川宣撫司參議官張夢發陳危急三策：一曰鎖漢江口岸；二曰城荆門軍當陽界之玉泉山；三曰峽州宜都以下，聯屯堡砦，以保聚流民，且守且耕。並圖上築城形勢。似道不以上聞，事竟不行。給事中陳宜中言襄樊之失，皆由范文虎怯懦逃遁，乞斬之。似道不許，止降一官，依舊知安慶府。監察御史陳文龍言：「文虎失襄陽，猶使知安慶府，是當罰而賞也。趙溍乳臭小子，何足以當大閫之寄，請皆罷之。」似道大怒，黜文龍知撫州。汪立信言：「臣奉命分闔，延見吏民，皆痛哭流涕，言襄樊之禍皆由范文虎及俞興父子。文虎以三衙長，聞難怯戰，僅從薄罰，有子天順，守節不屈，猶或可少贖其愆。興奴隸庸材，器量褊淺，務復私怨，激叛劉整，流毒至今。其子大忠，挾多資爲父行賄，且自希榮進，今雖寸斬，未足以快天下之忿。乞寘重典，則人心興起，事功可圖」。詔除大忠名，循州拘管(註五三)。時國勢危甚，太府寺丞陳仲微上封事，痛論在廷無謀國之臣，在邊無折衝之帥，謂迷國者進慆優之欺以逢其君，誤國者護恥敗之局而莫敢議，當國者昧安危之機而莫之悔。宜宣佈十年養安之往繆，深懲六年玩寇之昨非。似道大悔，乃出仲微江東提點刑獄(註五四)。十月，以李庭芝爲兩淮制置使，賜錢二百萬，激犒備禦。十一月，以夏貴爲淮西制置使，陳奕爲沿江制置使，而沿江舟師主力，則繫於夏貴一軍。

十年（至元十一年）正月，阿里海牙、阿朮進言乘時取宋。元主趣召史天澤同議。天澤對曰：「此國家大事，可命重臣一如安童伯顏都督諸軍，則四海混同，可計日而待矣。」阿里海牙因請增兵，遂詔中書省簽軍十萬人。六月，元主忽必烈降下伐宋詔曰：

「爰自太祖皇帝以來，與宋使介交通。憲宗之世，朕以藩職，奉命南伐，彼賈似道復遣宋京詣我，請罷兵息民。朕即位之後，追憶是言，命郝經等奉書往聘，蓋爲生靈計也。而乃執之，以致師出連年，死傷相藉，係累相屬，皆彼宋自禍其民也。襄陽既降之後，冀宋悔禍，或起令圖，而乃執迷，罔有悛心，所以問罪之師有不能已者。今遣汝等水陸並進。布告遐邇，使咸知之。」(註五五)

汪立信移書似道，謂：「今天下之勢，十去八九，誠上下交修，以迓續天命之幾；重惜分陰，以趨事赴工之日也。而乃酣歌深宮，嘯傲湖山，玩歲愒月，緩急倒施，卿士師師非度，百姓讟怨非上，以求當天心，俯遂民物，拱揖指揮而折衝萬里者，不亦難乎？為今之計者，其策有二：夫內郡何事乎多兵，宜盡出之江干，以實外禦，算兵帳現兵可七十餘萬人，老弱柔脆，十分汰二，為選兵五十餘萬人。而沿江之守，則不過七千里，若距百里而屯，屯有守將；十屯為府，府有總督。其尤要害處，輒三倍其兵，無事則泛舟長淮，往來遊徼，有事則東南齊奮，戰守並用，刁斗相聞，餽餉不絕，互相應援，以為聯絡之固。選宗室親王，忠良有幹用大臣，立為統制，分東西二府，以涖任得其人，率然之勢，此上策也。久拘聘使，無益於我，徒使敵得以為辭，請禮而歸之，許輸歲幣，以緩師期，不二三年，邊遽稍休，藩垣稍固，生兵日增，可戰可守，此中策也。二策果不行，則天敗我也，若銜璧輿櫬之禮，請備以俟。」(註五六)似道得書，大怒，擲之地，詬曰：「瞎賊狂言敢爾！」七月，帝崩，年五十三。帝三子皆幼，建國公昰，差長當立，似道獨主嫡，而立嘉國公㬎，年四歲，志在幼小，擅定策功也。太后臨朝稱制，詔似道依文彥博故事獨班起居，罷汪立信，以朱禩孫為京湖四川宣撫使。度宗在位僅十年，雖無大失德，而拱手權姦，衰敝特甚。庸主姦臣，交相誤國，遂使局勢搖搖欲墜，國運不絕如縷矣。矧幼主繼統，豈能重振其墜緒哉？

九月，元兵大會於襄陽，伯顏分軍為兩路：自與阿朮沿襄陽入漢濟江，以呂文煥將舟師為前鋒；博魯歡沿東道取揚州，監淮東兵，以劉整將騎兵先行。伯顏一軍，又分三路：唆都將一軍為左翼，由棗陽入淮；翟招討將一軍為右翼，由老鴉銜荊南，而自帥阿剌罕、張宏範諸軍為中路，水陸趨郢。進薄郢州，軍於城西。守將張世傑力戰，元軍不能前。阿朮獲俘民，言沿江九郡精銳，皆萃於二郢（舊郢在漢北，新郢在漢南），若舟師出其間，騎兵不能護岸，此危道也。不若取黃家灣堡（鍾祥西）。伯顏乃遣兵攻拔之。諸將以破竹勢，由藤湖入漢，伯顏阿朮殿後，郢州副都統趙文義帥精騎二千追之，至全子湖，力戰敗死，郢卒皆潰。元兵進至沙洋，以火礮攻之，煙焰燎天，城陷，擒守將王虎臣、王大用，餘悉屠之，進薄新城。呂文煥列沙洋所馘於城下，縛大用等至壁，使招降都統邊居誼，不答。文煥麾兵攻城，居誼度力不支，赴火死，所部三千人悉戰死。元兵遂進攻復州（湖北沔陽縣）。十二月，伯顏至蔡店（在漢陽縣西），大會諸將，將刻期渡江，遣人觀察漢口形勢。時夏貴以漢鄂舟師，分據要害，彌亘三十餘里。王達守陽邏堡（在湖北黃岡縣西北一百二十里，隔江與武昌分界），朱禩孫以遊擊軍扼中流。元兵不得進，軍將馬福言：「淪河穿湖中，可從陽邏堡西沙蕪口（在湖北黃陂縣東南五十里，即武湖入江處）入江」。伯顏使覘沙蕪口，夏貴亦以精兵守之。伯顏乃進圍漢陽，聲言取漢口渡江。貴果移兵援漢陽，伯顏乘機遣阿剌罕將奇兵倍道襲沙蕪口，奪之，因自漢口開壩，引船入淪河，轉沙蕪口以達江，戰艦相踵而至，以數千艘泊淪河灣口，屯布蒙古漢軍數十萬騎於江北，遣人招諭陽邏堡，不應，因以白鷂子千艘攻之，三日不克。伯顏遣阿里海牙進薄陽邏堡，貴率衆來援。阿朮率四翼軍，泝流二十里，乘雪渡青山磯，萬戶史格一軍先渡，為荊鄂都統程鵬飛所敗。阿朮引兵繼之，大戰中流，鵬飛軍卻，阿朮遂登沙洲，拔岸步鬥，出馬急擊，追至鄂東門，鵬飛被重創走。阿朮獲其船千餘艘，遣人還報，伯顏麾諸將急攻陽邏堡。夏貴聞阿朮飛渡，大驚，引麾下三百艘先遁，大掠還廬州。都統制王達率所部八千人，及定海水軍統制劉成，俱戰死。伯顏渡江與阿朮會，遂趨鄂州。知漢陽軍王儀以城降。朱禩孫聞元兵趨鄂，帥師援之，道聞陽邏堡之敗，乃夜奔，還江陵府。朱與夏通，分任沿江防衛，而皆逃竄，使中流蕩然。時鄂州恃漢陽爲蔽，及京湖之援，朱禩孫既遁，漢陽復失，鄂勢遂孤。呂文煥以元兵攻鄂州，權守張晏然與程鵬飛度不能守，遂以州軍降。伯顏以鵬飛爲京湖宣撫使，撤宋兵，分隸諸將。取壽昌糧四十萬斛，以充軍餉。命阿里海牙及賈居貞以四萬人守鄂，規取荆湖，而自帥大軍，與阿朮東下，趨臨安。鄂州既破，朝廷大懼，羣上疏以爲非師相親征不可。詔賈似道都督諸路軍馬，開府臨安，以孫虎臣總領諸軍，黃萬石等參贊軍事，仍於封樁庫撥椿金十萬兩，銀五十萬兩，關子一千萬貫，充都督府公用。詔天下勤王，以高達爲湖北制置使，李庭芝遣兵入援。伯顏遣程鵬飛以元兵徇黃州，招降陳奕，蘄州管景模亦降。沿江諸郡，皆望風款付。

第二十六節　臨安請降

德祐元年（一二七五）正月，元兵入黃州蘄州，調遣呂師夔、知江州錢眞孫遣人請降於蘄州。知安東州陳巖夜遁。知南康軍葉閶、知德安府來興國、知六安軍曹明，俱迎降於江州。初，元軍大舉南犯，呂文煥與劉整爲嚮導，文煥引元兵東下，鄂、黃、蘄、安慶、九江，多呂氏舊部，皆誘下之。尋別命整出淮南，整銳欲渡江，伯顏不可。整遂率騎兵攻無爲軍，久而不克，聞呂文煥入鄂，捷至，失聲曰：「首帥止我，使我失功於後人。善作者不必善成，果然，」遂憤惋死於無爲城下(註五七)。亡宋賊臣，整罪居首，與郭藥師有同誅焉。知安慶府范文虎請降。文虎，呂文德之婿也。初，賈似道欲出師，畏劉整，不敢行，及聞整死，曰：「吾得天助也！」乃上表出師，抽諸路精兵十三萬以行，輜重之舟，舳艫相銜，百有餘里。似道由新安（安徽歙縣）池口以進，次於蕪湖，遣人通呂師夔以議和。二月，夏貴引兵來會。以汪立信爲江淮招討使，募兵江淮，增援江上諸郡，與似道遇於蕪湖，似道拊立信背，哭曰：「不用公言，以至於此！」立信既至建康，守兵悉潰，而四面皆敵，乃率所部數千人至高郵，欲控引淮漢，以爲後圖。已而聞似道師潰，乃扼吭而卒。似道自蕪湖遣還元俘曾安撫，且以荔子黃柑遺伯顏，復使都督府計議官宋京、承宣使阮思聰如元軍，請稱臣奉歲幣，如開慶約，不得要領而還。伯顏旋令囊加帶來答書曰：「未渡江時，議貢議和則可，今沿江諸郡，皆已內屬，欲和則當來面議也。」似道不答，囊加帶歸(註五八)。元兵犯池州，知州事王起宗遁去，通判趙昂發夫婦自縊死，都統張林開門降。似道以精銳七萬人，盡屬孫虎臣，駐於池州下流之丁家洲。夏貴以戰艦二千五百艘，橫亘江中。似道自將後軍，屯魯港，但將士離心，全無鬬志。伯顏以步騎夾岸而進。時元水軍已強，水哨馬往來如飛，伯顏麾戰艦配合行動，衝擊虎臣軍。方阿朮與虎臣對陣，伯顏命發巨礮擊虎臣中堅，虎臣軍動。阿朮以划船數千艘，乘風鼓譟直進。虎臣軍亂，夏貴不戰而走，似道錯愕失措，遽鳴鉦收軍。阿朮以小旗麾將校，帥輕銳橫擊深入，虎臣軍大敗，溺死者不可勝計，諸軍亦大潰。元人以力戰取勝，自襄陽以後，只有此役也。似道夜駐珠金沙，召貴籌商戰守計，虎臣亦至，撫膺哭曰：「吾兵無一人用命者！」似道曰：「計將安出？」貴曰：「諸軍已膽落，吾何以戰？師相惟有入揚州，招潰兵，迎駕海上，吾當以死守淮西耳。」遂解舟去。似道乃與虎臣單舸奔還揚，翁應龍携都督府印奔臨安。翌日，潰兵蔽江而下，似道使人登岸，揚旗招之，皆莫應(註五九)。沿江各郡守俱棄城遁。太平、和州、無爲，相繼納降。饒州亦陷，知州唐震不屈死之。元軍執知南劍州（福建南平縣）江萬頃，索金銀不得，支解之，江萬里聞耗，赴水死。夏貴既遁，走廬州，欲由太湖入衛臨安，元將李庭、薛塔刺海邀戰於裕溪口，敗之；高閑兒又敗之於巢湖，自是坐困於淮西。

似道入揚州，檄列郡如海上迎駕，上書請遷都，太皇太后不許。詔下公卿雜議，左丞相王爚請堅蹕。爚以元老入相位，値國勢危亡之際，天下所屬望，而卒與參知政事陳宜中不協，不能與大計，乞罷政，不待報遁去。已而宗學生上言：「陛下移蹕不如慶元，則如平江，事勢危急，則航海幸閩。不思我能往，彼亦能往，徒驚擾無益，」乃止。時方危急，京師內空，徵諸將勤王，多不至，惟郢州守將張世傑，率兵萬人入衛，道經饒州，復之，上下歎異。陳宜中疑世傑歸自元，易其所部軍。文天祥（一二三六—一二八二）率兵勤王，贛州大姓起義旅相從者二十三家，授江西安撫副使，知贛州。徵兩浙福建諸郡廂禁兵之半入衛。湖南提刑李芾，亦以丁壯三千勤王。時郝經尚留眞州，元主復使禮部尚書中都海牙及經弟郝庸等來問執行人之罪。賈似道震恐，乃遣總管段佑以禮送經歸。以陳宜中知樞密院事兼參知政事，曾淵子同知院事，文及翁簽書院事，倪普同簽書院事。宜中乞誅賈似道，乃罷平章都督。右丞相章鑑遁。三月，殿前指揮使韓震請遷都，宜中殺之。震部兵叛，攻嘉會門，射火箭至大內，急發兵捕之，皆散走。伯顏入建康，都統徐旺榮降。阿朮分兵監視揚州，與由清河漣海南侵之博魯歡、塔出所部，絕淮南之後，作大包圍態勢。伯顏分兵四出，鎮江統制石祖忠請降。朝廷以元兵漸迫臨安，命浙江提刑劉經、兩浙轉運司羅林等，分戍吳江、獨松關（浙江餘杭縣西北七十五里）、四安鎮、銀樹東壩。元兵陷無錫，降常州、西海州（江蘇朐山縣）及廣德軍，朝廷復發兵守吳江、獨松嶺，銅嶺。詔諭呂文煥、陳奕、范文虎，使通和議息兵。以王爚陳宜中爲左右丞相兼樞密使，都督諸路軍馬，削章鑑官，放歸田里。侍御史陳過請竄賈似道，併治其黨人翁應龍等，不俟報而去。詔張世傑總都督府諸軍，世傑遣其將閻順、李存進軍廣德，謝洪永進軍平江，李山進軍常州，順遂收復廣德軍。詔呂文福入衛，文福至饒州，殺使者，入江州降元。

元兵既分路進迫，李庭芝一軍被圍於揚州，夏貴一軍亦困於淮西，欲入衛而無由。京畿空虛，臨安戒嚴，同知樞密院曾淵子、左司諫潘文卿、右正言季可、兩浙轉運副使許自、浙東安撫使王霖龍、侍從陳堅、何夢桂、曾布顏等數十人皆遁，朝中爲之蕭然。文及翁倪普諷臺諫劾己，章未上，亟出關遁。太皇太后聞之，詔榜朝堂云：「我國家三百餘年，待士大夫不薄。吾與嗣君，遭家多難，爾小大臣，不能出一策以救時艱，內則畔官離次；外則委印棄城。避難偷生，尚何人爲，亦何以見先帝於地下乎？天命未改，國法尚存。凡在官守者，尚書省卽與轉一資；負國逃者，御史覺察以聞。」（註六〇）然土崩之勢已成，不能禁也。元主遣禮部尚書廉希賢、工部侍郎嚴忠範奉國書來，至建康，伯顏以兵五百送之。希賢等至獨松關，張濡部曲殺忠範，執希賢送臨安，希賢病重創死。濡、俊之曾孫也。朝廷使人移書元軍，言殺使之事乃邊將，太后及嗣君實不知，當按誅之，願輸幣，請罷兵通好。伯顏曰：「彼爲詐計，覘我虛實耳，當擇人同往，觀其事體，令彼速降。乃遣議事官張羽同使人還臨安，羽至平江，又被殺。

自伯顏東下，阿里海牙守鄂，作後方之掩護。岳州安撫使高世傑率水軍陣於洞庭湖中，阿里海牙分道擊之，世傑敗走，力屈乃降，阿里海牙斬世傑以徇，岳州總制孟之紹舉城降。四月，元兵破沙市城，都統孟紀死之。阿里海牙自岳州攻江陵，湖北制置使高達，爲京湖名將，戰屢敗，及元兵屠沙市，達與湖北宣撫使朱禩孫，提刑靑陽夢炎等遂出降。阿里海牙入江陵，命禩孫檄所部歸附，於是京湖北路歸、峽、郢、復、鼎、澧、辰、沅、靖、隨、常德、均、房、施、荊門諸郡，相繼納降。知廣德縣王汝翼、知金壇縣李成大率義勇兵與元軍戰，皆被執，不屈死。時李庭芝率勵所部，固守揚州，阿朮遣李虎持降榜入城，庭芝殺虎，焚其榜。總制張俊出戰，持降臣孟之縉書來招降，庭芝復焚其書，梟俊首於市。時出金帛牛酒，燕犒將士，人人感激自奮。阿朮攻眞州，知州苗再成、宗子趙孟錦率兵大戰於老鸛嘴，敗績。阿朮乘勝進趨揚州，姜才爲三疊陣，逆戰於三里溝，敗之。已而戰揚子橋，兩軍夾水而陣，才將回回被張宏範刺殺，才軍潰，阿朮與宏範追之，進迫揚州南門。五月，詔趙溍統軍民舡屯江陰。劉師勇復常州，助姚訔守常，以張彥守呂城（常州以北），兵威稍振。由是浙右諸城降元者復與張世傑軍會。詔張世傑、張彥、淮東兵馬鈐轄阮克己、知遠慶府仇子眞四路出兵，皆爲入衛勤王之師。六月，以王爚平章軍國重事，陳宜中左丞相，留夢炎右丞相，李庭芝知樞密院事兼參知政事。時鎮江已降元，阿塔海駐京口，阿朮屯瓜州，以絕揚州之援。張世傑無地可據，七月，不得不與劉師勇、孫虎臣等動員舟師萬餘艘，次於焦山，以決死戰。初約殿帥張彥，自常州出京口，揚州兵出瓜州，三路同日舉事，而揚州失期，常州竟不出。阿朮遣健卒善射者千人，載以巨艦，分兩翼夾射，合勢進戰，繼以火箭，蓬檣俱焚，煙燄蔽江，諸軍死戰，欲走不能前，多赴江死。張宏範董文炳復以銳卒橫衝，世傑軍敗，奔圌山，宏範追之，獲白鷂子七百餘艘。師勇還常州，虎臣還眞州。世傑請濟師，不報。放賈似道於循州，已而殺之於漳州(註六一)。王爚子嗾京學生劉九皋等伏闕上書，言陳宜中擅權，黨似道，其誤國將有甚焉。宜中去，遣使四輩召之，皆不至，乃下劉九皋等臨安獄，罷王爚，召宜中於溫州。當賈似道督視江上之師，以國事付王爚、章鑑、陳宜中，蓋取其平時素與己者。爚爲人清修剛勁，宜中則多術數，然二人自爲矛盾。宋事如此，危急存亡之秋也，當國者交歡戮力，猶懼不逮，所爲若是，何望其能匡濟乎？(註六二)元主召伯顏還，至上都，面陳形勢，乞即進兵，遂拜右丞相，進阿朮左丞相，仍詔伯顏直趨臨安，阿朮攻淮南，阿里海牙取湖南，萬戶宋都帶及呂師夔李恒等取江西。八月，文天祥至臨安，上疏請分境內爲四鎮，集中兵力以抗敵。時議以爲迂濶，不報。九月，元兵陷泰州，知州孫虎臣自殺，張彥戰敗被執。十月，加張世傑爲沿江招討使，留夢炎陳宜中爲左右丞相兼樞密使，又以張世傑爲沿江制置副使兼知江陰軍。元兵發建康，分三路犯臨安，阿剌罕將右軍，自建康率步騎，出泗安鎮、廣德、趨獨松關。董文炳范文虎將左軍，率舟師循海，趨許浦、澉浦，以至浙江；入江陰軍，李世修以江陰降。伯顏、阿塔海將中軍，入常州。十一月，伯顏攻破常州，知州姚訔、通判陳炤死之，都統王安節被執殺，劉師勇以八騎潰走平江。伯顏命盡屠常州之民，止剩八人，伏於橋坎獲免，此與屠沙洋同其殘酷也。已而元兵破獨松關，馮驥死之，守將張濡遁。夫黎陽潰而汴都終陷，獨松失而臨安不守，獨松既破，鄰邑望風皆遁，朝廷大懼。時勤王師尚三四萬人，文天祥被召入衛，與張世傑議，以爲淮東堅壁，閩廣全城，若與敵血戰，萬一得捷，則命淮師以截其後，國事猶可爲也。世傑大喜。陳宜中白太后降詔，以王師務宜持重，議遂止。隆興府陷落，江西諸郡縣盡失，都統密祐死之。權禮部尚書王應麟、黃萬石提兵走建昌軍，尋叛降元。留夢炎亦遁，遣使召其還，不至。十二月，以吳堅簽書樞密院事。遣工部侍郎柳岳奉書詣元軍乞班師修好，伯顏不許。以陳文龍參知政事，謝堂同知樞密院事。伯顏入平江，復遣柳岳如燕祈請，行至高郵，民殺之。以文天祥簽書樞密院事。夫賈似道始立度宗，以周公自詡；繼立帝㬎，威福益專，不意江上師潰，殛死漳州，其禍國既深，惜乎又繼以陳宜中也。宜中在太學時，上書攻丁大全，公正發舒，似近矯矯。然大全之逐，似道爲之，宜中因此驟顯，遂黨賈氏。及聞蕪湖喪師，疑似道已死，即疏請正罪，其反覆諂詐，固小人之靡也。似道死，宜中進，伯顏已入平江，舉國徬徨，不能措一策，先請遷都，文天祥張世傑兩進背城借一之策，皆沮之；後請迎降，議成而又遁，策略顚倒，將士離心，其全無器識，抑亦可知。當國家板蕩傾覆之秋，亟賴忠勇剛毅之大臣，始能應變扶危，而乃滿庭羣小，草木臭味，加以留夢炎賈餘慶之徒，賣國求榮，宋之不亡，其可得哉？

二年（一二七六）正月，阿里海牙破潭州，湖南鎮撫大使知州事李芾死之，湖南州軍皆陷。參知政事陳文龍，同簽書樞密院事黃鏞遁。以吳堅爲左丞相兼樞密使，常楙參知政事，日暮宣麻慈元殿，文班只六人。除文天祥知臨安府，不拜，以輕兵赴闕。時局勢日殆，朝廷始從天祥初議，進封吉王昰（一二六八—一二七八）爲益王，判福州；信王昺（一二七一—一二七八）爲廣王，判泉州。乃出關渡江，大將蘇劉義以兵隨衞，由陸路經婺州間走溫州。大臣日請三宮渡江，太后不允。文天祥請以福王或沂王判臨安，以繫民望，身爲少尹以輔之，有急，則秘密遷移三宮，當以死衞社稷，議亦不合。少保張世傑，駐重兵於六和塔，天祥又請將京師義士二十萬，及城內外軍數萬人，隸世傑指揮，背城借一，以戰爲守。世傑勉天祥歸據江西，己歸淮堧，以爲後圖。朝訟莫決，戰守遷皆不及施，而敵騎已臨城下矣。

元軍既迫，陳宜中奏遣陸秀夫（一二三八—一二七九）等求稱姪，或甚至稱姪孫，納幣，見伯顏於平江，伯顏不許。至是，太后遣監察御史劉岊奉表稱臣，陳宜中難之，太后涕泣曰：「苟存社稷，稱臣非所計也。」遂遣岊詣元軍，奉表稱臣，上尊號，歲貢銀二十五萬兩，絹二十萬匹，乞存境土，且約伯顏會於長安鎮以輸平。時陳宜中以元不許和，徬徨無策，乃率羣臣入宮，請遷都，太后不許。宜中慟哭以請，太后命具裝以俟，及暮，宜中不入，太后怒曰：「吾初不欲遷，而大臣數以爲請，顧欺我耶？」遂閉閣，羣臣請見，皆不納。左司諫陳孟虎、監察御史孔應得，參知政事常楙皆遁。以夏士林簽書樞密院事，士林亦遁。已而伯顏至長安鎮，宜中違約，不往議和。伯顏乃進次臯亭山（杭縣東二十里），遊騎進至臨安北闕。文天祥張世傑主戰，宜中不許。八日，白太后遣監察御史楊應奎上傳國璽，迯降表，表曰：

「宋國王臣㬎謹百拜奉表言：臣眇然幼冲，遭家多難，權奸似道，背盟誤國，至勤師問罪。臣非不能遷避以求苟全，今天命有歸，臣將焉往？謹奉太皇太后命，削去帝號，以兩浙、福建、江東西、湖南、二廣、兩淮、四川現存州郡，悉上聖朝，為宗社生靈，祈哀請命。伏望聖慈垂念，不忍臣三百餘年宗社，遽至隕絕，曲賜存全，則趙氏子孫，世世有賴，不敢弭忘。」(註六三)伯顏受之，邀宜中出議降事，是夜宜中遁往溫州之清澳。張世傑、蘇劉義、劉師勇各以所部兵至。朝廷乃除文天祥右丞相兼樞密使，都督諸路軍馬，以代宜中。伯顏以兵屯權木教場，城中兵將官，紛紛自往納降。天祥所部駐富陽，欲入城，已不及事，會使轍交馳，伯顏約當國者相見，諸執政侍從，聚議於吳堅之私邸，不知計所從出。徬徨中推堅與天祥應邀往議。天祥深知元人不可信，但以為初奉使往來，無被留難，更欲一覘元人動向，而求救亡之策，或可以口舌爭。於是辭相印不拜，以資政殿學士舊職行，見伯顏於明因寺。天祥此行，判斷既錯誤，又不幸呂師孟構惡於前，賈餘慶(知臨安府)獻諂於後，伯顏以危言折之，天祥不為屈，遂羈留不放，遣堅還，蓋知其有異志也。二月，伯顏遣人入臨安，封府庫，收史館禮寺圖籍符印，及百司符印告敕，罷官府及侍衛。以賈餘慶為右丞相兼樞密使，劉岊同簽書樞密院事，率百官拜表祥曦殿，令學士院詔全國州郡歸附以城降，又各州附一省劄，惟簽書樞密院事家鉉翁於省劄上不肯押號。吳堅號老儒，不能自持，一切惟賈餘慶之命以行。首先放還天祥所部勤王義士萬餘人西歸。賈餘慶與吳堅、謝堂、家鉉翁、劉岊並充祈請使如元，謝堂逃歸。伯顏趣天祥隨吳堅賈餘慶北行，至京口，天祥夜渡江逃眞州（註六四）。太皇太后曾以書召夏貴入衛，不應，至是以淮西叛，降元。三月，伯顏入臨安，以帝及皇太后全氏，福王與芮等北去，太皇太后以疾留杭，八月始北上。帝等北行，以入闕朝覲爲名，實乃俘虜，此爲繼徽欽以後第二次皇帝之北遷也。以阿剌罕董文炳行省事於臨安。

第二十七節　厓山覆滅

當益王廣王之渡江南行也，伯顏遣范文虎以五千勁兵追之。二王被追急，楊亮節等負王徒步，匿山中七日，統制張全以兵數十人趕至，遂同走溫州。閏三月，陸秀夫蘇劉義聞二王走溫州，繼追及於道，遣人召陳宜中於淸澳，復召張世傑於定海。世傑以所部兵來會，於溫州之江心寺奉益王爲天下兵馬都元帥，廣王副之，乃發兵除吏。太皇太后尋遣二宦者以兵八人召王於溫，陳宜中等沉其兵江中，遂入閩。時汀建諸州方欲從黃萬石降，聞益王將至，萬石將劉俊、宋彰、周文英，亦多來歸。元人押帝等北行，至眞州，苗再成謀奪駕，不克。至瓜州，李庭芝遣指揮使姜才，夜以兵至瓜州，謀奪駕，激戰歷三小時，亦不克。帝等遂被押解至燕京。天祥由通州逃回溫州，上書勸進。五月一日，益王登極於福州，升福州爲福安府，溫州爲瑞安府，改元景炎，進封弟昺爲衛王，冊封楊太妃爲太后，同聽政。以陳宜中爲左丞相，李庭芝爲右丞相並兼樞密使，陳文龍劉黻參知政事，張世傑爲樞密副使，陸秀夫爲簽書樞密院事。命吳浚、趙溍、傅卓、李珏、翟國秀等分道出兵。以觀文殿學士召文天祥。及天祥行至都門，除右丞相，時國事皆取決於宜中，右丞相不過具員，辭不拜。以趙溍爲江西制置使，進兵邵武；謝枋得（一二二六－一二八九）爲江東制置使，進兵饒州；李世達、方興、張德，分道進兵浙東；吳浚爲江西招諭使；毛統由海道至通州，約淮兵會合。時臨安雖亡，而揚州所屬之高郵、寶應、通、泰、眞州，尙俱拒守，且可藉其糧援，故能支撐半年。及阿朮柵揚州北之丁村，以扼高寶之餉，留屯新城（邵伯埭），以斷泰州，庭芝閉門自守之策，遂受大困。七月，會福州使至，庭芝命制置副使朱煥守揚州，而自與姜才將兵七千趨泰州，將東入海。庭芝既行，煥卽以城降，阿朮分道追及，圍泰州，驅庭芝將士妻子至泰州城下，陣將孫貴胡惟孝等開門降。會才疽發脅，不能戰，諸將遂相繼降，庭芝姜才被執至揚州而死(註六五)。未幾，眞州亦陷，苗再成死之。淮東僅存之實力，完全消滅矣。初，吳浚聚兵於建昌（江西南城縣），取南豐、宜黃、寧都三縣；翟國秀取秀山；傅卓至衢、信，民多應之。七月，吳浚兵敗於南豐，國秀聞元兵至，遂引還，傅卓兵敗，詣元軍降。

文天祥既辭相位，改授樞密使，同都督諸路軍馬。天祥初意，欲還溫州進取，陳宜中以已棄溫州而入閩，欲倚張世傑規復浙東西以自洗濯，遂不從天祥請而命其開府南劍。天祥乃發行都，出南劍，經略江西，使呂武招豪傑於江淮，杜滸募兵於溫州。八月，漳州兵亂，命陳文龍爲閩廣宣撫使以討之。以王積翁爲福建招捕使，兼知南劍州。張世傑遣都統吳文虎與吳浚合兵，欲復建昌，與元將李恒戰，兵敗，浚奔寧都。九月，元軍分道寇閩廣，阿剌罕、董文炳、及忙兀台、唆都以舟都出明州，塔出及呂師夔、李恒等以騎兵出江西。東莞民熊飛爲元人守潮惠，聞趙溍至，卽以兵應之，攻降將梁雄飛於廣州，雄飛遁去，遂復韶州。新會令曾逢龍亦帥兵至廣州，降元之權通判李性道出迎謁，飛與逢龍執性道殺之，溍遂入廣州。十月，天祥師次汀州，遣參謀趙時賞，咨議趙孟濚，以一軍取道石城，復寧都；參贊吳浚，以一軍屯瑞金，復雩都；劉洙、蕭明哲、陳子敬皆自江西起兵來會。呂師夔等將兵度梅嶺，趙溍使熊飛及曾逢龍禦之於南雄。逢龍敗死，飛走韶州，元軍圍之，守將劉自立以城降，飛率兵巷戰敗，赴水死。時元兵分三路攻福州，董文炳等騎兵出江西浙東，奧魯赤入杉關、邵武，建、劍皆陷，阿剌罕、王世強等舟師趨福州。十一月，阿剌罕董文炳入處州，李珏以城降，秀王與擇等被執，不屈而死。元兵入建寧府邵武軍，福州危急。宜中世傑備海舟，正軍十七萬，民兵三十萬，淮軍萬人，奉帝登舟赴泉州，知福州王剛中以城降。世傑失策，不留泉州招撫使蒲壽庚，縱之歸，以舟不足，乃掠其舟，並沒其貨。壽庚怒，殺諸宗室及士大夫與淮兵之在泉者。宜中乃奉帝趨潮州。十二月，趙溍棄廣州遁。蒲壽庚及知泉州田眞子以城降，元兵入興化軍（福建莆田縣），執陳文龍械送至杭州，不食死（註六六）。壽庚既降元，其後以海舟及兵力助張宏範南犯。阿里海牙由湖南取廣西，破靜江，知邕州馬塈死之。阿里海牙盡坑邕民，分兵取鬱林、潯、容、藤、梧等州。已而帝駐蹕於惠州之甲子港，遣倪宙奉表請降，唆都命其子百家隸，偕宙赴燕。

景炎二年（一二七七）正月，元兵入汀州。汀州守黃去疾擁郡兵有異志，文天祥乃移屯漳州龍巖縣。未幾，吳浚與去疾降元，浚且啣唆都命來招降，軍士洶洶，遂殺浚以定衆志。二月，元兵入廣州，遂陷廣東諸郡。時北方有警，元主召諸將班師，凡諸將及淮兵在福州，命李雄統之。三月，天祥入梅州。陳文龍子陳瓚，起兵復興化軍，誅林華，復其城。四月，都統錢漢英、王福跋扈，天祥斬以徇。廣東制置使張鎮孫復廣州。五月，張世傑復潮州。天祥引兵自梅州出江西，入會昌，戰雩都，大捷。六月，入興國，因開府焉。七月，遣參謀張抃、監軍趙時賞趙孟瀠，盛兵進迫贛州城下。招諭副使鄒渢，帥贛州諸縣兵擣永豐，吉水招撫副使黎貴達，帥吉州（江西吉安縣）諸縣兵復泰和，連克四縣，臨洪諸郡豪傑皆響應。淮西義士張德興、劉源復黃州壽昌軍。潭州趙璠、張琥；撫州何時，亦起義兵。張堂、熊桂、劉斗元、吳希奭、陳子全、王夢應，則起兵邵永間，復數縣，以應天祥。分寧、建昌（江西永修縣）、武寧（江西修水縣）三縣豪傑，皆遣使詣軍門，受約束。福建斬僞天子黃從，傳其首至軍府，軍勢大振。當張抃等帥民兵數萬逼贛州，遇元軍騎兵百餘於泰和，衝擊突襲，民兵驚潰，自相蹂藉而死。孟瀠收殘兵，退保雩都。時李恒遣兵援贛州，而自帥兵襲興國，天祥不料恒兵猝至，聞鄒渢聚兵數萬於永豐，乃引兵就之，會渢兵亦先潰，李恒以大軍乘機追擊，追及於廬陵（江西吉安縣）東固之方石嶺，都統制鞏信，荊湖老將也，駐軍於嶺上，短兵力戰，手殺數十人，投崖谷死，以是阻北騎追迫。恒軍復追至空坑，同督府兵潰，天祥幾被執，乘騎逸去，奔汀州。趙時賞、吳文炳、林棟、劉洙皆就執，各自引決。張抃劉欽則爲亂兵所殺（註六七）。故興國一役，天祥殆全軍覆沒。

當文天祥力戰於江西也，張世傑亦向福建以攻爲守，自帥淮兵，討蒲壽庚，圍泉州。又遣將高日新復邵武軍。淮兵在福州者，謀殺王積翁以應世傑，事覺，皆爲積翁所殺。及唆都援泉州，世傑乃引兵還淺灣（香港荃灣）。元主詔塔出與李恒呂師夔等以步兵入大庾嶺，忙兀台、唆都、蒲壽庚及元帥劉深等以舟師下海合追二王。十月，召陸秀夫還朝，同簽書樞密院事。時君臣播越海濱，楊太后垂簾，與羣臣語猶自稱奴。每時節朝會，獨秀夫儼然正笏，立如治朝，或時在行中，淒然泣下，以朝衣拭淚，衣盡濕，左右無不悲慟者（註六八）。唆都破興化，獲陳瓚，車裂之，屠其民。十一月，攻潮州，知州馬發竭力拒守。唆都舍之，繞至惠州，與呂師夔會師趨廣州，張鎮孫以城降。劉深攻帝於淺灣，張世傑戰不利，奉帝走秀山（東莞縣虎門山），旋至井澳（中山縣南橫琴山下）。陳宜中欲奉帝遁入安南，先往占城諭意，度事不可爲，又與世傑不協，遂一去不返。十二月，帝至井澳，風暴大作，舟敗幾溺，帝驚悸成疾，旬餘，諸兵士稍集，死者過半。劉深又襲井澳，帝奔謝女峽（或爲中山縣南水島之浪灣），復入海，劉深追至七里洋（在井澳東）。欲往占城，不果。

三年（一二七八）正月，元兵夷廣州城。張世傑遣兵攻雷州，不克。二月，帝舟還，塔出令唆都還攻潮州，馬發敗死，唆都屠其民。文天祥在江西既敗，收殘兵，趨循州，駐南嶺，黎貴達潛謀降，執而殺之。天祥出海豐，三月，屯麗江浦，命弟璧攻惠州。帝遷駐碙州（東莞縣屬，一說大嶼山），四月，帝崩，年十一，羣臣多欲散去。陸秀夫乃與衆共立衛王，年八歲耳，上大行皇帝廟號曰端宗，楊太后仍同聽政。陳宜中往占城，屢召不至，乃以陸秀夫爲左丞相兼樞密使，加張世傑少傅，樞密副使，由陸張共同秉政。五月，改元爲祥興元年，升碙州爲翔龍縣（註六九）。遣張應科、王用取雷州敗績，用因降。天祥奉表起居，自劾罔功，有詔獎諭。乞移軍入朝，不許；又欲入廣州，時廣州新復，憚天祥威重，佯遣舟來迎，而中道去之，遂不果入。六月，世傑遣兵取雷州，應科戰死，不利引還。新會之厓山，可以藏舟，又可扼以自固，視爲天險，乃奉帝移駐。造行宮二十間，營房三千間，升廣州爲翔龍府。時官民尚有二十餘萬，多居於舟，資糧取辦於廣右諸郡，造舟楫器械，作久守計。湖南制置使張烈良及雷、瓊、全、永等地咸應之，大者擁衆數萬，小者不下數千，一時聲勢稍振。張宏範對元主言：「張世傑復立廣王，閩廣響應，宜進取之。」元主以宏範爲蒙古漢軍都元帥，李恒副之。宏範至揚州，選將校，發水陸之師二萬，分道而南。自帝昺駐厓山，天祥累請入覲，諸大將多忌之，又位樞密使出己上，皆不便其入。八月，加天祥少保信國公，並以金三百兩犒其軍。天祥移書陸秀夫，謂：「天子幼冲，宰相遁荒，制訓勅令，出諸公口，奈何不恤國事，以遊辭相拒耶？」秀夫太息而已。夫宋室播遷流離，覆亡立待，而諸大臣仍不協，互相猜忌，甚矣朋黨之爲毒也！時督府全軍疾疫流行，兵士死者數百人。十月，元軍數路並進，水陸夾擊，張宏範以舟師沿海襲漳潮惠三州，李恒以步騎兵入粵，襲廣州，阿里海牙則攻瓊州，以大包圍態勢，攻取厓山。

初，陳懿兄弟五人皆爲劇盜，張世傑招之，攻閩，遂據潮州，叛附不常，潮人苦之。潮士民請天祥移行府於潮。十一月，天祥進駐潮陽縣，戮懿黨劉興，以爲假以歲月，因潮之民，阻山海之險，增兵貯糧，以立中興根本，亦猶齊之莒卽墨也。已而張宏範自漳、泉入潮，天祥卽報行朝。十二月，移屯趨海豐，入南嶺。鄒渢、劉子俊以民兵數千，自江西開至。時宏範步騎兵，尚隔海港，陳懿爲迎導，具海舟，引其渡潮陽。宏範既濟，天祥率麾下走海豐，宏範使其弟先鋒將宏正以輕兵追之。二十

圖十一　新會厓門奇石角（國立故宮博物院藏品）

日午，天祥方飯客五坡嶺，敵步騎兵突襲，衆不及戰，紛紛伏匿於草莽。天祥自度不得脫，吞腦子。衆擁天祥上馬，天祥急索水飲，冀速得死，已乃暴下，竟不死，遂被執。鄒渢自剄，諸將皆死或被執，全軍潰散覆沒。二年（一二七九）正月，宏範驅天祥由潮陽港乘舟入海，至甲子門，獲斥堠將劉青顧凱，知帝所在。十日，乃至厓門，宏範索天祥爲書招世傑，天祥拒之（註七〇）。

先是張世傑固守厓山，或謂世傑曰：「元兵以舟師塞海口，則我不能進退，盍先據海口，幸而勝，國之福也；不勝，猶可西走。」世傑恐在海中，士卒離心一動則必散，乃欲與元兵決戰，遂焚行宮，集結大舶千餘艘，作木砦，碇泊海中，中艫外舳，貫以大索，四周起樓棚如城堞，奉帝居其間，爲死守計，人皆危之。已而元兵入厓門，以舟七百艘，作長蛇陣對峙。以北面水淺舟擱，非乘潮不能進，宏範乃由厓山東轉而南，入大洋，始得迫世傑之舟，且出奇兵截斷其薪水道，世傑舟堅不能動。宏範以舟載茅茨，沃以膏脂，乘風縱火焚之。艦皆塗泥，縛長木以拒火舟，火不能爇。二月一日，世傑部將陳寶降。二日，都統張達，夜襲元軍營，亡失甚衆。宏範旋以舟師據海口，世傑兵士食乾糧十餘日，掬海水飲之，飲卽嘔泄，兵士大困。既而李恒自廣州以師來會，扼守厓山北。或勸先用礮，宏範曰：「火起則舟散，不如戰也。」六日，宏範下攻擊令，四分其軍，部署於東南北三面，自率一軍，相距里許。李恒乘早潮降退之際，先攻其北，順流衝擊。張世傑以江淮勁卒殊死戰；戰至將午，僅奪世傑船三艘。迨日午潮長，宏範卽乘順水，以舟攻其南。世傑南北受敵，兵士皆疲，不堪復戰。俄有一舟檣旗仆，諸舟之檣旗皆仆。世傑知事去，乃抽調精兵入中軍，諸軍皆潰，翟國秀、凌震、劉俊等皆解甲降。元兵復進迫中軍。會日暮風雨，昏霧四塞，咫尺不相辨。世傑遣小舟至帝所，欲取帝至其舟中，旋謀他遁。陸秀夫恐來舟不得免，又慮爲人所賣，堅執不肯赴。秀夫因帝座舟大，且諸舟環結，度不得出，乃請於太后曰：「臨安母子已被辱，殿下不宜再辱！」言訖，先沉其妻子冠裳，卽負帝赴海死，太后從之。世傑與蘇劉義斷維奪港，率十六艦乘昏霧遁去。餘舟尚有八百艘，盡爲宏範所得。越七日，尸浮海者十餘萬人。世傑將赴占城，回舟停陽江縣之海陵島上，會風暴大作，將士勸其登岸，世傑曰：「無以爲也！」登舵樓，墮水溺死。宋亡（註七二）。文天祥解至燕京，囚三年，終不屈，亦被殺。

【注　釋】

（註一）宋史，卷二四六，列傳第五，鎮王竑傳。
（註二）宋史，卷四五五，列傳第二一四，鄧若水傳。
（註三）臞軒集，卷二，乙未六月上封事。
（註四）宋史，卷四三七，列傳第一九六，魏了翁傳。
（註五）宋史，卷四〇六，列傳第一六五，洪咨夔傳。
（註六）宋史，卷四二三，列傳第一八二，陳塤傳。
（註七）宋史，卷四二二，列傳第二八一，徐僑傳。
（註八）宋史，卷四一四，列傳第一七三，鄭淸之傳。
（註九）臞軒集，卷二，乙未六月上封事。
（註十）宋史，卷四〇六，列傳第一六五，崔與之傳。
（註十一）宋季三朝政要，卷二，淳祐四年條。
（註十二）黃震，古今紀要逸編。
（註十三）宋史，卷四一四，列傳第一七三，董槐傳。
（註十四）宋史，卷四七四，列傳第三三三，丁大全傳。
（註十五）宋史，卷四〇五，列傳第一六四，劉黻傳。
（註十六）宋史，卷四二五，列傳第一八四，徐宗仁傳。
（註十七）困學紀聞，卷十五，考史。

(註十八) 金史，卷十八，本紀第十八，哀宗下，天興二年。

(註十九) 宋史，卷四七六，列傳第二三五，李全傳上。

(註二十) 宋史，卷四七七，列傳第二三六，李全傳下。

(註二十一) 歸潛志，卷十二，辨亡。

(註二十二) 金史，卷十六，本紀第十六，宣宗紀贊。

(註二十三) 金史，卷四十六，志第二十七，食貨一。

(註二十四) 元史，卷一，本紀第一，太祖。

(註二十五) 金史，卷一二三，列傳第六十一，完顏陳和尚傳。

(註二十六) 元史，卷一一五，列傳第二，睿宗。

(註二十七) 金史，卷十七，本紀第十七，哀宗上。

(註二十八) 孟珙謂：「蒙古凡攻大城，先擊小郡，掠其人民，以供驅使。乃下令曰：每一騎兵必欲掠十人，人足備，則每名需草或柴薪，或土石若干，晝夜迫逐，緩者殺之。迫逐塡塞其壕塹立平，或供鵝洞砲座等用，不惜數萬人。以此攻城堡，無不破者。其城一破，不問老幼妍醜貧富逆順，皆誅之，略不少恕。」(蒙韃備錄)。

(註二十九) 宋史，卷四一二，列傳第一七一，孟珙傳。金史，卷十八，本紀第十八，哀宗下。

(註三十) 金章宗明昌四年(宋紹熙四年)，女眞官吏四千七百零五人，漢人官吏六千七百九十四人。女眞人口約三百萬，漢人三千九百三十萬，官吏用人之比較，女眞六百人中得一人，漢人則五千八百人中始得一人。自金人遷汴，漢人習胡俗，穿胡服，態度嗜好，與之俱化。金人以科第牢籠漢人爲官，亦有出死力者，又有賜姓完顏氏。自蒙古入侵，軍費丁壯，仰給於河南，民不堪命，乃相繼逃亡，屢降詔招復業，皆無效果，如亳州戶原六萬，所存者不及十分一。故逃戶之風，爲晚金削弱之致命傷。

（註三十一）宋史，卷四〇五，列傳第一六四，李宗勉傳。

（註三十二）周密謂：「當端平元年，全子才率兵入汴，離合肥，渡壽州，抵蒙城縣，城中空無所有，僅存傷殘之民數十而已。沿途茂草長林，白骨相望，蝱蠅撲面，杳無人跡。至城父縣，舊號小東京，縣中有未燒者十餘家，官舍兩三處。入亳州，總領七人出降，單州出戍軍六百餘人在內，皆出降。市井殘毀，有賣餅者云，戍兵暴橫，亳人怨之，前日降韃，今日降宋，皆此軍也。過魏眞縣、城邑縣、太康縣，皆殘毀無居人。抵東京二十里劄寨，猶有居人遺跡及桑棗園。整兵入城，見兵六七百人。荆棘遺骸，交午道路，止存居民千餘家，故宮及相國寺佛閣不動而已。」（齊東野語，卷五，端平入洛。）

（註三十三）齊東野語，卷五，端平入洛。

（註三十四）鶴山先生大全文集，卷十九，被召除禮部尚書內外奏事第四劄。

（註三十五）宋史，卷四十二，本紀第四十二，理宗二。

（註三十六）後村先生大全集，卷一四三，孟少保神道碑。

（註三十七）宋史，卷四一六，列傳第一七五，余玠傳。

（註三十八）續資治通鑑，卷一七〇，淳祐三年十一月條。

（註三十九）宋史，卷四十三，本紀第四十三，理宗三。
（註四十）宋史，卷四一六，列傳第一七五，余玠傳。
（註四十一）新元史，卷六，本紀六，憲宗八年條。
（註四十二）新元史，同上卷，憲宗九年條。
（註四十三）釣魚山孤壘，堅守凡二十年，至祥興二年（至元十六年）正月，全國已淪於元兵之手，合州安撫使王立始以城降。
（註四十四）元史，卷一五七，列傳第四十四，郝經傳。
（註四十五）新元史，卷二二二，列傳第一一九，李壇傳。
（註四十六）新元史，卷一一〇，列傳第七，阿里不哥傳。
（註四十七）宋史，卷四七四，列傳第二三三，賈似道傳。
（註四十八）宋季三朝政要，卷四。
（註四十九）宋史，卷四七四，列傳第二三三，賈似道傳。
（註五十）新元史，卷一七七，列傳第七十四，劉整傳。
（註五十一）襄陽自端平元年煨火後，淳祐十一年，李曾伯爲江陵制帥，始行修復，屯駐重兵。淳祐六年（定宗元年），蒙古軍前左右司郎中李楨言於定宗，襄陽乃吳蜀之要衝，宋之喉襟，得之則可爲他日取宋之資。（新元史，卷五，本紀第五，定宗）則襄陽在戰略上之重要地位，蒙古早已知之。
（註五十二）新元史，卷一七七，列傳第七十四，呂文煥傳。

（卷五十三）宋史，卷四十六，本紀第四十六，度宗。

（註五十四）宋史，卷四二一，列傳第一八一，陳仲微傳。

（註五十五）元史，卷八，本紀八，世祖五。宋史，謝枋得傳：「郭少師從瀛國公入朝，既而南歸，與枋得道時事曰：大元本無意江南，屢遣使使頓兵，令毋深入，特還歲幣卽議和，無枉害生靈也。張晏然上書，乞斂兵從和，上卽可之。兵交二年，無一介行李之事，乃挈數百年宗社而降，因相與痛哭。」（卷四二五，列傳第一八四）此大抵傳會此詔書之意，未必當日實事也。

（註五十六）宋史，卷四一六，列傳第一七五，汪立信傳。

（註五十七）新元史，卷一七七，列傳第七十四，劉整傳。

（註五十八）元史，卷八，本紀八，世祖五。

（註五十九）宋史，卷四七四，列傳第二三三，賈似道傳。

（註六十）宋史，卷二四三，列傳第二，理宗謝皇后。

（註六十一）賈似道既喪師，逃往揚州。陳宜中高斯德請誅之，不從。而似道亦自上表乞保全，乃命削三官，然尚居揚不歸。德祐元年七月，王爚對太后言：本朝權臣稔禍，未有如似道之烈者，不貶何以謝天下？始徙似道婺州，婺人率衆逐之。復徙於建寧，亦被拒。臺諫三學生皆上書，請誅似道，詔謫高州團練副使，循州安置。籍其家，遣會稽縣尉鄭虎臣監押之貶所。九月，至漳州木綿菴，虎臣以其父嘗爲似道所配，乃將似道殺害。（宋史，卷四七四，列傳第二三三，賈似道傳。）

（註六十二）宋史，卷四一八，列傳第一七七，論贊。

（註六十三）宋史，卷四十七，本紀第四十七，瀛國公。

（註六十四）三月一日，文天祥渡江至眞州城下。時眞州不知臨安消息，已有數月。天祥至，守將苗再成迎宿，將士聞訊，無不感憤流涕。諸將皆謂兩淮兵力，足以興復，獨恨李制置與淮西夏貴有隙，不能合作；若得丞相溝通兩閫聯絡，不出一月，連兵大舉，江南可傳檄定也。天祥大喜，即致書李庭芝與夏貴，遣使四出約結，而夏貴早已以淮西叛矣。當天祥未至時，揚州有逃歸兵供言敵方密遣一丞相入眞州說降云。庭芝得書，反疑天祥無得脫逃之理，遣官諭再成殺之。再成不忍，給其出城，閉門不納。天祥赴揚州，因制置司下令戒備，不敢進。乃夜趨高郵，迷失道，遇敵哨兵，幾不免。歷數度危險，經海陵，二十四日至通州，始得商船，四月八日，逃至溫州。（文山先生全集，卷十三，指南錄。）

（註六十五）宋史，卷四二一，列傳第一八〇，李庭芝傳。

（註六十六）宋史，卷四十七，本紀第四十七，瀛國公，二王附。

（註六十七）宋史，卷四一八，列傳第一七七，文天祥傳。

（註六十八）宋史，卷四五一，列傳第二一〇，陸秀夫傳。

（註六十九）宋史，卷四十七，本紀第四十七，瀛國公，二王附。

（註七十）宋史，卷四一八，列傳第一七七，文天祥傳。

（註七十一）宋史，卷四十七，本紀第四十七，瀛國公，二王附。又卷四五一，列傳第二一〇，張世傑傳。新元史，卷一三九，列傳第三十六，張宏範傳。

第六章　經濟生活（一）

第一節　民食政策

宋承五代亂離後，民庶凋敝，自開國三四十年間，人口未蕃，物價至賤，糧價亦低。開寶三年，京師米價貴，每斗售七十錢。太平興國五年，官鹽每斤售六十四錢，民以三數斗稻價，方可買一斤，乃詔減十錢。河東人稀物賤，米一斗十餘錢。眞宗咸平以後，民庶漸蕃，時物遂貴，然自景德以降，四方無事，田野日闢，四年八月，大稔，淮蔡間麥每斗十錢，粳米每斛（五斗）二百錢（註一）。大中祥符元年九月，京東西、河北、河東、江淮、兩浙、荆湖、福建、廣南諸路皆大稔，米每斗七錢，此爲糧價之最低者。二年九月，京西、河東、陝西、江淮、荆湖等路，鎭、定、益、梓、邛、密等州報豐稔，京師米每斗三十錢（註二）。仁宗朝，江浙米價，通常每石由六七百錢至一貫者（註三）。神宗朝，米價仍穩定，熙寧四年，每斗一百錢，蘇州則爲五十錢。元豐間，斗米亦止一百錢。陝西米價，賤止八十錢，自元祐紹聖以後，鐵錢日益輕，米價日長。元符二年，延安府官糴米價每斗五百二十錢足，市新米七百八十錢足，陳米七百二十錢足，比元豐五年最貴米價增一倍以上。崇寧後，因鹽鈔混亂，斗米有售至四百錢。宣和四年，米每石二千五百至三千錢（每斗爲二百五十至三百錢），而鹽價每斤仍爲六十錢。南宋雖兵荒馬亂，但紹興二十六年，斗米爲錢不滿二百，淮南米價最賤處每斗止一百二三十錢。乾道間，斗米售値曾漲至五六百錢者。然自紹興末年迄光宗紹熙間，荊湖一帶米價，大率盤旋於每斗千錢之間。慶元元年，因淮浙年饑，都城米價亦每斗千錢。嘉定十六年，潭州秋稅米，每石四千二百錢以給郡用，此則官定折價，非其實也。嘉熙四年，因旱災，米每斗一千錢。至於窮僻小郡，物價稍賤，在湖南蠻峒中之靖州城，不滿四十家，人煙稀疏，市況蕭條，寶慶元年，米每升售八九錢，猪羊肉每斤八九十錢而已（註四）。此乃特殊之例，未可概其全也。其他物價，亦因時而增漲，自北宋嘉祐至南宋紹熙一百三十年間，上漲達二十四倍有奇。衣料之價，天聖時，四川官以三百錢購民間布一匹。嘉祐時，冀州絹每匹折稅錢五百，綿每兩折錢三十，包拯奏議之，復評定價格，絹每匹爲錢一千三百，綿七十六，民大悅。通常北宋絹價每匹售一千至一千數百錢，徽宗時始漲高。建炎四年，西川布每匹爲十一貫錢，東川則爲七貫錢。紹興初年，絹價每匹由二千至三千五百錢。隆興講和後，爲三千五百錢。乾道六年，則漲至四千錢。

宋代頗重視民食，太宗常念耕稼，勤於督導，勸農之政，注意推行。太平興國中，詔：「兩京諸路，許民共推練土地之宜，明樹藝之法者一人，縣補爲農師，令相視田畝肥瘠及五種所宜。某家有某種，某戶有丁男，某人有耕牛，卽同鄉三老里胥，召集餘夫，分劃曠土，勸令種蒔，候歲熟共取其利。爲農師者，蠲稅免役，民有飲博，怠於農務者，農師謹察之，白州縣論罪，以儆游惰。所墾田，卽爲永業，官不收其租。」（註五）雍熙元年，以煩擾罷。端拱初，又詔江南、兩浙、荊湖、廣南、福建諸州長吏，勸民益種諸穀；民乏粟麥豆種者，於淮北州郡給之。江北諸州，亦令就水田廣種秔稻，並免其租。淳化五年，太子中允武允成獻踏犂。運以人力，亳州官依式造給農民，以補耕牛不足。眞宗景德二年，此農器更推廣於河朔（大中祥符六年，以農器稅關係罷之。）詔權三司使丁謂，取戶稅條目及臣民所陳農田利害，編成景德農田敕五卷，雕印頒行民間，咸以爲便。三年，詔知州並兼管內勸農使，餘及通判並兼勸農事；轉運使副，並兼本路勸農使，此爲有勸農使之始。大中祥符五年，以江淮兩浙稍旱，水田不登，詔遣使就福建取占城稻三萬斛，並出種法，分給三路爲種，令擇民田之高仰者蒔之，蓋耐旱之稻也。試種大成功，故豫章所種占稻爲多。天禧四年四月，利州路轉運使李防，請雕印四時纂要、齊民要術，付諸道勸農司，以勗民務，從之（註六）。詔諸路提點刑獄朝臣爲勸農使，又以武臣爲副使，勸恤農民，以時耕墾，招集逃散，檢括陷稅，農田之事悉領焉。凡奉舉親民之官，悉令條析勸農之績，以爲殿最黜陟。明道元年十月，壽州言歲饑，乏稻種，請於浙西購三萬斛以貸民，從之。仁宗敦本務農，屢詔勸耕，河北懷衛等八州，教民種水田；京東濟兗間，規度水利，募民耕墾。時全國廢田尚多，民罕土著，或棄田流徙爲閑民，天聖間，每詔招輯流亡，募人耕墾，優其蠲役，復賞勸績。已而生齒日蕃，闢田益廣，京西曠土，亦化爲膏腴，全國墾田，有籍可稽者，不下一千五百萬頃（註七）又選取優良稻種，購早稻一萬石於占城，分授農民，約當江南梅雨時而種之，早種早熟。神宗變法，原重視勸農，以諸路常平官使，專領農田水利，且使自動發展，功利大小，定有酬賞，民種桑柘，毋得增賦，貸常平錢穀，鼓勵墾廢田，開水利。熙寧五年，詔輔臣觀稻於後苑，蓋試種之實驗也。徽宗朝，崇寧以後，亦優賞闢荒，然而淮東、江東之逃田，無慮千餘頃，轉運司乃按籍根括，召人出租，足見秕政日滋，勸農之意已失矣。建炎元年，國難當頭，首求安農以固本，高宗命有司招誘農民歸業者振貸之，蠲欠稅並免耕牛稅。然內外用兵，州縣破殘，百姓棄產，所在多逃絕之田。紹興三年，詔兩浙路收買牛具，貸淮東人戶，誘民墾田，並立守令墾田殿最格，歸業之民，佃者給以附近之閑田，免三年租稅，無產願受閑田者亦與之。是時，中原士民南奔，流離遷徙，荒田日多，故朝廷注意授田，諸多優待，以廣招徠之意。淮南土皆膏腴，貧民散居兩淮，襁負流遷，既無徧耕之力，而豪強虛佔，亦無開耕之地，迄孝宗之世，仍以給田地牛具種糧，圖聚買歸正之人。郡守常有勸農之文，敎民冬季犁土、造肥、播種、插秧、耘草、旱耕、水利、種麻、蠶桑、勸勤戒惰也。

北宋產稻米，首爲兩浙之太湖區，其次爲淮南之巢湖區、兩湖區、及四川區。如蘇州一州之田，出稅者三萬四千頃，中稔之利，每畝得米二三石，計產米七百餘萬石，豐腴情形，可以概見。南宋稻成熟期，早稻六七月，中稻八月，晚稻九十月。通常一歲兩熟，負山之田則一收。品種多經改良，江南東西路耕地，占城稻占八九成。晚稻多種秔，種糯亦極普遍。北宋時，江南東西路、福建路、淮南路、荊湖北路已種麥。南宋因北人流寓者多，皆食麵，酒庫釀酒使用麴麥，馬料需用大麥，用途既廣，麥價遂貴，故營田、屯田、墾田，皆推廣種之（註八）。小麥普遍播種，價格始下降。饑民救濟，亦鼓勵多種二麥，以備荒歉。農民除種稻麥外，以甘蔗茶爲副業。

凡遇荒災，每貸粟貸種於民。淳化五年詔，能出粟貸饑民者賜爵。宋亳數州牛疫，死者過半，官借錢令就江淮購牛。至道二年，詔官倉發粟數十萬石，貸京畿及內郡民爲種。天禧元年，查道知虢州，因民困極，急取州麥四千斛，貸民爲種，民由是而蘇。通常救災，聚民城中煮粥賑之，聚則爲疾疫，及相蹈踐死，或待哺數日，不得粥而仆。皇祐元年，富弼之靑州救荒，最爲成功，全國傳以爲式。「初，河北大水，流民入京東者不可勝數，弼（知靑州兼京東路安撫使）擇所部豐稔者五州，勸民出粟，得十五萬斛，益以官廩，隨所在貯之。擇公私廬舍十餘萬區，散處其人，以便薪水，官吏自前資待闕寄居者，皆給其祿，使卽民所聚，選老弱瘠病者廩之。山林陂澤之利，有可取以爲生者，聽流民取之，其主不得禁。官吏皆書其勞，約爲奏請，使他日得以次賞於朝，率五日遣人以酒肉飯糗勞之，人人爲盡力。流民死者，爲大冢葬之，謂之叢冢，自爲文祭之。及流民將復其業，又各以遠近受糧歸，凡活五十餘萬人，募而爲兵者又萬餘人。」（註九）二年，吳中大饑，殍殣枕路。范仲淹領浙西，發粟及募民存餉，又以工代賑，興建佛寺，發有餘之財，以惠貧者，故民不流徙。每逢歲饑，發司農之粟，募民興利，自是著爲令。嘉祐間，曾鞏通判越州，値歲饑，出粟五萬石，貸民爲種糧，使隨歲賦入官，農事賴以不乏。治平中，河北民流入京師，詔以糶便司陳粟貸民，每戶二石（註一〇）。時劉渙知澶州，因河北地震，民乏粟，多賤賣耕牛，渙令發公錢買之。明年，民無耕牛，增價十倍，渙復出所市牛以原値與之，民賴不失業，公私無虧。元豐間，趙抃知越州，行救荒法，凡民取息錢者，告富人縱予之以待熟，官爲責其償。要言之，凡振貧恤患之意，宋視前代尤爲切至。諸州歲歉，必發常平惠民諸倉粟，或平價以糶，或貸以種食，或直以振給之，無分於主客戶。不足，則遣使馳傳，發省倉或轉漕粟於他路，或募富民出錢粟，酬以官爵。又不足，則出內藏或奉宸庫金帛，鬻祠部度僧牒，東南則留發運司歲漕米數十萬石或百萬石濟之。賦租之米未入，入未備者或縱不取，或寡取之。民之流亡者，關津毋收渡錢，道經京師者，諸城門振以米，所至舍以官第或寺觀，爲淖糜食之，每人日給糧。可歸業者，計日併給遣歸；無可歸者，或賦以閑田，或聽隸軍籍，或募少壯興修工役。老疾幼弱不能存者，聽官司收養，死者官爲瘞埋。京師苦寒，或物價翔踊，置場出米及薪炭，減價予民，前後率以爲常。南渡初，當艱難之際，兵食方急，儲蓄有限，振給濟貸，從無間斷，雪寒霖雨，貧乏常有振恤(註一一)。淳熙七年九月敕，準倣乾道七年敕：湖南、江西旱災，立格獎富室振濟飢民之人，一千五百石補進義校尉，二千石補進武校尉，四千石補承信郎，五千石補承節郎，飭各州軍施行。八年十二月指揮，獻米二千五百石補迪功郎，三千石補上州文學。此蓋倣北宋明道中富豪出穀則補吏之例也。董煟（紹熙五年進士）嘗知瑞安縣，著有救荒活民書三卷，備述救荒故事與方策，頗爲詳切，此爲論救荒唯一之專書。蝗蟲爲害稼穡，郡守募民撲捕焚瘞，易以錢粟，蝗子一升，至易菽粟三升或五升。淳熙敕：諸蟲蝗初生，若飛落，地主鄰人隱蔽不言，耆保不即時申舉撲滅者，各杖一百。滅蝗不力，或防蝗而不根絕之者，官民皆受罰，此亦從消極上救民食之策也。

夫荒政無第一手，在乎蓄積有素，以調劑糧食之盈虛，故救濟民食之策，又有常平與義倉兩法。漢及隋唐，實行常平及義倉制度，爲利民之良法。宋代亦倣行此制。常平乃準平穀價，使無甚貴甚賤，維持平糴，以圖安定民食。義倉則貯粟穀以備凶災，爲直接救濟。茲分別述其沿革：

甲、常平法 太宗淳化元年，京師貴糴，開廩賤糶，以惠恤人民。三年，京畿地方豐穰，物價甚賤，分遣使臣於四城門置場，增價收購，貯之於倉庫，曰常平，命常參官領之，於凶荒時減價糶與貧民。眞宗咸平年間，亦詔諸路倣此法行之。景德三年，以連歲登稔，於京東、京西、河北、河東、陝西、淮南、江南、兩浙，各置常平倉，是爲普遍設置常平之始。沿邊州郡，其後亦推行之。常平制度，每一萬戶，一年收購穀一萬石貯之。萬戶以上之縣，以五萬石爲限度；三年以上不賣出時，則換新穀。每年夏秋，視市價加錢收糴，遇貴則減價出糶。凡收糴比市價增三五錢，出糶減價亦如是，所減不得低過本錢。收糴之資金，依管轄內戶口之多寡，量留上供錢自二三千貫至一二萬貫，令轉運使每州擇清幹官主之，專領之於司農寺，三司不得干涉。此完全由國家公款辦理，故列入行政系統。大中祥符二年、六年、九年，水災蟲傷諸州，出常平倉粟麥開場糶之，以平物價。自後每遇災傷振貸，使國有儲蓄，民無流散者，用此術也。天禧四年，荊湖、川峽、廣南皆增置常平倉。五年，諸路總糴入數十八萬三千餘斛，糶出二十四萬三千餘斛。仁宗景祐間，詔全國常平錢粟，三司轉運司皆毋得移用。然數年間，常平之積蓄有餘，而兵食則不足，乃始詔司農寺流用之常平錢百萬緡，助三司給軍費；其後成爲慣例，流用之數額極大，終至常平之積蓄，殆無所存。故常平之壞，每被三司借支，而消耗於軍費，仁宗朝政之支絀，由此可見矣。慶曆中，於凶荒地方，公賣常平粟穀，比原價爲高之惡習，或特別提高收糴價格以市恩，皇祐三年詔止之（註一二）。治平三年，常平糴入穀五十萬一千零四十萬石，糶出四十七萬一千一百五十七石。神宗時，以常平錢行青苗法。元祐初，復常平舊法。南宋時，廢止靑苗法，復常平官，講補助之政，以廣貯蓄，往往以義米百萬石，減價發糶，以抑貴價，振恤貧民。臨安府有豐貯倉，平糶倉，遇米貴平價出糶，亦卽常平倉之意也。紹興九年，於納稅期未畢之時，以常平錢和糴穀物。乾道六年，以和糴米續行常平制度。各縣每設置平糶倉，屬縣所有。紹定六年，曾用虎知興化軍，創平糶倉，捐楮幣一萬六千緡爲糴米，益以廢寺之穀，倉屬於郡，擇二僧以掌之。糴糶之價，不折不增，別儲錢楮二千緡，以備折閱；又撥廢寺錢三百緡供糜費。歲儉價長，則發是倉以權之；歲豐價平，則散諸市易新穀以藏焉。其纖悉載諸規約，以資遵守（註一三）。此亦常平之性質也。

乙、義倉法　宋承五代亂餘，義倉廢置已久。乾德初，始詔諸州，各縣設置義倉，其方法，於二稅之外，每石令另納穀一斗貯之。若有凶歲，人民願借種子或食糧之穀物時，則由該縣稟告於所轄之州，州之長官計戶口而貸之，而後奏聞。此法因輸送煩勞，至四年罷。仁宗明道二年，詔議復之，不果。景祐年間，集賢校理王琪奏請復置義倉，其大意令五等以上戶，於夏秋納稅時，每二斗另納一升（水旱減稅時則免納），各州縣擇便利之地置義倉貯之，領於轉運使，凶年出之，以振恤飢民。若二稅歲入十萬戶之郡，則義倉可收五千石，推而廣之，其利甚大。此乃以民間之穀物，貯備以爲救荒之用，卽直接振濟之法也。事下有司會議，議者異同而止。慶曆初，王琪再上奏，仁宗納之，令全國設置義倉。卽令三等以上戶納粟，此法不久卽廢。其後賈黯上議，願仿隋制立民社義倉。下其議於諸路度可否，但贊成之者僅得四路，其他皆反對，認爲與賦稅二重徵收，誘發盜賊，有常平倉足以振恤，且其實施亦煩擾，卒不能實行。嘉祐二年，詔全國置廣惠倉，亦屬義倉性質，依樞密使韓琦之所請也。

初，全國沒入戶絕田，官自鬻之，至是，韓琦請留勿鬻，募人耕而收其租，別爲倉貯之，以給州縣之老幼貧疾不能自存者，名廣惠倉，領以提點刑獄。於萬戶未滿之地，留租千石貯之，——萬戶貯二千石，二萬戶三千石，三萬戶四千石，四萬戶五千石，五萬戶六千石，六萬戶七千石，七萬戶八千石，十萬戶貯萬石。田有餘則公賣之，如舊時。四年，詔改廣惠倉隸司農寺，每州選幕職曹官各一人專監，主理出納。其施與方法，每歲十月，別差官吏調查受米者。凡老弱疾病，不能自給之人，籍定姓名，自十一月一日開始，施米一升，幼者半升，每三日一次，至明年二月止。若有餘米，則量諸縣大小而平均施給之(註一四)。神宗雖以常平及廣惠倉之錢穀行青苗法，但熙寧十年，詔開封府界先自豐稔畿縣立義倉法。元豐元年，由夏稅開始，以二石而輸一斗，詔以義倉隸提舉司，京東西、淮南、河東、陝西諸路義倉，以是年秋爲始，民輸稅不及斗者免納，並頒其法於川峽四路，八年並罷，至紹聖元年復置。紹興初，有屬縣義倉與負郭義倉之別，前者爲當地救濟，後者就州輸送。乾道八年水旱，命以常平米賤糶，以義倉米振濟；又改正義倉制度，夏秋正稅，每斗輸五合，不及一斗者免輸，豐熟縣九分以上卽輸一升，令諸路州縣歲收苗米六百餘萬石。

至於地方性質，有惠民倉及社倉，皆類常平性質，惠民倉以糶於國人，社倉以貸於郡人。惠民倉者，淳化中，張詠守成都，以市古準田稅，使民歲輸米於官，明年春，籍城中之民，糶以原値，此其法也。其後王曉、韓億父子、文彥博、胡宗愈等，又相與修其法而守之，歷代相沿而不易。寧宗嘉定十六年，眞德秀守潭州，效其法，使民輸米貯之別倉，榜曰惠民，由二月至七月，新陳未接，民苦貴糴，而計口給劵，視時值加損之。厥後郡官守之弗失，糴糶循環，自長沙善化外，爲縣十，爲錢十萬一千九百緡，請於朝，請視常平，定爲令。令丞去官，郡稽其存否爲功過，且俾常平使者察焉。社倉本爲青苗法之變相，以南宋時朱熹之社倉法爲最著。乾道四年，建昌人大饑，熹請於官，在其所居建寧府崇安縣開耀鄉，領到該府常平振米六百石，乃設社倉一所，夏間貸與人戶，冬間納還，每石收息米二斗。行之十四年，迄淳熙八年，原米六百石，還回該府，以息米擴大倉厫三間，存有米三千一百石，不復收息，每石只收耗米三升。以故一鄉四五十里間，雖遇凶年，人不缺食。凡借貸者，十家爲甲，甲推其人爲首。五十家則擇一通曉者爲社首。每年正月，告示社首以下都結甲。其有逃軍及無行之人，與有稅錢衣食不缺者，並不得入甲。其應入甲者，又問其願與不願。願者開具一家大小口若干，大口一石，小口減半，五歲以下不預請，甲首加請一倍。社首審訂虛實，取人人手書持赴本倉，再審無弊，然後排定甲首附都簿，載某人借若干石，依正簿分兩時給——初當下田時，次當耘耨時。秋成還穀，不過八月三十日足，濕惡不實者罰(註一五)。建寧府統縣凡七，均仿社倉法而行之。「凡倉，以里居之有行誼者二人，職其出納。視其境之廣狹，爲置倉之疏密，故在建安、甌寧者，凡十有三，在建陽者二十有五，在浦城者二十有二，在崇安者十有八，松溪視崇安之半，政和又損其二焉。此其大較也。」(註一六)孝宗曾頒佈其法，於兩浙東路各州縣試行，任從民便。如願試行，可由該鄉土著或寄居官員有行誼者，具狀赴本州縣自陳，量於義倉米內支撥，其斂散之事，與該鄉耆老公共措置，州縣不加干預。紹熙四年，張訢行其法於邵武光澤縣，除振濟糧食外，並助民之產子，又建屋舍以待行旅之疾病者。五年，吳仲吳倫兄弟，推行於南城。寧宗時，李道傳攝宣州守，行其法於上饒、新安、南康諸縣，翕然應命，人蒙其利。嘉定初，簡州許奕（一一七〇—一二一九）嘗欲推行其法，捐錢五百萬，命弟契買善田，於一鄉試之，自爲規約，貧者月有廩，歲晚有衣褐財粟，而藥疾槥死，舉生隨求而應者又不與也。五年，於遂寧府，九年於潼川府復推行之(註一七)。然不善行之者，亦有流弊。度宗咸淳二年，「廣德則官置此倉，民困於納息，至以息爲本，而息皆橫取，民窮至自經。人以爲熹之法不敢議，黃震欲救此弊，謂熹社倉歸之於民，而官不得與；官雖不與，而終有納息之患。震以爲別買田六百畝，以其租代社倉息，非凶年不貸，而貸不取息。」(註一八)由是民始得免於橫取。良以常平禁防密，興發難，非歲逢大祲，不敢舉而貸也。縣不稟之州，州不稟之部使者，亦不敢擅而出也。故社倉之設置，便於民者多矣。

第二節　田　制

太祖削平諸國，嚴令守勸農之條，稻粱桑枲，務盡地力。再傳以後，法令密而議論多，因循易而改作難，故宋於土地政策，只零碎補救，未若唐代實施均田之有具體辦法也。宋制：入官者皆有職田，以官莊及遠年逃亡之田土充之。馴至勢官富姓，占田無限，兼併冒僞，習以成俗。仁宗曾頒限田之詔，公卿以下，毋過三十頃，衙前將吏應復役者，毋過十五頃，然積重難返，未幾卽廢。政和中，官吏限田，一品百頃，二品以次遞減至九品爲十畝。官愈高，田愈多，凡在限內之田，均免差科；限外之田，則須納稅。故北宋中葉，凡賦稅不及之田，十居其七，強宗巨室，阡陌相望，皆爲特殊階級之莊田。平民享田極少，朝廷有授給復業逃戶及浮客之田土，稱爲授田。故宋代田制，至爲混亂。

宋初，循用後周均括民田之法，繼以吏緣爲姦，稅不均適，由是人民失業，田多荒蕪，乃詔許民闢土，州縣毋得檢括，止以現佃（代耕者）爲額，然收效甚微。淳化五年，凡州縣曠土，許民請佃爲永業，三年間免稅；四年以後令納稅三分之一。官吏勸民墾田，然耕地遲遲未有增加。眞宗咸平年間，募民墾潁川地一千五百頃，汝州地六百頃。淮陽、許昌、汝南之域，人稀土曠，東平、鉅野至於彭城，亦多閑田，民力不贍。仁宗天聖年間，生齒日蕃，闢田益廣，獨京西唐鄧間，尚多曠土，入草莽者十分八九。嘉祐中，流民自歸及淮南湖北之民至者二千餘戶，引水溉田，幾數萬頃，遂變磽瘠爲膏腴。仁宗以前，墾田不及唐代十分之一。錢彥遠上言：「唐開元戶八百九十餘萬，而墾田一千四百三十餘萬頃。今國家戶七百三十餘萬，而墾田二百一十五萬餘頃，其間逃廢之田，不下三十餘萬。」(註一九)景德四年，丁謂著會計錄云：「總得一百八十六萬餘頃，以是歲七百二十二萬餘戶計之，是四戶耕田一頃。」太祖開寶末，墾田二百九十五萬二千三百二十頃六十畝。太宗至道二年，三百一十二萬五千二百五十一頃二十五畝。眞宗天禧五年，五百二十四萬七千五百八十四頃三十二畝。而開寶之數，乃倍於景德，則丁謂之所錄，恐未得其實。皇祐治平之三司，皆有會計錄，而皇祐中墾田二百二十八餘頃，治平中四百四十餘萬頃(註二〇)。皇祐之墾田，比景德間增四十一萬七千餘頃，而歲入穀類乃減七十一萬八千餘石。熙寧五年，墾田亦有四百六十一萬六千五百五十六頃。然則宋代墾田，因紀錄未備，實數難得正確，此蓋只計賦租以推知其頃畝，而賦租所不加者十居其七，率而計之，則全國墾田數，無慮三千餘萬頃。

墾田可分為營田與屯田。營田者，即開墾田土，修蓋屋舍，置造農具，招人耕作，皆置務以管理之。屯田以兵，故可戰可耕。營田以民，然亦有用兵者。兩者實大同而小異，茲分述如下：

甲、營田　宋代營田，議論百端，而多不實行。至道二年，直史館陳靖上言：「今京畿周環二十三州，幅員數千里，地之墾者十才二三，稅之入者又十無五六。復有匿里舍而稱逃亡，棄農耕而事游惰，賦額歲減，國用不充。詔書累下，許民復業，蠲其租調，寬以歲時。然鄉縣擾之，每一戶歸業，則刺報所由，朝耕尺寸之田，暮入差徭之籍。追胥責問，接踵而來，雖蒙蠲其常租，實無補於捐瘠。況民之流徙，始由貧困，或避私債，或逃公稅，亦既亡遯，則鄉里檢其貲財。至於室廬什器，桑棗材木，咸計其值，或鄉官用以輸稅，或債主取以償逋，生計蕩然，還無所詣。以茲浮蕩，絕意歸耕，如授以閑曠之田，廣募游惰，誘之耕墾，未計賦租，許令別置版圖，便宜從事。酌民力豐寡，農畝肥磽，均配督課，令其不倦。其逃民歸業，丁口授田，煩碎之事，並取大司農裁決。耕桑之外，令益樹雜木蔬果，孳畜羊犬雞豚，給授桑土，潛擬井田，營造室居，使立保伍。養生送死之具，慶弔問遺之資，並立條例，俟至三五年間，生計成立，即計戶定征，量田輸稅。若民力不足，官借糴錢，或以市餱糧，或以營耕具。凡此給授，委於司農，比及秋成，乃令償值，依時價折納，以其成數，關白戶部。」此補救逃農之議，帝覽之喜，詔靖條奏以聞。靖再提奏一具體計劃言：「逃民復業及浮客請佃者，委農官勘驗，以給授田土，收附版籍，州縣未得議其差役。乏糧種耕牛者，令司農以官錢給借。其田制爲三品：以膏沃而無水旱之患者爲上品；雖沃壤而有水旱之患，埆瘠而無水旱之慮者爲中品；既埆瘠復患於水旱者爲下品。上田人授百畝，中田百五十畝，下田二百畝。並五年後收其租，亦只計百畝十收其三。家有三丁者，請加受田如丁數。五丁者，從三丁之制。七丁者，給五丁。十丁給七丁。至二十三十丁者，以十丁爲限。若寬鄉田多，卽委農官裁度以賦之。其室廬蔬韭，及梨棗榆柳種藝之地，每戶十丁者，給百五十畝。七丁者百畝。五丁者七十畝。三丁者五十畝。不及三丁者三十畝。除桑功，五年後計其租，餘悉蠲其稅。」宰相呂端謂靖所立田制，多改舊法，又大費資用，以其狀付有司。詔鹽鐵使陳恕等共議，請如靖奏。乃以靖爲京西勸農使，按行陳、許、蔡、潁、襄、鄧、唐、汝等州，勸民墾田，以大理寺丞皇甫選、光祿寺丞何亮副之。選亮上言：「功難成，願罷其事。」帝志在勸農，猶詔靖經度。未幾，三司以費官錢數多，萬一水旱，恐致散失，事遂寢(註二一)。惜小費而忘大利，又失於聽言之不斷，是以營田之議無成。咸平中，募民耕潁州陂塘荒地一千五百頃，部民應募者三百餘戶。汝州舊有洛南務內園，亦募民二百餘，自備耕牛，立團長，墾地六百頃，導汝水灌溉，歲收二萬三千石。宜城縣有屯田三百餘頃，知襄州耿望請於舊地兼括荒田，置營田上中下三務，調夫五百築堤堰，仍集鄰州兵，每務二百人，市牛七百分給之。是歲種稻三百餘頃。五年，罷營田下務。又於唐州赭陽陂置務如襄州，歲種七十餘頃，其後以得不償失，詔廢以給貧民，頃收半稅。陝西用兵，詔轉運使度隙田置營田，以助邊計。襄州宜城縣之長渠百里，肇於秦將白起，壅夷水以灌鄢，遂滅楚。後分渠水以灌田，田皆為沃壤者數千頃，但年久湮沒。至和二年，縣令孫永率民修之，田之受渠水者皆復其舊。並渠之民，足食而甘飲，其餘粟散之四方(註二三)。此亦恢復灌溉以墾田之類也。

南宋在官之田，曰營田，曰力田，曰屯田，曰官莊，曰荒田，曰逃絕戶田。營田與官莊相類，荒田與逃絕戶田，異名而實同，力田與屯田，皆為墾田也。紹興元年，荊南府、歸、峽州、荊門、公安軍置五州營田，荊州軍食仰給，省縣官之半。三年，詔江東西宣撫使韓世忠措置建康營田，世忠乞募民承佃，蠲三年租，滿五年田主無自陳者給佃者為永業。又詔湖北、浙西、江西皆如之，其徭役科配並免。六年，都督張浚奏改江淮屯田為營田，凡官田逃田並拘籍，以五頃為一莊，募民承佃，其法五家為保，共佃一莊，以一人為長。每莊給牛五具，耒耜及種副之，別給十畝為蔬圃，貸錢七十千，分五年償。尋命五大將劉光世、韓世忠、張俊、岳飛、吳玠、及江淮、荊襄、利路帥，悉領營田使。以樊賓提舉江淮營田，置司建康，官給牛種，撫存流移，一歲中收穀三十萬石有奇。而川陝宣撫使吳玠治廢堰營田六十莊，計田八百五十四頃，歲收二十五萬石，以助軍儲。十二年，鄭剛中為川陝宣撫副使，患蜀之困於漕運也，乃於關外四州，及興州大安軍，行營田之法，墾田二千六百一十二頃，除糧種分給外，實入官十四萬一千零四十九斛，而金州墾田五百六十七頃，歲入一萬八千零六十餘斛。三十二年，襄陽築堰開渠，溉田萬頃，募邊民或兵之老弱者耕之，官給耕牛耒耜種糧，既省餽運，又可安集流亡。四川諸州共墾田二千六百五十餘頃，夏秋輸租米十四萬一千餘石。

除營田外，又有莊田。莊田分為官莊田與私人莊田。官莊管理者曰勾當人，南宋則曰幹當人，指導佃戶，監督穀物收納，及掌管莊內諸物件。北宋時，河北、河東、陝西、熙河沿邊諸路多有之。官莊田之來源，是籍沒官僚產業，賊徒田舍，及逃田而得，如建炎元年，籍沒蔡京王黼等莊以爲田是也。私人莊田，則稱某某莊，有蔬圃、菓園、山林、莊屋、倉庫、牛舍等，皆爲大地主、宮廷、宗室、官僚、武人、寺觀、豪強之業也。凡營田與官莊田，稱爲官田，發劵予民耕，歲使輸賦。官田亦有發售，召人承買。建炎三年，全國官田，令民依鄉例自陳輸租。紹興元年，以軍興用度不足，詔令鬻諸路官田。二十年，詔兩淮沃壤宜穀，置力田科，募民就耕，以廣官莊。二十六年，以諸路所賣官田之錢，七分上供，三分充常平司糴本。乾道二年，在黃岡廝城，設立官莊二十二所。淳熙元年，淮東官莊已成之數，爲五十四莊，屋二千四百四十九間，耕者一千二百餘人，牛六百二十五頭，稼器六百二十五副，老稚五千四百二十七人，耕田九百一十四頃。六年，高郵軍已諭到歸正人一千四百餘人，共置五十莊(註二三)。嘉定元年以後，又有所謂安邊所田，時韓侂冑既誅，金人講和，兩淮殘荒，逃亡最多。用廷臣言，置安邊所，凡侂冑與其他權倖沒入之田，及圍田湖田之在官者皆隸焉。輸米七十二萬二千七百斛，錢一百三十一萬五千緡有奇，藉以給行人金繒歲幣之費。迨與金人絕好，軍需邊用，皆由此取之(註二四)。

乙、屯田　屯田之議，始於滄州節度副使何承矩。端拱二年，承矩上疏言：「若於順安砦西，開易河蒲口，導水東注於海。東西三百餘里，南北五七十里，資其陂澤，築隄貯水爲屯田，可以遏敵騎之奔軼。俟期歲間，關南諸泊悉壅闐，即播爲稻田。其緣邊州軍臨塘水者，止留城守軍士，不煩發兵廣戍，收地利以實邊，設險固以防塞。春夏課農，秋冬習武，休息民力，以助國經。如此數年，將見彼弱我強，彼勞我逸，此禦邊之要策也。」（註二五）會滄州臨津令閩人黃懋上書言：「閩地惟種水田，緣山導泉，倍費功力，今河北州軍多陂塘，引水溉田，省功易就，三五年間，公私必大獲其利。」詔承矩按視，還奏如懋言，遂以承矩爲制置河北緣邊屯田使，懋爲大理寺丞，充判官，發諸州鎭兵一萬八千人給其役，凡雄、莫、霸州、平戎、順安等軍，興堰六百里，置斗門，引淀水灌溉。初年種稻，值霜不成。懋以晚稻九月熟，河北霜早而地氣遲，江東早稻，七月卽熟，取其種，課令種之。是歲八月，稻熟，試種遂成功。咸平四年，陝西轉運使劉綜言：「宜於古原州建鎭戎軍。於軍城四面立屯田務，開田五百頃，置下軍二千人，牛八百頭耕種之。」旣而原渭州亦開方田，戎人內屬者皆依之。其他順安軍、威虜軍、保州、定州，亦開渠置屯田。營田務亦改爲屯田務。凡九州軍皆遣官監務，置吏屬。淮南兩浙，舊皆有屯田，後多賦民而收其租，第存其名。天禧末，諸州屯田共有四千二百餘頃，河北歲收二萬九千四百餘石，而保州最多，逾其半。治平三年，河北屯田三百六十七頃，得穀三萬五千四百六十八石。熙寧四年，河北屯田司奏，豐歲屯田，入不償費，於是詔罷緣邊水陸屯田務，募民租佃，收其兵爲州廂軍。陝西屢有屯田之議，多未成。元豐五年，惟招弓箭手營田，廂軍及弓箭手皆受田一頃，每五十頃爲一營，頗有組織。知太原府呂惠卿上營田疏，主張河外三州荒地皆可墾闢，以贍軍用。七年，開墾葭蘆吳堡間之木瓜原五百餘頃，鱗府豐州地七百三十頃，弓箭手與民之無力及異地兩不耕者又九百六十頃，皆爲屯田性質。其後得不償失，以無效遂罷。

南宋紹興三年，德安府復州漢陽軍鎮撫使陳規，仿古屯田，凡軍士相險隘，立堡砦，且守且耕，水田每畝賦秔米一斗，陸田豆麥夏秋各五升，滿二年無欠，給爲永業。流民歸業浸衆，亦置堡砦屯聚之。五年，詔淮南、川、陝、荊、襄屯田，以此等地區，荒田尚多也。隆興初，有訴襄陽屯田之擾者，帝欲罷之，工部尙書張闡言：「荊襄屯田之害，在乏人力，而強徵百姓，舍己熟田而耕官生田，一方騷然。如使兩淮歸正之民，就耕荊襄之田，非惟可免流離，抑使中原之民聞之，知朝廷有以處我，率皆襁負而至矣。異時墾闢既廣，取其餘以輸官，實爲兩便。」從之。二年，江淮都督府參贊陳俊卿主張擴大墾田，則穀必賤；所在有屯，則村落無盜賊之憂；軍食既足，則饋餉無轉運之勞，此誠經久守淮之策。詔從之。四年，兩淮議營田屯田已久，但地有餘而人不足，每以爲病，蓋淮上治田之具，每招一家，必首給錢一百二十緡，以其三分二買牛，一爲室廬耒耜之費，故淮上不惟人稀，牛亦難得。淮陰鹽城閑田甚多，寶應山陽亦得閑田五百餘頃，以處歸正人。淳熙十年，鄂州江陵府副都統制郭杲言：「本司有荒熟田七百五十頃，乞降錢三萬緡，收買耕牛農具，使可施工，如將來更有餘力，可括荒田，接續開墾，」從之。紹定五年，京西路兵馬鈐轄在棗陽捌平堰，溉田萬頃，立十三莊，三轄使軍民分屯，邊儲豐物。端平元年，屯五萬人於淮之南北，且耕且守，置屯田判官一員，經紀其事，暇則教以騎射，初弛田租三年，又三年則取其半，從之。嘉熙三年，四川宣撫使兼夔路制置大使孟珙，以軍無宿儲，大興屯田，調夫築堰，募農給種，由秭歸以迄漢口，爲二十屯，一百七十莊，田十八萬八千二百八十頃(註二六)。四年，令流民於江邊七十里內，分田以耕，遇警則用以守江。

於邊城三五十里內，亦分田以耕，遇警則用以守城。在砦者則耕四野之田，而用以守砦。田在官者免其租，在民者以所收十分之一二歸其主，俟三年事定，則各還原業(註二七)。此皆爲南宋戰時設置屯田之策也。

宋初江南人口增加，土地因而亟謀開發，與水爭田，爲江南土地開發之特徵，故有湖田、圩田、與圍田。湖田者，修圩截湖而爲之，多在浙東。例如會稽、山陰間之鑑湖，宋初作湖田者十七戶，慶曆間，湖田面積四頃；治平熙寧間，有八十餘戶，七百餘頃；淳熙中，增至二千三百餘頃。紹興元年，吏部侍郎李光奏，祥符慶曆間，民始有盜陂湖爲田者，三司轉運使書切責州縣，復田爲湖，當時條約甚嚴。近年以來，所至盡廢爲田。如明越州鑑湖、白馬、竹溪、廣德等十三湖，宣政間樓异守明，王仲嶷守越，悉廢二郡陂湖以爲田，民失水利，光請復之，遂廢餘姚上虞二縣湖田，而他未及也(註二八)。江南大都皆山，可耕之土，皆下濕厭水，瀕江規其地以隄，而藝其中以爲田，謂之圩。圩者圍也，內以圍田，外以圍水，江東淮東路有之。一圩方數十里，皆如長隄，植榆柳成行，望之如畫。中有河渠，外設門閘，旱則開閘以引江水之利，潦則閉閘以拒江水之害。圩田遠溯於五代，宋初，一時衰落，仁宗朝國家安定，再行開發，官圩民圩並盛。嘉祐六年，沈括當寧國縣令，建議開修蕪湖之萬春圩田。神宗時，江南土地開發益顯著。徽宗政和二年，太平州當塗鎮興修路西湖，創立政和圩，宣州惠民圩，當塗縣廣濟圩。五年，建康府溧水縣作永豐圩，面積一千頃。此等圩田，其後荒廢，至南宋初修復之(註二九)。江東圩田，以永豐圩爲最大，自紹興三年起，歲收米三萬斛，有監官三員，其餘十圩，共計收米五萬八千餘石，並無官監。三十年，張少卿初爲漕，徙民於近江，增葺圩岸，官給牛種，始使之就耕。乾道六年十月，寧國府修圩，詔其餘州軍守臣，依此措置修整。圩田分爲官圩（官築）、私圩（民築）、大圩、中圩、小圩。官圩規模較大，設田莊，置吏管理，佃戶耕作，納租課，爲南宋軍費重要來源之一。圍田者，築隄防以圍湖沼，中爲田，與圩田相同，浙西路多有之。其餘有沙田者，如江淮間沙淤之田也；梯田者，如江南西路袁州之山田也。

人民因災荒兵禍，無以爲生，每棄產他遷，發生逃田之現象。逃田爲宋代農業上一嚴重之損失，徽宗朝最爲普遍，政和八年，淮東之逃田，高郵軍四百四十六頃，楚州九百七十四頃，泰州五百二十七頃，江東之平江府四百九十七頃。宣和五年，詔江東轉運司根括到逃田一百六十頃一十六畝，兩浙根括到四百五十六頃，召人出租。其處理逃田之對策，在誘民墾田。南渡後，內外用兵，所在多逃絕之田。紹興二年，詔兩浙路收買牛具，貸淮東人戶，各縣令奉詔誘民墾田，奉行者增一秩。三年，民有產業者，並聽歸業；親屬應得財產者，守令驗實給還。募人佃閑田，分三等定租，上田每畝輸米一斗五升，中田一斗，下田七升。四年，貸廬州民錢萬緡，以買耕牛。五年，令縣具列歸業民數及墾田多寡，每月層報至戶部，戶部置籍以考。歸業之民，如田已佃者，以附近閑田與之，免三年租稅，無產願受閑田者亦與之。六年，減江東諸路逃田稅額，難民流徙後，十年不歸，以十年爲限，如期滿無理認者，現佃人依舊承佃，後再延展五年。隆興元年詔：凡百姓逃棄田宅，逾二十年無法歸認者，依法視爲絕戶。

南宋時，土地兼併之風甚熾。嘉定間，曾令禁兩淮官吏私買民田。淳祐五年，諫官曾有限田之議，惟空言而不行。時諸籍沒入官者，募人耕，仍以私家額課租，民苦額重，與官吏卒徒侵漁，議者言田在官非便，而有斥賣官田之說。六年，殿中侍御史謝方叔言：「豪強兼併之患，至今日而極，非限民田不可。國朝駐蹕錢塘，百有二十餘年矣，外之境土日荒，內之生齒日繁，權勢之家日盛，兼併之習日滋，百姓日貧，經制日壞，上下煎迫，若有不可為之勢。夫百萬生靈生養之具，皆本於穀粟，而穀粟之產，皆出於田。今百姓膏腴，皆歸貴勢之家，租米有及百萬石者。小民百畝之田，頻年差充保役，官吏誅求百端，不得已則獻其產於巨室，以規免役。小民田日減，而保役不休；大官田日增，而保役不及。兼併寖盛，民無以遂其生。於此時也，可不嚴立經制以為之防乎？」（註三〇）景定四年，賈似道以國計困於造楮，富民困於和糴，思有以變法而未得其說，會知臨安府劉良貴，浙西轉運使吳勢卿獻買公田之策。似道乃命殿中侍御史陳堯道、右正言曹孝慶、監察御史虞慮、張晞顏等議之。僉言廩兵造楮之弊，乞依祖宗限田議，自兩浙、江東西官民戶踰限之田，抽三分之一，買充公田，得一千萬畝，則歲有六七百萬斛之入，可以餉軍，可以免糴，可以重楮，可以平物而安富，一舉而五利俱矣。帝從之，詔買公田。其法先行限田之制，以官品計頃，以品格計數，下兩浙、江東西和糴去處，先行歸併詭析，後將官戶田產逾限之數，抽三分之一，回買以充公田，此即收購其限額外之所有，每日增印會子一十五萬貫以購之。置官田所，以劉良貴提領，通判陳訔為檢閱副之。然反對者多，時賈似道當國，以己田在浙西者省萬頃為首倡，由是朝野無敢言者。已而詔平江、江陰、安吉、嘉興、常州、鎮江六郡，已買公田三百五十餘萬畝，其荆湖、江西諸道，仍舊和糴。公田買法，以租一石償十八界會子四十，而浙西之田，石租有値千緡者，亦就此價。價錢稍多，則給銀絹各半，又多則給以度牒告身準値。民失實產，而得虛誥，吏又恣爲操切，浙中大擾。夫田變爲官，佃不堪命，猶官以田與民也。官田變爲公田，官無田而取諸民，旣取民田而又賦之也，此直擾民耳，遂使民之破家失業者甚衆，故公田與關子、銀綱、鹽鈔、賦役，同爲病民之事。五年，選官充官田所，立四分司以主管公田，平江、嘉興、安吉各一員，常州、江陰、鎮江共一員，凡公田事悉以委之。每鄉置官莊一所，民爲官耕田者曰官佃，爲官督租者曰莊官，以富饒者充應，兩歲一更。初置時，上下迎合，惟欲買數之多，凡六七斗者皆作一石，及租收有虧，則以其額取足於田主，遂爲無窮之害。臺諫士庶多上書，以爲公田不便，乞罷之。賈似道以去就爭，詔勉留之，由是公論頓沮。初議欲省和糴以紓民力，而其弊極多，其租尤重，宋亡，遺患猶不息也(註三一)。

第三節　財賦與用度

財賦之制，多因於唐，其收入較唐爲大。然懲唐末方鎮之留使留州，皆留財賦自贍，又於舊賦之外，更厚斂以自奉，故太祖之制諸鎮，以執其財用之權爲最急。旣而宇內統一，諸節度伸縮惟命，遂強化中央集權而去其尾大不掉之患者，財在上也。乾德三年，詔諸州支度經費外，凡金帛悉送闕下，毋得占留。時藩郡有闕，稍命文臣權知，所在場務，或遣京朝官廷臣監臨，於是外權始削而利歸中央矣。然上供(註三一)只隨歲所入，初無定制，而其大者在糧帛銀錢。六年，又詔諸州通判官到任，須自檢閱帳籍所列官物，吏不得以售其姦，主庫吏三年一易。開寶六年，令諸州舊屬公使錢物，盡數係省，毋得妄有支費。然觀於宋初措施，乾德之詔，不過欲矯宿弊，實未嘗務虛外郡以實京師也。(註三二)

宋初理財，務在寬大，隨時損益，非必盡取上供。太宗時，錢穀上供，仍酌量一部份留州，以濟緩急。至道四年，敕川陝錢帛令，本路轉運司計度，只留一年支備，其餘計綱起發上京，不得占留，蓋平蜀後事也。其他諸州，常切估計，在州以三年準備爲率，外縣鎮二年，偏僻縣鎮一年，河北陝西緣邊諸州，不在此限。江浙、荆湖、淮南六路，自來便錢，州月帳內將現錢除半支遣外，並具單狀申奏。諸州應係錢物，開列帳籍，具言逐項數量，原管年代，及本州支用者報省，錢物皆儲封樁，候命由轉運司移易支遣，或逕運上京。至道末，上供錢一百六十九萬二千餘貫，金一萬四千八百兩，銀三十七萬六千兩，絲七十萬五千兩，綿四百九十七萬兩，紬三十七萬九千匹，絹一百七十萬八千匹，絁五萬二千匹，布一百一十萬六千匹。宋初雖存上供之名，但取酌中之數，定爲年額，而其遺利，則付之州縣樁管。州縣既有宿儲，可應支意外之警急，且亦寬於理財，陰以恤民。故自建隆至景德凡四十五年間，南征北伐，未嘗無事，而紀綱已立，官吏知有朝廷，金銀錢帛糧草雜物，毋煩悉送京師，可藏於州縣，以備不虞，蓋所以培其本也。仁宗朝，號爲至平極盛之世，因天災流行，西事暴興，而財用始大乏，是以留州銳減，慶曆二年，余靖奏言：「當今天下金穀之數，諸路州軍年支之外，悉充上供，及別路經費，現在倉庫，更無餘羨。」(註三四)熙寧之際，財賦更爲集中，蘇轍曾論其弊：「財賦之源，出於四方，而委於中都。故善爲國者，藏之於民，其次藏之於州郡。州郡有餘，則轉運司常足。轉運司既足，則戶部不困。唐制：天下賦稅，其一上供，其一送使，其一留州。比之於今，上供之數，可謂少矣。然每有緩急，王命一出，舟車相銜，大事以濟。祖宗以來，法制雖異，而諸道蓄藏之計，猶極豐厚。是以斂散及時，縱捨由己。利柄所在，所爲必成。自熙寧以來，言利之臣，不知本末之術，欲求富國，而先困轉運司，轉運司既困，則上供不繼。上供不繼，而戶部亦憊矣。兩司皆困，故內帑別藏，雖積如丘山，而委爲朽壤，無益於算也。」(註三五)增額起於熙寧，雖非舊貫，猶未爲甚，然在州諸色錢，一律封樁，以便不盡錢起發。元豐五年，除上供年額外，凡羨餘瑣碎錢，定爲無額上供(註三六)，於是上供分爲有額與無額兩種矣。徽宗朝，務爲剝削，崇寧二年，官吏違負上供錢物，以分數爲科罪之，等不及九分者罪以徒，多者更加之。歲首則列次年上供之數，呈報漕司，考實申部。三年，始立上供錢物新格，於是聚斂益重。宣和元年，戶部尚書唐恪稽考諸路上供錢物數如下：荊湖南路四十二萬三千二百二十九貫匹兩，利州路三萬二千五百一十八貫匹兩，荊湖北路四十二萬七千二百七十七貫匹兩，夔州路一十二萬三百八十九貫匹兩，江南東路三百九十二萬四百二十一貫匹兩，福建路七十二萬二千四百六十七貫匹兩，京西路九萬六千三百五十一貫匹兩，河北路一十七萬五千四百六十四貫匹兩，廣南西路九萬一千九百八十貫匹兩，京東路一百七十七萬二千一百二十四貫匹兩，廣南東路一十八萬八千零三十貫匹兩，陝西路一十五萬七百九十貫匹兩，江南西路一百二十七萬六千九十八貫匹兩，成都路四萬五千七百二十五貫匹兩，潼川路五萬二千一百二十貫匹兩，兩浙路四百四十三萬五千七百八十八貫匹兩，兩淮南路一百一十一萬一千六百四十三貫匹兩，總計爲一千五百零四萬二千四百一十四貫匹兩，錢以貫計，絹以匹計，綿以兩計也，而斛斗雜科不與焉。財聚則民散，朱熹言其弊最切：「本朝鑒五代藩鎮之弊，遂盡奪藩鎮之權，兵也收了，財也收了，賞罰刑政一切收了，州郡遂日就困弱。靖康之役，虜騎所過，莫不潰散，」(註三七)蓋強榦弱枝之甚，其惡果有如是也。

建炎元年，詔諸路無額上供錢，依舊法自來年始，更不立額。三年，減各地上供額，渡江之初，東南歲入不滿千萬緡。紹興五年，四川保留上供錢帛及榷鹽酒並諸色窠名，爲三千六百萬緡，供贍川陝而未足。十一年，始命上供羅，其後綾紗絹亦如之，計有九萬五千八百匹。乾道二年，仿漢制歲終郡國遣上計簿使詣京師奏報之法，本州每歲將上供數目，歲終開具造冊包括次年正月之數，詣闕呈報。戶部掌全國之財計，有上限、中限、下限之格法，有月催、旬催、五日一催之期會，每於歲終，獨以常平收支戶口租稅造冊進呈，而於諸郡諸色窠目尚略焉。故是年宰執進呈戶部收支細數現管只四十二萬，而未催之錢乃二百八十餘萬，是知乾道之政，不盡斂以歸國，而財賦尚有藏於州縣(註三八)。理宗紹定元年，可用銀折輸，每兩不過三貫三百文。自咸淳七年起，銀錢關會，均可作上供之用。

凡貨物之結幇同行者曰綱，故上供錢穀，稱爲綱運。從交通工具言，綱運分爲陸路與水路。陸路綱運有脚夫、騾驢，民之供役者，三驢當五夫。水路綱道則用船。唐劉晏以十船爲一綱，每船載一千石。宋則一綱爲船三十艘，有押綱、綱梢、梢工等。物運之性質，可分爲米綱、銀綱、錢綱、絹綿綱等。㈠米綱。綱運之中，以米綱規模最大，沿唐制，發運使置司眞州主之，掌理東南歲漕，以餉京師，從楚泗至汴，八十日一運，一歲三運。開寶五年，令汴蔡河歲運江淮米數十萬石赴京，充軍食。

圖十二　糧食漕運圖(國立故宮博物院藏品)

太平興國六年，兩浙歸入版圖後，歲運三百五十萬石。至道間，楊允恭漕運六百萬石，自此歲增廣。景德四年，詔淮南、江浙、荆湖南北路，以由至道二年至景德二年間十年平均之數，定爲年額，上供六百萬石，米綱立額始於此(註三九)。以後每年米綱，以此數爲準。然米綱有耗折者，景德四年運六百萬石，欠折六七萬石；元祐六年，正運四百五十餘萬石，而欠折之數，多至三十餘萬石(註四〇)。綱運之人力，爲費亦鉅，通常運米一石，費三百錢，熙寧八年，運米一百萬石用費約三十七萬緡。除官運外，其召募客綱所運者曰私運，如熙寧三年，發運使薛向言召募客綱所運二十六萬石入京是也。㈡銀綱。自大中祥符元年詔，五路糧儲已有定額，其餘未有條貫，遂以大中祥符元年以前最多者爲額，則銀綱立額始於此。㈢錢綱。天禧四年，三司奏請立定錢額，自後每年錢綱，依此額起發。㈣絹綿綱。絹綿綱雖不可考，但以咸平三年三司所降之數，則亦有年額矣。

中央主管財賦之機構，初爲三司，然各置使局，不相統系。太宗淳化四年，改三司爲總計司，左右大計，分掌十道財賦。令京東西南北，各以五十州爲率。每州軍歲計金銀錢緡帛芻粟等費，逐路關報總計司。總計司置簿左右計使，通計置裁給，餘州亦如之。未幾，復爲三部，後亦復三司。咸平六年，始併鹽鐵、度支、戶部爲一，置三司使，副使三人，分領各部。錢穀繳運於三司者曰係省，納計省也。淳化五年，各州置應在司，保管封樁，主持解運，然因乏會計稽核，州郡錢穀數量，每虛實不清。景德間，三司使丁謂奏言：「承平日久，國家蓋務寬大，諸郡錢物，往往積留；漕臣靳惜，吝於起發，而省司殊不究知其詳。淳化以來收支數目，攢簇不就，名爲主計，而不知錢出納，——咸平以來，未見錢物着落。諸州受御指揮，多不供申；或有申報，多是鹵莽，以致勘會勾銷，了絕不得。」謂編有景德會計錄六卷，分類爲一、戶賦，二、郡縣，三、課入，四、歲用，五、祿食，六、雜記。每歲出入數，官吏養兵數，儲運等國家之巨細出納，總括網羅，猶唐之元和國計簿也，參考之量入爲出，頗有預算之作用(註四一)。天聖至嘉祐四十年間，理財之令數下，徒有根括驅磨之文，設而不用。至熙寧五年，判司農寺曾布奏：「伏以四方財物，乾沒差謬，漫不可知。三司雖有審覆之名，不復省閱，但爲空文。自天聖九年，上下因循，全無檢點，縱有大段侵欺，亦無由舉發，爲弊滋多。」遂乞專置司，驅磨全國帳籍，此似爲獨立稽核之法。自專置司，勾稽旁通，而天下無遺利。公使錢始立定額，自二百貫至三千貫止。此類公使錢，靠所入醋息、坊場、園池、祠廟之利，謂之收簇，以資維持；不足，以不係省錢補足額數(註四二)。驅磨帳籍之專司，其後又覺無實效，遂罷。州郡之財賦文帳，以前皆以時直呈三司，元祐時，司馬光欲改由戶部收全國諸帳，右司諫蘇轍主張保留元豐制度，使州郡計帳呈轉運司；由司別造計帳申省，蓋欲經轉運司之稽核，以免帳籍冗積於三司也。三司總領國計，方知其多少虛實，至於驛料等帳，非三司國計虛贏所係，故止令磨勘架閣，此法內外簡便，頗稱允當。建中靖國元年，詔諸路轉運司，以歲入財用置都籍。崇寧元年，又令歲以錢穀出入名數報提刑司保驗，以上戶部；戶部歲條諸路轉運使財賦虧贏，以行賞罰。大觀末，詔戶部編次一歲財用出納之數，諸路州縣各爲都籍，以待考較。工部金銀銅鉛水銀朱砂等，亦嚴帳籍之法，令諸路各條三十年以還歲出入及泛用之數。此則財用歲入之保管、帳籍、具報、會計、稽核等處理方法，以技術粗疏，督察鬆弛，致流弊滋生，故各朝政令，常注意整頓而改善之也。

上供爲正賦，僅佔全國歲入總額之一部份。除上供外，歲入另有茶鹽酒冶等商稅、雜稅、經制錢，總制錢，及其他收入。故全國歲入總額：至道三年，歲收穀三千一百七十萬七千餘石，錢四百六十五萬六千餘貫，絹一百六十二萬五千餘匹，絁紬二十七萬三千餘匹，布二十八萬二千餘匹，絲線一百四十一萬餘兩，綿五百一十七萬餘兩，茶四十九萬餘斤，芻茭三千餘萬圍，蒿二百六十八萬餘圍，薪二十八萬餘束，炭五十三萬餘秤，鵝翎雜翎六十二萬餘莖，箭榦八十九萬餘隻，黃蠟三十萬餘斤。(註四三)天禧五年，歲收穀三千二百七十八萬二千餘石，錢七百三十六萬四千餘貫，絹一百六十一萬五千餘匹，絁紬一十八萬一千餘匹，布三十三萬八千餘匹，絲線九十萬五千餘兩，綿三百九十九萬五千餘兩，茶一百五十九萬八千餘斤，芻茭一千九百萬餘圍，蒿一百六十八萬餘圍，炭二萬六千餘秤，鵝翎雜翎七十四萬九千餘莖，箭榦一百三十六萬餘隻，黃蠟三十五萬餘斤，又鞋八十一萬六千餘量，麻皮三十九萬七千餘斤，鹽五十七萬七千餘石，紙十二萬三千餘幅，蘆蓆二十六萬餘張(註四四)。如以緡錢計算，宋初，歲入錢一千六百餘萬緡，天禧末，增至二千六百五十餘萬緡，嘉祐間，又增至三千六百八十餘萬緡。熙豐間，所入乃至六千餘萬緡。元祐初，除其苛急，尚有四千八百餘萬緡(註四五)。紹興末年，六千四百萬緡。淳熙末，六千五百三十餘萬緡，其中上供錢二百餘萬緡，另經制錢六百六十餘萬緡，總制錢七百八十餘萬緡，月椿錢四百餘萬緡，茶鹽酒冶等商稅雜稅四千四百九十餘萬緡。寧宗朝，歲入仍爲六千餘萬緡。魏了翁曰：「中興以來，以十六路百七十郡之地，不能當天下全盛之半，歲入乃增至六千五百餘萬，而經制月椿等錢二千萬不預焉。兩浙之歲輸緡錢千二百萬，四川之鹽錢九百五十餘萬又不預焉。校之祖宗取民之數，不知凡幾倍矣。」（註四六）歲入之總額，雖難得其準確數，大抵接近一億緡，此可見南宋賦稅之窮徵苛斂，比北宋爲尤酷矣。

國家府庫，分內外之制，由三司所管者曰左藏庫；不領於有司者曰內藏庫，或簡稱內庫，始自太祖創景德內庫，以蓄金幣，爲帝室之財，蓋天子之別藏也。宋初，諸州貢賦，皆輸左藏庫。及取荆湖，定巴蜀，平嶺、南江南之國，珍寶金帛，盡入內府。乾德六年，太祖以帑藏盈溢，又於講武殿後別爲內庫，謂之封椿庫，即特置之儲積所。嘗謂軍旅饑饉，當預爲之備，不可厚斂於民。太宗分藏庫爲內藏庫，於左藏庫擇上綾羅等物，別造帳籍，月申樞密院。改講武殿後庫爲景福殿庫，俾隸內藏，蓋慮司計之臣，不能節約，異時用度有闕復賦率於民也。自乾德開寶以來，用兵及水旱振給慶澤賜賚，有司預算之，所闕者必籍其數以貸於內藏，候課賦有餘即償之。景德四年，又以新衣庫爲內藏西庫。大中祥符五年，按類分爲四庫。厥後三司用度不足，必請貸於內藏，輒得之，其名爲貸，實罕能償。且歲斥錢六十萬緡助三司，自天禧三年至明道二年，僅十四年，所貸錢達九百一十七萬緡。內藏歲入金帛，皇祐中，二百六十五萬七千一百零一，治平中，一百九十三萬三千五百五十四。神宗臨御，詔立歲輸內藏錢帛之額，諸路金銀輸內藏庫者，歲以帳呈司拘催。熙寧間，逐年於左藏庫撥金三百兩，銀五十萬兩入內藏，遂爲定額。元豐初，凡三十二庫，後積羨贏爲二十庫。內庫皆由中官總領之，劃定或分配特殊之收入，以輸內藏，多屬珍貴之物。崇寧後，爲大觀庫，制同元豐，但分東西之別（註四七）。紹興初，數取封樁錢入內藏，其制多承東京之舊。除內藏庫外，其他庫名尚多：㈠王藏庫，帑支三衙百官請給及宗廟宮禁泛供之費，並將校衛卒閤門醫職近侍請給皆出焉。㈡左藏封樁庫，孝宗所創，支付軍需之費，淳熙十年，聚積至四千七百餘萬緡。㈢御前甲庫，凡乘輿所需，圖畫雜物有司不能供者取之，百工技藝之巧者，皆出其間。㈣激賞庫，原爲支付軍士犒賞費，其後變爲賞膳、玉牒所、日曆敕令所、國史院、尙書省犒賞、中書門下密院支費之用，初歲支三十八萬緡，其後減至十萬緡。㈤豐儲庫，紹興二十六年置，別儲穀一百萬斛於行都，以備水旱，其後鎭江、建康、關外、四川皆有之。至於州縣，則又有軍資庫與公使庫之設，皆爲地方自籌之經費，許收遺利，以爲軍政費之補給焉。

當宋之興也，吳、蜀、江南、荆湖、南粤，皆號富饒，相繼降附，太祖太宗因其積蓄，守以恭儉簡易。時生齒尙寡，而養兵未甚多，任官未甚冗，佛老之徒未甚熾，外無夷狄金繒之遺，人民各安其生，不爲巧僞放侈，故上下給足，府庫羨溢。迨承平既久，戶口歲增，兵籍益廣，吏員益衆，佛老夷狄益耗蠹中國，縣官之費，數倍昔時，勢家貴族，亦稍縱侈，而上下始困於財矣。仁宗承之，給費寖廣，天聖元年，始命有司取景德一歲用度爲甚數，較天禧所支出（註四八），省其不急者。命御史中丞劉筠，提舉諸司庫務薛貽廓，與三司同議裁減冗費，大中祥符以來之齋醮宴賜及宮觀衛卒，皆爲之省削。至寶元元年，陝西用兵，調度百出，縣官之費益廣，故賦入十分之七爲養兵及宮省之費，僅以十分之三備水旱非常耳，於是議省冗費，減皇后及宗室婦郊祠所賜之半。而皇后嬪御宗室御史，各上俸錢以助軍，帝罷左藏庫月進錢一千二百緡，公卿近臣亦減郊祠所賜銀絹，皆著爲式。張方平謂：「景德以前，天下財利所入茶鹽酒稅歲課一千五百餘萬緡，未嘗聞加賦於民，而調度克集。慶曆以後，財政之入乃三倍於前朝，而惟日不足，何事功之異也？」（註四九）是時輸賦，比宋初雖增加十倍，而三司計度經費，則高至三十倍，故始終入不敷出。至和中，知諫院范鎭認爲主兵民者不作通盤大計，量入爲出，實難寬財，上疏言：「周以冢宰制國用，唐以宰相判鹽鐵度支，今中書主民，樞密院主兵，三司主財，各不相知。財已匱樞密院益兵無窮，民已困而三司取財不已，請使二府通知兵民大計，與三司同制國用。」（註五〇）蓋先重理財政策，方能解決財政之困難也。嘉祐雖號至治，歲出超額恒二千餘萬，知諫院司馬光曰：「國家用度素窘，復遭大喪，累世所藏，幾乎掃地。傳聞外州軍官庫無錢之處，或借貸民錢，以供賞給。」（註五一）治平二年，總歲入一萬一千六百一十萬八千四百，歲出一萬二千零三十四萬三千一百，而臨時費又一千一百五十二萬一千二百，與嘉祐之超額亦無以異也。

　　國家財政所以疲敝者，其最大開銷有四：一爲養兵，二爲宗俸，三爲冗官，四爲郊賚。而四者之中，冗官與郊賚，尤爲無名。自寶元用兵，北宋財政，爲劃時期一大變化。三司使王堯臣取陝西、河北、河東三路未用兵前及用兵後歲出入財用之數，會計以聞。寶元元年，未用兵前，三路出入錢帛糧草，計陝西收入一千九百七十八萬，支出二千一百五十一萬；河北收入二千零一十四萬，支出一千八百二十三萬；河東收入一千零三十八萬，支出八百五十九萬。用兵後，陝西收入三千三百九十萬，支出三千三百六十三萬，蓋兵屯特多，賦課用費，視河北河東爲尤劇也。自用兵以來，禁軍增八百六十餘指揮，四十餘萬人，中等禁軍一卒，歲給約需五十緡，一年約增二千萬緡。況廂軍不任戰而耗衣食，爲數亦不少。慶曆間，以西師軍用，調度至多，公私俱乏。元昊請臣，西兵既解，而調用無所減，卽下詔切責邊臣及轉運司，趣議罷除科率，稍徙屯兵還內地，汰其老弱，官屬羨溢，則並省之。張方平謂景祐以前，兵不及四十萬人，三司歲計，不聞有餘，今（慶曆七年）入九十萬人，則何以得足，此雖愚者，亦可見矣（註五二）。治平二年，禁軍六十六萬三千人，軍費三千三百一十五萬緡；廂軍四十九萬九千人，軍費一千四百九十七萬緡，共計爲四千八百一十二萬緡。當時歲收六千萬緡，軍費已佔六分之五矣。太宗時，宗室尚鮮，仕者寡少，宗俸與冗官，未生問題。眞宗景德祥符中，宗室員吏受祿者九千七百八十五人。仁宗天聖中，兩制兩省不及三千員，京朝官不及二千員，三班使臣不及四千員。寶元以後，宗室蕃衍，員吏歲增，受祿多至一萬五千四百四十三人，祿廩俸賜，從而益多。慶曆中，兩制兩省至五千員，京朝官二千七百餘員，流內銓選人僅萬計（註五三）。冗官之數尤爲繁濫。張方平曾慨乎言之，謂：「卽以景祐年未有邊事之時較之，卽可知其浮且濫矣。臣曾勾當三班院，約計在院使臣，景祐中四千餘員，今（慶曆七年）六千五百餘員。臣勘會學士院兩省已上官具員，景祐中四十餘員，今六十餘員。臣任御史中丞將本臺班簿點算，景祐中，京朝不及二千員，今二千八百員。臣判流內銓，取責在銓選人，畢竟不知數目，大約三員守闕，累計萬餘人。十年之間，所增官員之數如此，若更五七年後，其將奈何？」（註五四）皇祐元年，達一萬七千三百餘員，其未受差遣京官使臣及守選人，不在數內。治平時，連幕職州縣官三千三百餘員，總計爲二萬四千員，比皇祐仍增十分之三。有定官無定員，員吏之冗，用費自增矣。宋制，每三歲一親郊，郊則有恩蔭，又有賞賚，大半以金銀綾絹絁紬平其値給之。自眞宗朝起，薦辟之廣，恩蔭之濫，雜流之猥，祠祿之多，日增月益，遂至不可紀極。且封泰山，祀汾陰，禮亳社，又大興土木，累世之積，糜耗盡矣。故景德郊祀至七百餘萬緡，東封又八百餘萬緡，祀汾上又一百二十萬緡。皇祐郊祀一千二百萬緡，治平爲一千三百萬緡，皆爲增倍之數。神宗以國用不足，留意理財，命大臣注意節用，看詳裁減。禁中供奉，亦思有以節省。王安石欲增加吏祿，以止貪汚，帝亦緩其議。

元祐時，西夏不賓，水旱繼作，宗室員吏之蕃，一倍皇祐，四倍景德，班行選人吏胥之衆，率皆增廣。國家用度，大率較前爲多，是以收支不能平衡。蘇轍元祐會計錄指出：「今者一歲之入，金以兩計者四千三百，而其出之不盡者二千七百。銀以兩計者五萬七千，而其出之多者六萬。錢以千計者四千八百四十八萬（除末鹽後得此數），而其出之多者一百八十二萬。紬絹以疋計者一百五十一萬，而其出之多者十七萬。穀以石計者，二千四百四十五萬，而其出之不盡者七十四萬。草以束計者七百九十九萬，而其出之多者八百一十一萬。然則一歲之入，不足以供一歲之出矣。」(註五五)考其弊，由於宗俸與冗官太多之故(註五六)。時議裁損吏祿，冗濫者率多革去，然三省吏猶有受三俸而不改者。紹聖元符，一反元祐之政，下至六曹吏，詔皆給現錢，月俸三十六萬緡，如元豐之制。自元祐以來，熙豐餘積，用之幾盡，內外財用，月計歲會，入不敷出。徽宗卽位之初，思節冗費，中都吏重複增給及泛濫官額，並詔裁損。及蔡京爲相，增修財利之政，又復放肆。元豐改官制，在京官司供給之數，皆併爲職錢，故賦祿視嘉祐治平爲優，京更增給食料等錢，於是宰執皆增。崇寧五年，京旣罷相，帝惡其變亂法度，將盡更革，命戶部侍郎許幾裁損浮費及百官濫祿，悉循元豐之舊。大觀元年，京復得政，幾坐奪職。時天下久平，吏員冗濫，節度使至八十餘員，留後觀察下及遙郡刺史多至數千員，學士待制中外一百五十員。京又專用豐亨、豫大之說，務以侈靡惑人主，以前朝惜財省費，必以爲陋。始廣茶利，歲以一百萬緡進御，以京城所主之，於是費用寖廣。其後又有應奉司、御前生活所、營繕所、蘇杭造作局、御前人船所，巧立名目，以奇侈爲功。歲運花石綱，一石之費，至用三十萬緡。時用度日繁，左藏庫月費，由三十六萬衍爲一百二十萬緡。全國破耗，以土木爲首，其次人臣賜第、田產、房廊、賜帶等。又三省密院，吏員猥雜，有官至中大夫，一身而兼十餘俸者，濫冒已極。以史院言之，供檢吏三省幾千人。蔡京又動以筆帖於榷貨務，支賞給，有一紙至萬緡者。京所侵私，以千萬計，朝論益喧，乃詔三省樞密院吏額用元豐法，其歲賜悉裁之，時翕然以爲快。三年，時收入減少，例如戶部一歲之入，僅敷三季，餘仰朝廷應付，乃詔鐫減財賦。御史中丞張克公抗言，主張官冗者汰，俸厚者減，謂今官較之元祐，已多十倍，乞將節度使下至遙郡刺史除軍功轉授者各減俸半，然後閑慢局務，工伎末作，亦宜減省，自貴及賤，自近及遠。時論韙之。宣和以後，王黼專主應奉，掊剋橫賦，以羨爲功，所入雖多，國用日匱，崇侈無度，官祿月支一百二十萬緡。六年，尙書左丞宇文粹中言：「近歲南伐蠻獠，北贍幽燕，關陝綿茂，邊事日起。山東河北寇盜竊發，賦斂歲入有限，支梧繁夥，一切取足於民。陝西上戶多棄產而居京師。河東富人，多棄產而入川蜀。河北衣被天下，而蠶織皆廢。山東頻遭大水，而耕稼失時。他路取辦，目前不務存恤，穀麥未登，已先表糴(註五七)；歲賦已納，復理欠負。託應奉而買珍異奇寶。民積欠者一路至數十萬計。假上供而織文繡錦綺役工女者一郡至百餘人。陛下勤恤民隱，詔令數下，悉爲虛文。民不聊生，不惟寇盜繁滋，竊恐災異數起。」後乃置講議財利司，於是不急之務，無名之費，悉議裁省。帝亦自罷諸路應奉官吏，省六尙歲貢。七年，又罷製造局所、道官、教樂所、教坊額外人、行幸局、採石所、待詔額外人。是時天下財用，歲入有御前錢物，朝廷錢物，戶部錢物，其措置裒斂，取索支用，各不相知。全國財賦，多爲禁中私財，上溢下漏，而民重困。其後竭力裁減，凡熙豐無法該載者罷之。靖康元年，局勢危殆，凡當時苛刻煩細一切不便於民者皆罷(註五八)，但民已不堪命矣。

建炎南渡，權宜創置，增賦凡四千三百餘萬，而供億於三衙，與科截於四總所者，無慮三千六十餘萬，其耗於養兵者幾十之七八(註五九)。紹興初，財政枯窘，賦斂百出，所謂民窮財匱之時，故僞齊羅誘上南征議，陳六擊之便，第六點，以其民窮財匱而可擊。當時以和買、和糴、度牒、加稅、科率、借貸以支持財政，巧作名目，多方剝削。然兩廣四川，亦供應資源，故僞齊侍御史盧載揚又上議，結南夷擾川廣之策，以圖斷絕宋之財源也。國家財力，竭於養兵，又莫甚於江上之軍，例如柘皋之役前，單就建康屯兵，歲費錢八百萬緡，米八十萬斛，榷貨務所入不足以供支。沿江屯兵，紹興十二年，爲二十一萬四千五百人；二十三年，二十五萬四千五百人；三十年，三十一萬八千人。鄂州、荊南、池江、建康四戰區，每歲軍糧一百二十四萬石，消耗不可謂不大。如以宿衞及各地之屯軍計，全數無慮七八十萬，供應更爲龐大。川陝方面，軍費亦鉅，四川歲收錢物共三千零六十餘萬緡，支出四千零六十餘萬緡，吳玠一軍之費，已佔二千三百七十萬緡。而軍費之大，又在冗官。廖剛疏言：「劉晏以一千二百萬貫供中原之兵而有餘，今以三千六百萬貫，供川陝一軍而不足。川陝兵數六萬八千四百四十九人，內官員萬一千七員，兵士所給錢，比官員不及十分之一，則冗員在官不在兵。」(註六〇)每欲省賦，朝廷以爲可，則版曹不可；版曹可則總領不可；總領可則都統司不可。以謂之御前軍馬，雖朝廷不得知；謂之大軍錢糧，雖版曹不得預。故軍費之支付，因職掌混雜，事權不一，雖欲裁減以寬民而不可得也(註六一)。爲統一財用，乾道三年，置三省戶房國用司，由宰相兼領制國用使，參知政事同知國用事，國用司每月上宮禁及百司官吏三衙將士請給之數。開禧三年，四川養兵之費，歲亦五千萬緡。南宋疆域，較之北宋時僅及其半，而其國用，乃超出北宋之最高額。況四川一隅之地，負擔如此龐大之軍費，其課取於民者亦倍增，故吳獵請蠲賦役以幸蜀民奏：「建炎時，鹽課八十萬緡，後改行引法，遞增至四百萬。今雖數數寬減，尚存三百餘萬緡。酒課爲一百四十萬緡，後改場店法，遞增至六百九十餘萬緡。今寬減之餘，尚存四百餘萬。產茶之郡，建炎改收引緡，至紹興而倍取，今爲緡二百餘萬矣。布估不過六州，自薛田創於天聖，每尺給以本錢三百，至建炎不給本錢，而匹二千，今爲緡一百三十七萬矣。以至二百餘萬緡畸零之錢與三十萬緡激賞之絹，當時固曰軍興暫科，事已即罷，其後取之自如，展轉滋甚。異時養兵費二千萬緡，今又倍增至五千萬矣，不知何以爲繼？」(註六二)可見軍費激增之重且急也。至於官冗之患，乾道中，京朝官已三四千員，選人亦七八千員。紹熙二年，京朝官四千一百五十九員，合四選，凡三萬三千零一十六員。慶元二年，京朝官如紹熙之數，但合四選凡四萬二千有奇，蓋五年之間，所增九千餘員。至嘉泰元年，合四選共三萬七千八百餘員，五年之間，減四千餘員(註六三)。由於官冗，故濫費亦較北宋為甚，俸給每月由一百二十萬至一百五十萬緡之間。

第四節 賦稅

張方平曰：「本朝經國之制，縣鄉版籍分戶五等，以兩稅輸穀帛，以丁口供力役，此所謂取於田者也。金銀銅鐵鉛錫茶鹽香礬諸貨物，則山海坑冶場監出焉，此所謂取於山澤者也。諸筦榷征算斥賣百貨之利，此所謂取於關市者也。」(註六四)宋史類分歲賦，其別有五：田之在賦民耕而收其租者曰公田之賦。取於百姓民出者曰民田之賦。徵宅稅地稅之類曰城郭之賦。百姓歲輸身丁錢米曰丁口之賦。牛革蠶鹽之類，隨其所出，變而輸之曰雜變之賦。歲賦之物，其類亦有四：曰穀（七種），曰帛（十種），曰金鐵（四種），曰物產（六種）是也(註六五)。要言之，賦稅之來源，為田畝之征，山澤之征、與關市之征。茲分述如下：

一、**田畝之征**　耕地既分為官田與民田兩種，則課於官田者為官租（或租），而取於民田則為賦稅（或稅）。官田之租率，每畝約在一斗上下，「紹興三年十月，募佃江東閑田，三等定租，上田畝輸米一斗五升，中田一斗，下田七升。」(註六六)「奉新縣舊有營田，募民耕之，畝賦米斗五升，錢六十。(註六七)「時關外營田，凡萬二千頃，畝僅輸七升。」(註六八)然賦稅之課率，視民田肥瘠，輕重不等，熙寧以前，未見有明確之規定。元豐中，唐鄧襄汝等州所墾新田，差爲五等輸稅，未幾亦罷。宋制二稅，前期令縣各造稅籍，夏稅籍由正月一日起，秋稅籍由四月一日起，並限四十五日造畢。二稅徵收起畢之日，各地不同，夏稅最遲者可至八月初，秋稅最遲者可至翌年正月，故較唐代爲特寬。州縣賦入有籍，歲一置，謂之空行簿，以待歲中催科；閏年別置，謂之實行簿，以藏有司，備鉤考。宋初克平諸國，每以恤民爲先務，累朝相承，凡無名苛細之斂，常加剗革，尺縑斗粟，未聞有所增益。其後更有支移折變之法。一遇水旱，減免租稅，或免積欠(註六九)。徭役則蠲除，倚格殆無虛歲；倚格者後或凶歉，亦輒蠲之。而又田制不立，甽畝轉易，丁口隱漏，兼併冒僞，未嘗考按，故賦入之利，視前代爲薄。丁謂嘗言二十而稅一者有之，三十而稅一者有之(註七〇)。然支移者，移此輸彼，移近輸遠，支移之法弊，遂有增收脚價之費。折變者，其入有常之物，而一時所輸則變而取之，使其值輕重相當，折變之法弊，斗斛價值不均，遂啓姦吏之浮收，常賦之外，多收加耗，肆行需索(註七一)。淳祐間，二稅且有預借，民力日殫，而逃徙者衆矣。

宋初田賦之根本疵累，實由於未肯澈底整理，冊籍無憑，賦收不均。宋之君臣，幾視整理田土爲擾民致亂之事，全國冊籍，每廢而不舉，均田之稅，且朝令夕改。其量田均稅，使賦額可考者，其法有三：甲、方田。眞宗時，已有量田之事。慶曆二年，歐陽修爲滑州通判，有秘書丞孫琳與崇儀副使郭諮，創千步方田法，卽千步開方法。修論方田均稅劄子，奏請商量試用，後以其擾民而罷之。熙寧五年，王安石之均田令，即基於此，重修定方田均稅法，以一方爲單位，東西南北各千步，相當於四十一頃六十六畝一百六十步爲一方。每歲九月，縣委令佐分地計量，隨陂原平澤而定其地，因赤淤黑壚而辨其色。方量畢，以地及色參定肥瘠而分五等，以定稅則。至明年三月，畢揭以示民，一季無訟，即書戶帖，並莊帳付之，以爲地符。凡方田之角，立土爲峯，植樹以封表之。有方帳、有莊帳、有甲帖、有戶帖，其分炊析產，典賣割移，設方帳莊帳以整理之，必要時由都度官給契，縣置簿，皆以今所方之田爲正(註七二)。所謂均稅法，乃依上述土地之等級，均定各等稅額之意。方田之制頗便於民，行之有效，但以手續之濡滯，姦吏之舞弊，終至擾民，其法亦難盡行，故時罷時復。至徽宗大觀五年復行之，官吏妄增田稅，至並無生產之山而方之，極爲民所詬病。乙、首實。其與方田同時並行者，更有首實法，或曰手實，或曰自占，其實一也。此法始於仁宗時之周湛。湛爲江南西路轉運使，許民自言。蘇頌知江寧日，亦許民自占，因得徭賦。及至呂惠卿，其法益進步。惠卿用其弟和卿計，制五等丁產簿，使民自供首實，尺椽寸土，檢括無遺，於是由土地陳報，進而至資產陳報，因煩擾而不易行，詔罷其法。首實之行期，似較方田爲短，行效亦較方田爲少。丙、經界。南渡俶擾，賦制難行。建炎三年，詔民復業者，視墾田之多寡，定租額賦役(註七三)。兵火之後，戶籍零亂，左司員外郎李椿年遂創經界法。紹興十二年，椿年上書，言經界不正十害(註七四)，請考按覈實，自平江起，然後施之全國，因上經界法。以椿年爲兩浙路轉運副使，措置經界。民以所有田，各置坫基簿，圖田之形狀，及其畝目四至，土地所宜，永爲憑照。即田不入簿者，雖有契據可執，並拘入官。諸縣各爲坫基簿三份：一份留縣，一份送漕司，一份送州。凡漕臣及守令相承，悉以相付。此即清丈之法，官吏奉行不力者處罰。十四年，詔頒其法於全國，椿年權戶部侍郎，主其事。十五年，椿年以母憂去，以兩浙轉運副使王鈇代之。鈇請令民十家爲甲自陳，即陳報之法。十六年，王鈇以疾去。十七年，復以李椿年措置經界。但經界法推行，民病其煩，施行只歷八年，至二十年而罷。當時仍有以陳報之手續，反對椿年之行清丈者。然經界之功，頗有足稱，蓋圖籍保存，則其田稅，猶可稽考，貧富得實，訴訟不繁，而田稅均齊，田里安靜，公私之間，兩得其利，誠一勞永逸之舉。朱熹知漳州，奏言經界爲民間莫大之利，請行經界法，謂：「此法之行，其利在官府細民，而豪家大姓，滑吏姦民，皆所不便。」(註七五)婺州亦行之有效，有結甲冊，戶產簿，丁口簿，魚鱗圖，類姓簿。其爲法也，均平詳審，爲貧民下戶之所深喜。景定五年九月，賈似道仿其說以創經界推排法，以縣統都，以都統保，選任財富公平者，訂田畝稅色，載之圖冊，使民有定產，產有定稅，稅有定籍而已。如田畝未實，則令鄉局釐正之；圖冊未備，則令縣局程督之。江南湖南各郡奉行唯謹，土地尺寸皆有稅，民力益困矣。

二、山澤之征　山澤之征者爲鑛物及茶鹽礬香之稅，玆分述如下：

甲、鑛物稅　主要鑛物爲金、銀、銅、鐵、鉛、錫、水銀、朱砂。此等鑛物，置有監、冶、場、務，皆設有監官，約計有七監，十二冶，二十四務，一百六十三場，而場務有時亦混稱也。宋初，鑛產資源；產金者商、饒、歙、撫四州及南安軍。產銀者鳳、建、桂陽三州有三監，饒、信、虔、越、衢、處、道、福、汀、漳、南劍、韶、廣、英、連、恩、春十七州，建昌、邵武、南安三軍共有五十一場，秦、隴、興元三州有三務。產銅者，饒、處、建、英、信、汀、漳、南劍八州，南安、邵武二軍，共有三十五場，梓州有一務。產鐵者，徐、兗、相三州有四監，河南、鳳翔、同、虢、儀、蘄、黃、袁、英九州興國軍，共有十二冶，晉、磁、鳳、澧、道、渠、合、梅、陜、耀、坊、虔、汀、吉十四州有二十務，信、鄂、連、建、南劍五州邵武軍有二十五場。產鉛者，越、建、連、英、春、韶、衢、汀、漳、南劍十州，南安邵武二軍，有三十六場務。產錫者，河南、南康、虔、道、賀、潮、循七州南安軍有九場。產水銀者，秦、階、商、鳳四州有四場。產朱砂者，商、宜二州富順監有三場。治平中，鑛冶總數爲二百七十一，計金鑛，登、萊、商、饒、汀、南恩六州，冶十一；銀鑛，登、虢、秦、鳳、商、隴、越、衢、饒、信、虔、郴、衡、漳、汀、泉、建、福、南劍、英、韶、連、春二十三州，南安、建昌、邵武三軍，桂陽監，冶八十四；銅鑛，饒、信、虔、建、漳、汀、南劍、泉、韶、英、梓十一州及邵武軍，冶四十六；鐵鑛，登、萊、徐、兗、鳳翔、陜、儀、邢、虢、磁、虔、吉、袁、信、澧、汀、泉、建、南劍、英、韶、渠、合、資二十四州，興國邵武二軍，冶七十七；鉛鑛，越、衢、信、汀、南劍、英、韶、春、連九州及邵武軍，冶三十；錫鑛，商、虢、虔、道、賀、潮、循七州，冶十六；而水銀朱砂之州冶，與至道天禧之時則一，皆置吏主之。江寧溧水縣亦產朱砂。熙寧七年，邕州右江並發現有金。元豐七年，鑛冶凡一百三十六所，領於虞部(註七六)。宋室南渡，鑛政每興廢無常，紹興三十二年，有鑛場一千三百五十八處，至乾道二年，廢五百八十一處，因是歲入多寡亦不同。鑛冶之著名者，鐵鑛爲在彭城東北之利國監，地產精鐵，凡三十六冶，爲鐵官商賈之所聚，冶戶皆大家，藏資巨萬。磁州鍛坊，爲煉鋼之場，冶鐵工業，已知用煤作燃料。北宋鐵之生產，比唐代有飛躍之增加，而煤之使用亦增。南宋時，大冶產鐵始盛。洛南縣紅崖山、虢州靑水產靑銅，儀州竹尖嶺產黃銅，而韶州之銅鑛，產量最豐，供應嶺北諸郡。金鑛，在登萊二州。皇祐中，萊州產金最發達，歲產四千兩，邕州七百兩次之。湖北產金地域，有辰沅靖溪峒峽州夷陵宜都縣，而陝西亦有金，政和三年產一千六百兩。六年，荊南府枝江、江陵等縣亦有之。萬永州歲產二千四百餘兩，房州竹山有金谿，產金甚多，命官置場，公私俱利。銀鑛在定州，桂陽軍產量亦豐，歲貢二萬九千餘兩，而平陽縣佔產額三分之二。五鑛產量，戶工部尙書省皆有籍鉤考，倣後周以來之制，各場定歲額，課納現物。茲將各年代鑛物之課納量，列表如下：

年代	金	銀	銅	鐵	鉛	錫	水銀	朱砂
至道末年		一四五,〇〇〇	四,一一〇,〇〇〇	五,七四八,〇〇〇	七九三,〇〇〇	二六九,〇〇〇		
天禧末年	一〇,〇〇〇	八八三,〇〇〇	二,六七五,〇〇〇	六,二九三,〇〇〇	四四七,〇〇〇	一九一,〇〇〇	二,〇〇〇	五,〇〇〇
皇祐年間	一五,〇九五	二一九,八二九	五,一〇〇,八三四	七,二四一,〇〇一	九八,一五一	三三〇,六九五	二,二〇一	
治平年間	五,四三九	三一五,二一三	六,九七〇,八三四	八,二四一,〇〇〇	二,〇九八,〇〇〇	一,三三〇,〇〇〇	二,二〇一	二,八〇〇
元豐年間	一〇,七一〇	二一五,三八五	一四,六〇五,九六九	五,五〇一,〇九七	九,一九七,三三五	二,三二一,八九八	三,三五六	三,六四六

紹興三十二年			七,〇五七,二六〇	二,一六二,一四〇	三,二二三,六二〇	七六一,二〇〇	
乾道二年			二六三,一六〇	八八〇,三〇〇	一九一,二四〇	二〇,四五〇	

（金銀以兩計，銅鐵鉛錫水銀朱砂以斤計）（註七七）

開寶三年，詔減從來課銀三分之一，禁民之鑄造佛像及無用之物，又禁輸出銅鐵於番界及化外之地。鑛冶時採時止，鑛課亦增減不一。崇寧以後，注意開採鑛山，以增加官收，榷賦之法亦密。其管理，宋初，各路有阬冶官，隸阬冶司，其後併入轉運司，隸金部，嗣又變更為提舉司，鑛山分為官營與民營兩種，紹興七年，金銀鑛召人承辦，百分之二十歸官，百分之八十歸鑛戶。然以屬吏貪殘，積成蠹弊，諸處檢踏官吏，大為民殃，遂至坑源廢絕，鑛條湮閉，間有成本開採，而譁徒詘脅，甚至抵罪含冤（註七八），此鑛冶所以失陷也。

煤炭稱為石炭，河北、山東、陝西方面，皆有出產。石油已有發現，鄜延境內有之，漢書地理志謂高奴縣有洧水，即此也。生於水際，沙石與泉水相雜，惘惘而出，土人以雉尾裛之，乃採入缶中，頗似淳漆，燃之如麻，但煙甚濃，所霑幄幕皆黑。惜是時未知提煉之法，作燃料應用，故不作有計劃之生產。西北邊城多貯之，稱為猛火油，用以作戰。葉夢得謂此物後必大行於世，蓋有先見也。（註七九）煤氣亦在韶州境發現，但不識其物，只稱之為冷煙氣（註八〇）。

乙、茶稅　茶之生產，多作為副業，甚為旺盛。司茶政之官署，謂之榷貨務。主管官謂之提舉，初置於江陵府、眞州、海州、漢陽軍、無爲軍及蘄口六處。淮南之蘄、黃、廬、舒、光、壽六州，於茶之生產地，置山場官吏，總括州內之製茶者，其數十有三。採茶業者皆隸焉，謂之園戶。園戶製茶，課令納一定量之茶，其餘悉收買於官。其售於官者，官先給錢，後令納茶，謂之本錢。又園戶每年另課稅金，若欲以茶納稅者，謂之折稅。江南於十州五軍，兩浙於十州，荊湖於七州一軍，福建於二州，從事公賣，皆有本場。歲課租及折稅之現物，其定額合計如下：江南一千零二十七萬餘斤，兩浙一百二十七萬九千餘斤，荊湖二百四十七萬餘斤，福建三十九萬三千餘斤，共計爲一千六百一十四萬二千斤(註八一)。買臘茶(註八二)，每斤自二十錢至一百九十錢，有十六等。片茶(註八三)，大片自六十五錢至二百零五錢，有五十五等。散茶，自十六錢至三十八錢五分，有五十九等。鬻臘茶，每斤自四十七錢至四百二十錢，有十二等。片茶，自十七錢至九百一十七錢，有六十五等。散茶，自十五錢至一百二十一錢，有一百零九等。全國之茶，悉收買於官，而公賣之於民間，係專賣制度，且課稅於製造者。雖云專賣，而官只躉售收買之茶，小賣則令商人爲之。淳化二年，令商賈就園戶買茶，輦茶入官，隨商人所指而與之，給券爲驗，以防私售，始行貼射法(註八四)。川、陝、廣三地，許人民自由貿易，但不得出境。四年，初行交引，罷貼射法。京師商人欲行茶之交易，先於京師之榷貨務，納金錢或帛類，乃予以相當之交付貨物證券，謂之交引，指定買茶之地方，令就該地之榷貨務，從事交易；出境時，又給券以爲證明。東南地方，得納錢或金帛於當場之榷貨務，而受交引。官收買茶時，其價輕；出則重估，博利甚多。至道末，鬻錢二百八十五萬二千九百餘貫。咸平元年，茶利錢以一百三十九萬二千一百一十九貫三百一十九文爲額，至嘉祐三年，沿用此額凡六十一年。然因交引停積，商旅所得茶，指期於數年之外，京師交引愈賤。景德二年，改用新法。其於京師入金銀綿帛實値錢五十千者，給百貫實茶；若須海州茶者，入現錢五十五千。河北緣邊入金帛芻粟如京師之制，而茶增十千；次邊增五千；河東陝西緣邊次邊亦然，增減有差。是年得錢四百一十萬貫。三年，二百八十萬貫。大中祥符五年，歲課二百餘萬貫。六年，至三百萬貫。七年，又增九十萬貫。八年，僅一百六十萬貫。然交引行用，弊端迭出，如至場務時踰特給之程限者，每十分復令別輸二分現緡，謂之貼納，商人惑之，顧望不進，而茶多不精給，行商利薄，陝西交引愈賤，價値降貶。咸平五年，三司使王嗣宗始立三說法，以十分茶價，四分給香藥，三分犀象，三分茶引。六年，又改支六分香藥犀象，四分茶引。自建興以來，西北兵費不足，募商人入芻粟塞下，酌地之遠近，而定其值，給虛估券，至京以茶償之。然緣邊入納芻粟，其價折爲三分：一分支現錢，一分折犀象雜貨，一分折茶。爾後又有並折鹽爲四說法(註八五)，更改不一。而茶價之償給，亦同三說法。但以虛估入中(註八六)之券，可射厚利，商人競趨之，入錢者寡，京師闕緡錢。然虛估之券，乃屬浮價，爲南商所折，茶券遂貶値，雖有貼買之法，亦無以平其值，茶券遂難售，北商無利，入中者寡，公私大弊，茶法亦大壞。天聖元年，復行貼射法，行之三年，茶利盡歸大商，官場但得黃晚惡茶，乃罷之。但自貼射法廢，而河北入中虛估之弊，景祐三年，罷榷茶，復行現錢法(註八七)，以實錢償芻粟，實錢售茶，皆如天聖元年制。慶曆七年，詔四說之法行於緣邊諸州，其後三說四說之法，並行於河北。榷茶施行，犯法者衆，歲課日削，所獲甚微，而煩擾爲患，園戶輸納，侵害日甚，小民趨利，犯法益繁。嘉祐四年，又罷榷茶，葉清臣主張通商收稅，何鬲、王嘉麟皆上書，請罷給茶本錢，任園戶貿易，而官收租錢，與所在征算，歸榷貨務。富弼韓琦曾公亮贊同其策，茶不爲民害者六七十年（註八八）。歐陽修謂茶之新法既行，而民無私販之罪，歲省刑人甚多，此一利也。然其爲害有五焉（註八九）。至治平中，歲入園戶租錢三十二萬九千八百五十五緡，茶稅錢四十九萬八千六百緡。東南雖行自由販賣制，然於蜀，熙寧七年則依李杞之策，罷茶園兩稅制度，設官場於諸州，茶園不殖五穀，惟宜種茶，賦稅一例折輸，歲增息爲四十萬，而重禁榷之令，悉爲專賣。八年，福建茶仍舊行榷法。杞以疾去，蒲宗閔同領其事，乃議川峽路民茶，取息十分之三，蜀民苦之。十年，知彭州呂陶反對此法，因奏劾劉佐、李杞、蒲宗閔，乃以李稷代領之。自是年冬推行茶法，至元豐元年秋，一歲之間，通課利及舊界息稅七十六萬七千零六十餘緡。元豐中，汴河隄岸置水磨，以磨末茶，嚴禁茶戶私磨及雜入米豆雜物。五年，李稷死，以陸師閔代之；稷治茶五年，獲淨息四百二十八萬餘緡，而蜀道茶場計有四十一處。元祐元年，陸師閔罷，並罷成都榷茶場。紹聖元年，復以陸師閔都大提舉成都等路茶事，而陝西復行禁榷。水磨末茶歲收二十六萬餘緡，水磨並擴置於京西河北等州。崇寧元年，蔡京以收益爲目的，革茶法，罷通商，復舊制禁榷，於是茶再行專賣。二年，榷江淮七路（荊湖、江淮、兩浙、福建）茶，置茶事官，茶商請領長短引，自買於園戶，長引輸錢百緡，許往他路，限一年；短引輸錢二十緡，止行於本路，限半歲繳納（短引以地遠近，程以三等之期）。大觀三年，計七路一歲之息一百二十五萬一千九百餘緡，自是歲以百萬緡輸京師。重和元年，新定期限爲二年、半年。茶既專賣禁榷，取締私藏私販，凡私賣官茶，盜官茶販鬻，均有懲處，甚至處死。然而刑罰雖酷，民泯不畏死，茶賊橫行，儒生亦不免焉(註九〇)。建炎初，眞州印鈔給賣東南茶鹽，是時茶之產於東南者計十路六十六州二百四十二縣。二年，榷貨務都茶場始置於揚州。三年，置於行在及江陵，罷合同場十八處，惟洪州、江州、興國軍、潭州、建州，各置合同場，監官一員，罷食茶小引（每引五貫錢，許販茶六十斤），捕私茶法與捕私鹽同。四川方面，趙開大更榷茶買馬法，倣蔡京都茶場法，印給茶引，使商人卽園戶市茶百斤爲一大引，除其十勿算，置合同場以譏其出入，重私商之禁，爲茶市以通交易，每斤引錢春七十，夏五十，市利頭子錢不預焉。所過征一錢，所止一錢五分，引與茶隨，違者抵罪，自後引息錢至一百五十萬緡。蜀取締私茶甚嚴，稍重則至徒刑。園戶受榷茶之害，有逃免者，有投水以免者，欲伐茶則有禁，欲增植則加市，故其俗論謂地非生茶也，實生禍也(註九一)。紹興三年，置榷茶務於鎭江及吉州（五年省）。二十七年令，凡商販淮南長引茶，令秤發官司先問客人所指住賣州縣，經由場務及合過官渡，並背批日月姓名，卽時放行，如無批引，與私販同罪，蓋是時私販茶入虜，其利甚博，故淮河私渡，譏禁甚嚴也。東南十路六十州歲產茶一千五百九十餘萬斤，收鈔錢二百七十餘萬緡。然最病民之政，則爲各路有茶額。人口耗減之州縣，例行配額，如荆門軍，家有一丁則歲受茶三斤。其丁多以及老小者以次增減。至有一家買十三斤者，客人就官入納，每茶一斤爲錢一百八十文，而令民戶每斤還五百三十文，與鬻鹽之強迫人民承銷相似。茶商因運銷關係，擁有武裝，嘗用以助官軍作戰。私販亦然，乾道間，茶寇極猖獗，自荊湘剽江西，薄嶺南，其鋒甚銳。淳熙二年五月，命鄂州都統李川調兵捕剿。六月，茶寇自湖南犯廣東，九月，始平之。是時，茶歲收達四百二十萬。宋初以蜀茶買蕃夷之馬，熙寧間，即熙秦戎黎等州置場八處買馬，諸蕃皆以互市為利，故川茶通於永興四路，成都府秦州皆有榷茶司。紹興二十四年，復易馬場。乾道初，川秦八場，馬額九千餘匹。淳熙以後，為額一萬二千九百九十四匹(註九二)。買馬起運，則有馬綱，乾道元年，茶馬司及宣撫司所買馬，每歲計一萬零八百餘匹，約計二百一十六綱(茶馬司佔一百六十綱)，由四川運歸。但夔州與歸州間二百四十里，則從水道，每綱三船，每月三十綱，計用船三十艘，謂之馬舡。歸州以下，水陸並用，循環起運，沿江州縣，官民疲於治廐造船之役，故馬綱亦極為擾民之事。

丙、鹽稅　唐代榷鹽，全國僅得四十萬緡，至大曆始增至六百餘萬緡。宋代鹽利，實逾唐代多倍。其鹽法隨年代而屢有改正，無一定之制，率由官公賣於商，而令推銷於州縣。以鹽利為國庫收入之大宗，遂實施專賣制，禁私販極嚴，凡私販三十斤，煮鹻至十斤者處死。太平興國三年，刑罰稍寬，代之以黥面，徙闕下。景德會計錄：收鹽稅課三百五十五萬餘貫。慶曆五年，收七百一十五萬餘貫，紹興末，則收二千一百萬餘緡。鹽之種類，依製法可別為二：產自鹽池者稱顆鹽，即由鹽池水化，不藉煮煉而成；出於海或井，並煮鹻而成者，其鹽皆散末，稱為末鹽，亦稱散鹽。顆鹽實施專賣制，末鹽則採取收賣法。

(一)顆鹽　顆鹽出解州之安邑解縣兩池，天聖以來，兩池畦戶共三百八十戶，每戶歲出夫二人，每人日給米二升，歲給戶錢四萬爲鹽，悉蠲其他役。每歲自二月一日墾畦，四月始種（引池水沃之），曝以烈日，鼓以南風，水結成鹽，八月乃罷。安邑鹽池，一戶每年製鹽千席（每席一百一十六斤半），解縣鹽池減二十席。至道二年，兩池年產額合計爲三十七萬三千五百四十五席。三年，鬻錢七十二萬八千餘貫。大中祥符九年四月，陝西轉運使張象中言：兩池現貯鹽計值二千一百七十六萬一千八十貫。天聖以後，歲產一百五十二萬六千四百二十九石，每石五十斤，以席計爲六十五萬五千一百二十席。顆鹽供給於本州及三京暨京西之滑、鄭、陳、潁、汝、許、孟州，京東之濟、兗、曹、濮、單、渾州、廣濟軍，陝西之河中府、陝、虢州、慶成軍，河東之晉、絳、慈、隰州、淮南之宿、亳州，河北之懷州及澶州諸縣（一部份在河南）。官賣價格，每斤（五斤爲一斗）自三十四錢至四十四錢，分三等。官於賣買之間得其利，別無課稅，乃一種專賣制也。但官運制度，由於運送方法之遲滯，又各有經界，不得侵越，供應不順利，而人民復困於運鹽之役使。天聖八年，復解鹽通商法，詔罷三京及二十八州軍榷法，聽商人入錢或金銀於京師榷貨務，受鹽於兩池而售之，即委託專賣於民間者，而民便之。改制結果，一年間得增收十五萬緡，然其後收入復減少。至康定元年，於京師南京及京東州軍，淮南宿、亳州，皆復舊制，禁商販，但不久弛榷法，鹽政日壞，官收亦激減。自西師興，用度不足，慶曆二年，京師復舊榷法，其他各地，亦實行禁榷法，民間反對甚烈，州郡騷然。時西夏之青鹽，質優而價賤，沿邊多盜販，奪解池之利，故常措置關防，嚴禁其越界。八年，用太常博士范祥之策，改革制度，始爲鈔法，令商人就邊郡入錢四貫八百，售一鈔，至解池請鹽二百斤，任其私賣，得錢以實塞下，是爲鹽鈔，蓋舊禁鹽地，悉令通商也。此法收入良好，兵民亦免輦運之苦，而黠商貪賈無所僥倖，是爲票鹽之始。行之數年，公私稱便。范祥初言歲入緡錢可得二百三十萬，皇祐初，年收入緡錢二百二十萬；四年，二百一十五萬。以四年之數，比慶曆六年增六十八萬，比七年之數增二十萬。又舊之歲出，慶曆二年榷貨務緡錢六百四十七萬，六年，四百八十萬，至是榷貨務緡錢不復出。至五年，猶及一百七十八萬。至和元年，一百六十九萬。至治平二年，仍得歲入一百六十七萬。每因各地鹽生產過剩，令中止製鹽一年或二三年，以調節需給。范祥死後，官每濫發鹽鈔，弊端滋生，故官民交受其害，或令通商，或又榷鹽，變更靡常，均不得其當。及至熙寧，採取官賣政策，然不久又行通商政策，其間曾屢言復范祥之法。不久，蔡京復用鈔法，請鈔於京師，商賈運於四方，有長引短引，限以時日，各適所適之地，遠近以爲差，但鹽法屢變。鹽法既變，鹽鈔因濫發與新舊兩劵之兌換，發生糾紛。舊鈔每弗用，故商賈折損甚大。當時又有授人以鹽而徵收其錢謂之蠶鹽，乃擴張銷售之一種政策，行之於京東諸路；免鹽之榷而均諸稅，謂之兩稅鹽錢，行之於河北，皆五代之遺法。及其弊也，不給鹽而徵錢如故，稅已納而禁榷再行，此亦病民之秕政也。河北之榷(註九三)，以張方平一言，仁宗聽而罷之，獨蠶鹽錢之輸，至和中，僅免其十分之三耳。

(二) 末鹽　末鹽以煮煉海水而成，故其產地，亦爲臨海之地，計有京東、河北、兩浙、淮南、福建、廣東凡六路，而運銷於河北、京東、淮南、兩浙、江南東西、荊湖南北、福建、廣南東西十一路食之。其鬻鹽之地曰亭場，民曰亭戶，或謂之灶戶，戶有鹽丁。歲課入官，受錢或折租賦，皆無常數。鹽價每斤由八錢至四十七錢，凡二十一等。元符初，楚州鹽城監，歲煮四十一萬七千餘石；通州利豐監，四十八萬九千餘石；泰州海陵監如皐倉小海場，六十五萬六千餘石（五千斤爲一石，六石爲一袋），所產供給本州及淮南等地。海州三場，歲煮四十七萬七千餘石，漣水軍海口場，十一萬五千石，供給本州及京東淮南。淮場產鹽供應地區六十餘州，全國之鹽利，淮海佔五分之四（註九四）。其他京東（密州）、兩浙、福建、廣州、廉州，隨各產地而定供應區。天禧元年，始募人入緡錢粟帛京師，及淮、浙、江南、荆湖州軍易鹽。建興元年，入錢貨京師總一百一十四萬緡，後罷。但官鹽因運輸腐敗，又雜以沙土，一面鹽地產鹽山積，無法推銷，亭戶貧困，流爲盜賊。明道二年，復天禧之制，聽通商。康定元年，推行至陝西，但鹽券至京師，爲蓄賈所抑而貶值，商人以賤估售券取鹽，不復入錢京師。皇祐二年，稍增予鹽，以爲補救，遂復如初。天聖九年，三司請榷貨務入錢售東南鹽，以一百八十萬三千緡爲額，後增至四百萬緡。嘉祐中，諸路漕運不足，榷貨務課益不登，於是卽發運司置官專領運鹽事。治平中，京師入緡錢二百二十七萬，而淮南、兩浙、福建、江南、荆湖、廣南六路歲售緡錢，皇祐中二百七十三萬，治平中三百二十九萬。江湖運鹽旣雜惡，官估復高，故百姓利食私鹽，於是私販蠭起，捕之急則流爲盜賊。元豐三年，解決漕運，調用淮鹽以調劑之，所謂周輔立法，然只知峻剝於民，未見其效。崇寧元年，蔡京議更鹽法七條，以利便及保護鹽商爲旨，俾利暢通，遂變鈔法，置鈔所於榷貨務，故州縣無權。凡以鈔至者，並以末鹽及配乳香茶鈔雜物。商人先輸錢請鈔，赴產鹽區授鹽。但鈔有新舊，鈔法屢更，公私交敝，人不敢信，京師無現錢之積，而給鈔數倍於昔年，鈔至京師，無錢可給，遂至鈔值十不得一，往往變爲廢紙，其和買民帛，率不得償，故商旅嗟怨，人民受苦。張商英爲相，乃議變通損益，復熙豐之舊，令內府錢別樁一千五百萬緡，餘悉移用，以革錢鈔物三等偏重之弊，作合理之貼納，以資調劑（止用元豐舊價，鹽商購鹽，以八分給末鈔，二分給現錢，後又增至三分）。政和二年，蔡京復用事，鹽政再變，志在剝利，以進羨要寵。王黼當國，循用蔡京弊法，改行新鈔。鹽鈔屢更，謂之循環鹽鈔。舊鹽貼錢對帶，方許出賣，初限兩月，再限一月。黼方用事，改易鈔法，甚於盜賊，商賈咨怨(註九五)。南渡立國，專仰鹽鈔，紹興淳熙率享其利，其中仰給於淮東者最大。紹興二十五年，東南產鹽二萬七千八百一十六萬餘斤，共收息錢一千七百三十餘萬緡，乾道三年，增至二千四百萬緡，而四川亦歲產鹽六千四百餘萬斤。五年，兩務售淮東鹽六十七萬二千三百餘袋，收錢二千一百九十六萬三千餘緡，兩浙鹽二十萬二千餘袋，收錢五百零一萬二千餘緡。六年，戶部侍郎葉衡奏：今日財賦之源，煮海之水居其半，論鹽額，淮東之數多於兩浙五之一；以去歲賣鹽所得錢數論之，淮東多於兩浙三之二；及以灶之多寡論之，兩浙反多淮東四之三，蓋兩浙無非私販故也。東南沿海所產之末鹽，官即於原產地以一斤值四錢（淮南、福建、溫、台明）、五錢（廣南）、六錢（兩浙杭秀）之廉價收買，置買賣鹽場，加算運輸費估利而賣之。運鹽法，陸運每斤每百里爲四錢，船費一錢，故末鹽售價，每斤由八錢至四十七錢，分二十一等，其價有達十倍者。至道末年之收入爲一百六十三萬三千餘緡，比顆鹽收入之兩倍。官鹽如此搾取暴利，其他商鹽則品質雜惡，道愈遠，雜惡殆不可食，故民間食用私鹽，漸成風氣，由是沿海之民得厚利，鹽梟橫行，且羣起而爲盜賊。嘉祐二年，一歲之間，兩浙私販坐罪者三千零九十九人。熙寧初，蘇軾在餘杭時，見兩浙之民，以販鹽得罪者，一歲至一萬七千人，而莫能止，姦民以兵仗護送，吏士不敢近者，常以數百人爲輩（註九六）。閩廣鹽梟，尤爲猖獗。南渡後，自建炎三年至紹興四年間，鈔法改制凡五次，因之鹽商受損失，官則利用新舊鈔兌換問題，以占不正當之利，因此鹽商益受壓迫，終至不得不從事私賣，而官之收入亦減少。寶慶二年，有鑑此弊，依奏寬商旅，減征稅。當時沿海，有亭戶，有鍋戶，有正鹽，有浮鹽。正鹽出於亭戶，歸之公上者也。浮鹽出於鍋戶，鬻之商販者也。端平初，正鹽佔十之八，浮鹽十之二，浮鹽任由人民自由販賣，後亦由官收買，其歲額達二千七百九十二萬斤。其後十餘年來，鈔法屢更，公私俱困，故正鹽猶不逮以前之額。至於浮鹽之收買，亦不能行，士大夫收買之，轉賣於官，從中牟利，弊害殊甚，故又復端平之制（註九七）。由井產鹽者，益州爲主，散佈於益、梓、利、夔四路十七州，初有六百三十二井，歲產鹽三十二萬三千三百八十二石，准民販賣，但不得出川。陵州鹽井，且有自然氣。鹽井每有汲涸，故井增減無定。建炎二年，趙開初變鹽法，置合同場，收引稅錢，大抵與茶法相類而嚴密過之，每斤輸引錢二十有五，土產稅及增添約九錢四分，所過稅錢七分，住稅一錢半，引別輸提勘錢六十，其後又增貼輸等錢。是時，四川凡四千九百餘井，歲產鹽約六千餘萬斤。引法初行，百斤爲一擔，又許增十斤免算以優待之。其後遞增至四百餘萬緡。淳熙六年，鹽井二千三百七十五，場四百零五。初，開之立権法也，令商人入錢請引，井戶但照額鬻鹽輸土產稅而已，而鹽脈有盈縮，月額有登耗，間以虛鈔付之而收其算，引法由是大壞。井戶既爲商人所要，因增其斤重予之，每擔有增至一百六十斤者。又逃絕之井，許增額承認，小民利於得井界，增其額而不能售，其引息土產之輸無從出，由是刎縊相尋，公私病之(註九八)。至於鹻鹽，則兼鹻以爲之，并州之永利監，歲鬻一十二萬五千餘石。民之有鹻土者爲鐺戶，戶歲輸鹽於官，謂之課鹽，餘則官以錢售之，謂之中賣。其入官每斤爲八錢或六錢，出爲錢三十六，歲課緡錢十八萬九千有奇。鹻土有厚薄，薄則利微，鐺戶破產，不能足其課。舊額東西兩監歲課二十五萬餘緡，熙寧八年降至十萬四千餘緡。元豐三年，准商販售。紹聖元年，復行官賣法。河東除晉、絳、慈、隰食池鹽外，餘皆仰給於鹻鹽。又有崖鹽者，生於土崖之間，階、成、鳳等州食之。

丁、礬稅　礬自唐代以來，令州縣主管而從事賦課。宋代白礬出晉、慈、坊州、無爲軍，汾州之靈石縣，綠礬出慈、隰州、池州之銅陵縣。於產地設官，監轄鑊戶，官收買其製品而公賣之，例如晉、汾、慈州礬一百四十斤爲一䭾，給錢六千，隰州一百一十斤爲一䭾，給錢八百。鬻賣價，博賣白礬，晉州每䭾二十一貫五百，慈州又增一貫五百。綠礬汾州每䭾二十四貫五百，慈州又增五百，隰州每䭾四貫六百。零賣價，白礬坊州每斤八十錢，汾州一百九十二錢，無爲軍六十錢。綠礬每斤七十錢。官之收入如此其大，故建隆中，嚴捕私賣，沒收其貨，復又改爲棄市之罰。太平興國初，規定配流死刑等嚴令。建隆初，商人鬻賣之礬，一年增課八十萬貫。太平興國初，增課十五萬貫。端拱初，增課十六萬貫。至道中，歲課白礬九十七萬六千斤，綠礬四十萬五千餘斤，售錢十七萬餘貫。眞宗末年，白礬增二十萬一千餘斤，綠礬增二萬三千斤，售錢增六萬九千餘貫。天聖年間以來，晉慈二州礬，募民鬻之，每季鬻礬一盆，多者一千五六百斤，少者六七百斤，以銷數四分之一入於官，餘則官市之。後倣茶法，雖許民直接交易，然受官之取締，禁私賣，其禁法與茶法同。自此，河東產礬過剩，故許以金帛粟芻收納礬價，然虛估過高，實無礬利。至嘉祐六年，改納緡錢，令納錢於京師之榷貨務，自是商賈不得專其利。然此種制度，不能行於晉慈州，令以粟芻類納其代價。熙寧三年，因河東失礬利，嚴行取締，即限定鑊戶數，於陝西北界黃河，東限潼關，南及京西，令鑊戶互相保察，禁越界私賣。熙寧初，始變礬法，歲課所入，元年爲錢三萬六千四百緡有奇，併增者五歲，乃取熙寧六年中數定以十八萬三千一百緡有奇爲新額。元豐元年，分別規定畿內、京東、京西五路及陝西等地之販礬區域。六年，課增至三十二萬七千九百緡，而無爲軍聽民自鬻，官置場售之，歲課一百五十萬斤，用本錢一萬八千緡。大觀元年，規定河北、河東礬額各二十四萬緡，淮南九萬緡，罷官賣，從商販，各置提舉官。至政和初，以虧損額數，又行官賣，罷商販，其制如舊，歸發運司主管，上供礬錢責以三萬三千一百緡爲額。三年，減礬額計十六萬緡。四年，復循大觀之制。建炎三年，許商人販淮南礬入東南諸路，聽輸錢行在，而持引據赴場領礬。撫州、鉛山、潭州、韶州、漳州，亦皆有產，其類有青膽礬、黃礬、土礬等。青膽礬之價，每斤由一百二十至五十文，黃礬八十文，土礬三十文。紹興二十九年，取二十四至二十八年所收礬錢一年中數四萬一千五百八十五緡爲定額（註九九）。

戊、香稅　香由外國輸入，官收買之於榷貨務，而公賣之於民間，而非產於本國之山澤也。除茶鹽礬外，惟香之爲利博。南渡後，以泉州等地爲主要輸入地，乳香分十三等。建炎四年，收買額爲八萬六千七百八十斤。紹興年間，官之收益多，特獎勵外國船舶之來航。六年，官利達九十八萬緡。

三、關市之征

宋初頗能恤商，實行薄稅斂，苛稅廢者甚多（註一〇〇），以博取民心。建隆元年，詔：「所在不得苛留行旅，齎裝非有貨幣當算者，無得發篋搜索。」又詔：「榜商稅則例於務門，無得擅改更增損及創收。」（註一〇一）開寶六年詔：「嶺南商賈齎生藥勿算。」各地置官，取締行旅；行者齎貨，每千錢課稅二十，謂之過稅；而對於居者市鬻，課以住稅，其率每千錢算三十。淳化二年詔：「關市之租，其來舊矣，用度所出，未遑削除，徵算之條，當從寬簡，宜令諸路轉運以部內州軍市徵所算之名品告，參酌裁減，以科細民。」又詔：「除商旅貨幣外，其販夫販婦，細碎交易，並不得收其稅；當稅各物，令有司件拆揭榜，頒行天下。」至道元年詔：「兩浙諸州，紙扇芒鞋及細碎物，皆勿稅。」二年詔：「民間所織縑帛，非出鬻於市者，勿得收算。」眞宗除杭越十三州鵝鴨錢，又令柴薪渡河津者勿稅，商稅採取減輕之方針，然各地征稅，亦所在多有。景德元年，由京師送銀於各路州軍，出京門，有一兩課錢四十文之例，然無定制，其名物各隨地宜而不一焉。仁宗亦屢下減稅之令。神宗熙寧七年，減國門之稅數十種，錢不滿三十者蠲之。元祐初，因西夏邊患，財政困阨，課稅於商運之五穀，稱爲力勝錢。蘇軾曾極言其流弊，奏請廢止之。八年，商人載米入京糴者，力勝錢權蠲。

主管征稅之機關，汴京設都商稅院，府州軍設都商稅務，縣以至關鎮市寨，則置務或場，故務場遍設於全國各地，大則專置官監臨，小則令佐兼領。熙寧十年，務場增加甚多。通汴之商道，皆置務場課稅。船隻經過，無論載貨有無，須納稅錢，謂之力勝錢。蔡河上置鎖閘，民船勝百石者稅百錢，有所載，倍其征，商旅甚苦，太平興國三年詔罷之，然尚未澈底廢除。元豐三年，置堆垛場於泗州，買物至者，先入官場，官以船運至京師，稍輸船費。明年，詔近京以通津水門外順成倉爲導洛物貨場，以檢查商稅，此其例也。鄉村小市集，南宋時號爲墟市，三數日市合一次。初無收稅之法，孝宗朝後，創爲稅場，令人戶買撲納錢，俾自收稅，此屬於包稅性質。又有一務而分至十數處者，謂之分額；一物而征至十數次者謂之回稅。淳化三年，令諸州自端拱元年至淳化元年之最高稅收額爲歲課，比較科罰，凡不及此，則科罰於官吏。商稅有定額自此始。以此定額，令全國一千八百三十五務征收之。熙寧十年以前，全國諸州商稅歲額，四十萬貫以上者爲東京、成都、興元。二十萬貫以上者爲蜀、彭、永康、梓、遂。十萬貫以上者爲開封、壽、杭、眉、綿等十九州。五萬貫以上者爲西京、北京、徐、鄆等三十州。五萬貫以下者爲南京、青、齊、沂、兗等五十一州。三萬貫以下者爲密、登、萊、濰、曹等九十五州。一萬貫以下者爲隨、金、均、信陽等三十五州。五千貫以下者爲廣濟、房、保安等七十三州（註一〇二）。景德會計錄：全國歲收商稅錢四百五十餘萬貫。慶曆五年，爲一千九百七十五萬餘貫，增加四倍有奇。元豐八年，在京商稅院，收入錢五十五萬二千二百六十一貫。元祐二年，曾用之爲定額。北宋末葉，綱紀更亂，商稅亦有於法令外征收者。

建炎元年，慮稅網太密，詔減併一百三十四處，減罷者九處，免過稅者五處，然機關雖裁減，而稅額仍保留。高宗詔：「北來歸正人，兩淮復業人，在路不得收稅。」孝宗隆興之初，招集流民，凡兩淮之商旅，歸正人之商販，並與免稅。又詔：「鄉落墟市貿易，皆從民便，不許人買撲收稅，」裁罷稅務甚多。然淳熙中，臨安府城內外及諸縣，歲收商稅仍達一百零二萬餘貫。光宗寧宗，亦時減罷州縣稅務，蠲省商稅，惟事實則適得其反。「關市之征迭放，而貪吏並緣，苛取百出。私立稅場，算及緡錢斗米束薪菜茹之屬，擅用稽察措置，添置專欄收檢。虛市有稅，空舟有稅，以食米爲酒米，以衣服爲布帛，皆有稅。……空身行旅，亦白取百金，方紆路避之，則攔截叫呼。」(註一〇三)胥吏越界拘攔，苛擾商旅；監稅官貪墨贓分，交結上峯，取得諒解，竟爲稅場慣例，且求成績優異，以希恩賞。在此情形下，商人對策，不能不行賄，與稅吏勾結。官商既串通，官吏每利用職權，發給商人免稅通行證，或依賴軍人庇護，不惟沿途不遭留難，且可逃稅。豪商能免課征，而小商寒士過境，反變爲苛稅騷擾之對象，故官吏可中飽，而國家財源則減少也。

關市之征，其稅收最大宗者爲酒稅。宋初酒稅之制，於三京官造麴而公賣之於人民；於諸州城內皆置務，即官立釀造所以釀酒；於縣鎮鄉閭，或許民釀造而課稅，自用有過剩則得經官之許可而販賣之。太平興國之初，於京西置官局，以民租約入之米麥釀酒而賣之，因此，醞劑不良，酒多漓薄，發生民有婚葬量戶大小強制買酒之弊，大爲民苦。但此種制度，只於京西行之，而歲儉物貴，殆不償其費。時麴價東京南京每斤值錢一百五十五文，西京減五文。至道二年，京城賣麴錢四十八萬貫。天禧末，麴錢增三十九萬一千餘貫。熙寧四年，三司承買酒麴坊場錢率稅五十，麴數以一百八十萬斤爲定額，閏年增十五萬斤。元豐二年，在京鬻麴，歲以一百二十萬斤爲額，每斤值錢二百五十文。至於酒稅，淳化元年，依三年間之平均收入，始設定額。五年，募民之願自釀者，減常課三分之二，令納稅錢，使其易辦；有應募者，檢視其資產，由長吏及大姓共保，然後許之。同年，又於諸州稅收入少之四百七十二處，行此方法。然其後應募者少，產額以官釀者爲多。景德中，收酒麴歲課四百二十八萬餘貫；慶曆五年收一千七百一十萬餘貫；皇祐中，收一千四百九十八萬六千一百九十六貫。熙寧十年以前，全國諸州酒課歲額四十萬貫以上者，東京成都二處。三十萬貫以上者，開封、秦、杭三處。二十萬貫以上者，京兆、延、鳳翔五處。十萬貫以下者，西京、北京、濟、鄆三十二處。五萬貫以上者，南京、青、密七十三處。五萬貫以下者，沂、濰、曹、光化四十五處。三萬貫以下者，廣濟、隨、金、均五十五處。一萬貫以下者，登、信陽、信安十九處。五千貫以下者，原、開寶監、火山軍十六處。無定額者萊蕪監、利國監十八處。無稅地，夔、黔、達、開十處。其後相沿至紹興年間，酒稅陸續增加，計崇寧二年，上等酒每升增稅二文，中等及下等酒一文。四年，上等酒增五文，其他三文。政和五年，每升增二文六分。建炎四年，上等酒增四十二文，次色十八文。紹興元年，上等酒二十文，下等十文。三年，三十文。五年，五文。六年，十文。八年，十文。其增稅名目，或稱贍學錢，或稱添酒錢，或稱總制錢，此實爲賣價之提高。南宋軍興，諸帥擅榷酤之利，由是縣官始資之以佐經費焉。建炎三年，趙開大變酒法，自成都始，先罷公帑賣供給酒，卽舊撲買坊場所置隔釀，設官主之。民以米入官自釀，每斛輸錢三十，頭子錢二十二。明年，徧下其法於四路，歲遞增至六百九十餘萬緡，凡官槽四百所，私店不預焉，於是東南之酒額亦日增矣。趙開之法，蓋以紓一時之急，其後行之諸郡，國學贍兵，郡縣經費，率取給於此，雖罷行增減，不一而足，而其法卒不可廢(註一〇四)。紹興元年，行稅酒之法，募醞戶造酒於城外，而募拍戶賣之城中，酒入城，計器抽稅，各州仿行。三十年，酒庫改隸於戶部。三十一年，以諸軍酒坊六十六，亦歸戶部。東南及四川酒課共收一千四百萬餘貫。當時之專賣，則在全國禁止私釀，而在鄉村許民買麴引釀造(註一〇五)。地方另行課稅，自不待言；而酒稅之征收官署，每年收入有一定額，迫其張羅，坊店雖停，而督輸如故，益增細民之痛苦。酒稅之重賦如此，不免發生脫稅，又因而嚴厲執行取締法，凡私造或私運酒三數十斤者，每處以死刑，故違犯者鮮矣。

除酒稅外，其餘皆爲雜稅，種類頗多。淳化元年，池塘河湖魚鴨之類免稅，但經市發售則征稅。開寶二年，始收民印契錢，令人民典賣田宅者，必輸錢印契，稅契限兩月，猶今之稅契也。元豐時，令民有交易者，則官爲之據，因收其息。崇寧三年敕諸縣，典賣牛畜契書並稅租鈔旁等，印賣田宅契書，皆由官印售。紹興五年，印賣田宅契紙，後定出賣戶帖，凡坊郭鄉村出等戶，皆三十千錢，鄉村五等，坊郭九等戶皆一千錢，凡六等。三十一年，凡嫁資遺囑及民間葬地，皆令投契納稅，一歲中得錢四百六十七萬餘引。神宗時，兩浙和買並稅紬絹布帛，頭子錢外，每貫又收市例錢四十。徽宗時，蔡京取民無藝，除賦稅外，有御前錢物、朝廷錢物、戶部錢物，裒斂各不相知，肆行催索。又有大禮進奉銀絹，有贍糴本錢，剝削煩苛，民甚苦之。宣和末，陳亨伯以發運使經制東南七路財賦，時東南倉卒用兵，權宜措畫，嘗設經制司，因建議以贍學錢，糴本錢，與應奉司無名之斂凡十數色，如賣酒，鬻糟、商稅、牙稅（牙郎主互市事）、與頭子錢（每貫收錢二十三文，其中十文作經制起發上供，餘十三文充本路州縣並漕司用）、樓店錢，皆稍增其數，合爲經制錢。及經制使之軍已罷，而經制錢之名遂爲常賦。厥後州縣有所謂經制錢自此始。靖康召募勤王兵，翁彥國爲總制使，倣其法，又收贏焉，謂之總制錢，括民財以數百萬計。渡江以後，雖知其弊，然費出愈繁，遂不能罷，復置之，於東南設經制司，課附加稅於酒錢，增一分稅錢、頭子錢、賣契錢等。建炎二年，此中不便於民者除之，添加酒錢、添賣糟錢、典賣田宅、增牙稅錢、頭子錢、樓店務增三分房錢，令兩浙、江東西、荊湖南北、福建、二廣收充經制錢，以憲臣領之，通判掌之，季終輸送，以濟緩急。紹興五年，參政孟庾提領，措置財用，請以總制司爲名，又因經制之額，增析而爲總制錢，而總制錢自此始矣（註一〇六）。又紹興二年，韓世忠駐軍建康，軍務方殷，令江東漕臣以朝廷係省不係省，經制有額無額上供，及漕司移用等錢供給，每月計月樁辦大軍錢十萬緡，後遂征收月樁錢。故月樁錢之苛斂，強半幾爲無名，爲諸縣之害。十七年，詔諸州以寬剩錢立月樁，以紓民力。調度軍費，又創一種惡稅稱板帳錢，如輸米則增收耗剩，交錢帛則多收糜費，幸富人之犯法而重其罰，恣胥吏之受賕而課其入，索盜贓則不償失主，檢財產則不及卑幼，亡僧絕戶不俟覈實而入官，逃產廢田不與消除而抑納，別立名色，窮斂於人民以充之，——橫誅暴征，所取最爲無名。此本於正規稅之外，而臨時征收者。其他又有麴引錢，納醋錢（醋息錢，元祐間，揚州每年原額二千五百貫）、賣紙錢、戶長甲帖錢、保正牌限錢、折納牛皮筋角錢、罰錢（敗訟時）、歡喜錢（勝訟時）、七分坊場、七分酒息、僧道免丁錢等殊名異目（註一〇七），不一而足，有置而無廢，有增而無減。紹興二十一年，汪應辰謂：「今江浙州縣名色，臣之可得而見者，曰經制，曰總制，……糴本、僧道免丁、州郡寬剩、大軍月椿、和買折帛、名爲不取於民，而其實陰奪民利；名爲漕司移用，而其實責辦於州縣；名爲州郡之餘，而其實不足；名爲與之以本錢，而其實無有。又有無額上供，寺觀寬剩、贍軍酒息，總其所得，又什倍於兩稅而不翅也。」（註一〇八）其征收常平錢，舊法每貫收頭子錢五文，亦增作二十三文，除五文依舊法外，餘悉入總制。乾道元年，又詔諸路出納，每貫添收十三文，充經總制錢，自是每貫收五十六文矣。八年，經總制錢歲入一千七百二十五萬緡。至於市舶，自建炎二年至紹興四年，福建市舶司收息錢九十六萬緡。紹興末，閩廣兩舶司抽分及和買，歲得息錢二百萬緡。

唐之庸錢，楊炎已均入二稅，而後世差役，復不免焉，是力役之征既取其二也，而輸錢免役以至丁錢，則取其四也。所謂力役之征，乃一種變相之抽稅。初時，役法置於川縣主管之下，原無常賦。惟自五代以來，江浙、荆湖、廣南地方，有身丁錢（每丁納三百二十五錢）及丁米之課，此種制度，延及宋代尚行之。程大昌曰：「今之丁錢，卽漢世算錢也，以其計口輸錢，故亦名口賦也。」（註一〇九）漢之算錢是全國征收，而宋之丁錢只行於南方。太平興國五年，每丁定納錢一百，但福州、長溪、溫、台等州，每丁納三百二十五文。雍熙元年，江浙、荆湖、廣南改以二十歲爲成丁，令輸丁錢；以六十歲爲老，並身有廢疾者免之。咸平三年，許將絹折納。自景德二年，定依溫台州現納錢二百，睦州每丁納六百九十六，處州每丁納五百九十四。大中祥符四年，雖詔除丁錢（四十五萬四百零六貫），但漳泉州、興化軍折丁米七斗五升，尙不廢止。其後裁減，嘉祐後所輸無幾矣。南宋端平元年，漳州以廢寺租利錢所入代輸，而二十五州仍有丁身錢。荆湖則有丁米，紹興三年，詔丁米三分二均取於民田，其丁錢取之丁口。六年，道州一丁，有出米四斗者。二十八年，荆湖北路州縣，丁米有高至七斗者。兩淮亦有丁身錢，乾道七年免。廣南有丁身米，乾道六年始豁除。廣南東西路有丁錢，東路之丁錢，至理宗朝末期，諸路已蠲免，尙獨拘催，以轉運司靠此維持故耳。泉州又有宗子米，兩浙原有丁鹽錢，官頒蠶鹽，每人一斗，計五斤，令納錢一百六十六，皇祐年間，許依時價折納紬絹，謂之丁絹。然施行鈔法後，鹽皆商販，不給蠶鹽於民，而丁鹽錢依然征之，且增至三百六十，謂之身丁錢。大觀中，有丁絹三丁納一匹之制，其後物價益貴（絹每匹約七貫錢），乃令一丁納絹一丈，綿一兩，皆取於五等下戶，民甚詬病。建炎三年改之，令丁錢一半納現錢，一半折絹，是歲收絹二十四萬匹，綿百萬兩，錢二十四萬緡。紹興三十二年，以五丁科絹一匹，其後曾以七丁科一匹。此種役制，殊爲民苦，至開禧元年始撤除之（註一一〇）。和糴者，初由麟、府州以轉餉道遠，遣常參官就置場糴買，以息邊民飛輓之勞，其後令大戶納軍糧，繼則按畝分派，權勢多田之家，不足以加之，而只加之於小民，此乃田賦外附稅之性質。由和買變爲折帛，亦爲一種變相之惡稅。太平興國中，馬元方爲三司判官，始行和買之法。方春乏絕時，預貸庫款於民，至夏秋令輸絹於官，謂之和買。慶曆五年，和買絹三百萬匹。夫和買初本爲便民之政，其後抑勒苛索，變和買爲折帛。既有夏稅折帛，此又有和買折帛。折帛原出於和買，其始也，則官給錢以買之；其後也，則官不給錢而白取之；又其後也，則反令以每匹之價折納現錢。卽使絹價降賤，而民之所納折帛錢，每三倍於本色。和買分民戶爲五等，大抵一至四等科和買，五等不科，但有時全部亦科焉。建炎三年，東南亦施行折帛錢，當時凡和買紬絹，歲爲一百一十七萬匹（紹興末，增至三百餘萬匹），責令以每匹之價折納錢二千，以助國用，寖假實施於各路，貧民不勝其苦，遂爲弊政矣（註一一一）。四川又有布估（註一一二），與和買相似。孝宗時，四川有所謂虛額者（註一一三），州縣苦之，其搾取於民，更爲無理也。夫南宋民生之凋敝，除盜賊剽掠與兵燹爲患外，尙有賦斂之苛重、胥吏之刻剝與官軍之騷擾。紹興九年，監明州比較務楊煒上參知政事李光書云：「頻年以來，換度牒、鬻官爵、出賣戶帖、預借和買，頭會箕斂，衰世掊尅之法，略以盡行，剝膚搥髓，無所不至。」（註一一四）而病民最甚者則爲月樁錢。理宗之世，兵端復起，人民困於和糴，困於軍需，困於浮鹽，困於抛買，困於招軍，更難以爲活矣。

因軍事需費甚亟，往往強徵於民，迫其負擔。宣和五年，王黼與金爲盟，括天下丁夫，計口出算，得錢六千二百萬緡，竟買五六座空城而奏凱。六年，詔以收復燕雲以來，京都兩河之民，困於調度，令京西、淮南、兩浙、江南、荆湖、四川、閩、廣，並納免夫錢，每夫三十貫，委漕臣限督之，違者從軍法。又詔宗室戚里宰執之家，及宮觀寺院，一例均敷，於是徧索全國，所得僅二千萬緡，而結怨四海矣。南宋之初，亦有所謂保役者，令民出錢而免其役。當戰事方殷，軍用物資，大如武器、甲葉，小至翎毛牛筋，亦分配州縣徵發，而攤之於民。例如紹興九年，江西路十一州軍合起歲額上供軍器下項物料，徑赴轉運司交納，發赴岳飛軍自造軍器，鐵甲葉六十九萬九千四百三十八片，牛角六千三百三十四隻，生黃牛皮九千一百八十三張，牛筋四千零一十斤一十二兩，牛羊皮一萬八千三百九十二張，箭笴一十八萬四千七百九十四隻，翎毛五十一萬二千九百八十二堵，各長四寸八分，條鐵七千六百九十四斤餘（註一一五）。又有軍衣錢，亦攤派於民也。

除正常賦稅及雜稅收入外，朝廷又發售度牒，開闢新財源，亦有一匹收入。所得之款，每為軍費，修造、購買、興利本錢、賑災、墾荒、優恤等，皆有一定之用途，補助國用之不足。度牒者由祠部主之，以綾紙或絹綾為之，僧人剃度而授給之印牒，即僧人正式註冊之憑證也。度牒之發售，肇於唐天寶十四載，以安史之亂，籌募軍餉而施行之。至宋則始於治平末，所出售為空名度牒。元豐間，每年售數千道，每道價由一百三十貫至三百貫不等。六年以後，每歲限以一萬道為率。徽宗時，歲售多至三萬道，然售出太多，價格下降，每道由二百二十貫降至九十貫。政和元年後，停止發售。迄建炎三年，賜度牒三十萬貫為博易本，每道價為一百二十貫。紹興二年，給降廣南東路度牒三百道，亦為充博買本錢。四年，詔賜川陝荊襄都督府度牒二萬道。六年，更由榷貨務公開出售，並量付諸路發賣。八年，為收糴常平，尚少錢五萬三千零二十餘貫，又給降度牒彌補。十二年停售。三十一年，聞金主亮敗盟，軍需孔亟，乃恢復出售度牒一萬道，每道價五百貫。隆興二年，又以度牒二萬道均下諸路，每道減為三百貫，總數計十萬三千餘道，總值為六百萬貫。自恢復售牒後，迄乾道五年，八年間售出度牒總數為十二萬餘道，而乾道五年，牒價增至四百貫。淳熙間，由四百五十貫續漲至七百貫，以米則為三百石。紹熙年間，復漲至八百貫。開禧用兵，又廣售度牒。以後國事日非，用度不足，度牒吏爲濫售矣。除度牒外，又出售師號，但爲數不多耳。

【注　釋】

（註一）宋史，卷七，本紀第七，眞宗二。

（註二）續資治通鑑，卷二十八，宋紀二十八。

（註三）范文正公集，奏議上，答手詔條陳十事。

（註四）鶴山先生大全文集，卷三十四，答樊致政庚。

（註五）宋史，卷一七三，志第一二六，食貨上一，農田。

（註六）續資治通鑑長編，卷九十五。

（註七）宋史，卷一七三，志第一二六，食貨上一，農田。

（註八）建炎之後，江浙湖湘閩廣，西北流寓之人徧滿。紹興初，麥一斛至萬二千錢，農獲其利，倍於種稻。於是競種春稼，極目不減淮北。（雞肋編，卷上）淳熙元年，中書門下省言：江東西、湖南北、京西、兩浙東西路，各州縣種二麥。

（註九）續資治通鑑，卷五十，宋紀五十，皇祐元年二月條。

（註十）宋史，卷一七三，志第一二六，食貨上一，農田。

（註十一）宋史，卷一七八，志第一三一，食貨上六，振恤。

（註十二）宋史，卷一七六，志第一二九，食貨上四，常平義倉。

（註十三）後村先生大全集，卷八十八，興化軍創平糴倉。

（註十四）宋史，卷一七六，志第一二九，食貨上四，常平義倉。
（註十五）宋史，卷一七八，志第一三一，食貨上六，振恤。
（註十六）眞文忠公文集，卷二十四，社倉。
（註十七）鶴山先生大全文集，卷六十九，顯謨閣直學士提舉西京嵩山崇福宮許公奕神道碑。
（註十八）宋史，卷四三八，列傳第一九七，黃震傳。
（註十九）宋史，卷三一七，列傳第七十七，錢惟演傳。又皇祐中，右司諫錢彥遠乞置勸農司云：「國家有戶九百五十餘萬，定墾田一千二百一十五萬餘頃，其間逃廢之田，不下三十餘萬頃。」（雞肋編，卷下）墾田數實不相符。
（註二十）宋史，卷一三七，志第一二六，食貨上一，農田。又景德戶七百三十萬，墾田一百七十萬頃。皇祐戶一千零九十萬，墾田二百二十五萬頃。治平戶一千二百九十萬，墾田四百三十萬頃。（元豐類稿，卷三十，元豐三年，議經費箚子。）
（註二十一）宋史，卷一三七，志第一二六，食貨上一，農田。
（註二十二）元豐類稿，卷十九，襄州宜城縣長渠記。
（註二十三）攻媿集，卷九十一，直秘閣廣東提刑徐公行狀。
（註二十四）宋史，卷一七三，志第一二六，食貨上一，農田。
（註二十五）宋史，卷二七三，列傳第三十二，何繼筠傳，子承矩。
（註二十六）宋史，卷四一二，列傳第一七一，孟珙傳。

（註二十七）宋史，卷一七六，志第一二九，食貨上四，屯田。
（註二十八）建炎以來繫年要錄，卷五十，紹興元年十二月條。
（註二十九）建炎以來朝野雜記，甲集，卷十六，圩田。
（註三十）續資治通鑑，卷一七二，宋紀一七二，淳祐六年十一月條。
（註三十一）宋史，卷一七三，志第一二六，食貨上一，農田。
（註三十二）上供之名，始於唐之中葉，蓋以大盜擾亂之後，賦入失陷，國家日不暇給，不能考覈，加以強藩自擅，朝廷不能制。是以立爲上供、送使、留州之法，上供僅能取其三分之一。
（註三十三）國家肇造之初，雖創方鎮專賦之弊，以天下留州錢物，盡名係省，然非盡取之也。當是時，輸送毋過上供，而上供未嘗立額。郡置通判，以其收支之數，上之計司，謂之應在。而朝廷初無封樁起發之制，自建隆至景德四十五年矣，應在金銀錢帛糧草雜物，以七千一百四十八萬計，在州郡不會，可謂富藏天下矣。大中祥符元年，三司奏立諸路歲額。熙寧新政增額一倍。崇寧重修上供格，頒之天下，率一路之增，至十數倍，至今爲額。」（止齋先生文集，卷十九，赴桂陽軍擬奏事箚子第二）。
（註三十四）武溪集，余襄公奏議，卷上，論常平倉。
（註三十五）欒城集，卷四十，轉對狀。
（註三十六）無額上供者，皆其他雜斂，起自熙寧，於是有色役錢，常平寬剩錢。至於元豐，則以坊場稅錢，鹽酒增價錢，香礬銅錫斟秤披剃之類，凡十數色，合而爲無額上供（止齋先生文集，卷十九，赴桂陽軍擬奏事箚子第二）。

（註三十七）朱子語類大全，卷一二八，本朝一，祖宗事實。

（註三十八）建炎以來朝野雜記，甲集，卷十四，國初至紹熙天下歲收數。

（註三十九）發運司歲供京師米，以六百萬石爲額，淮南一百三十萬石，江南東路九十九萬一千一百石，江南西路一百二十萬八千九百石，荆湖南路六十五萬石，荆湖北路三十五萬石，兩浙路一百五十萬石，通餘羨歲入六百二十萬石。（夢溪筆談，卷十二，官政二）。

（註四十）「國朝法，綱船不許住滯一時。所通稅場，不得檢稅，兵梢口食，許於所運米中計口分升斗借之，至下卸日，折算逐人之俸糧除之。蓋以舟不住則漕運甚速；不檢則許私附商販，雖無明條許人，而有意於兼容，爲小人之啗利，有以役之也。借之口糧，雖明許之，然漕運既速，所食幾何？皆工法之深意也。其後制度多變，所過稅場，隨船檢稅，不唯漕運遲滯，而日食官米及盜糶，歲虧甚大。」（師友談記）

（註四十一）祥符、慶曆、皇祐、治平、熙寧、元祐、宣和、紹興、乾道、紹熙、慶元、端平等年代，均編有會計錄。又元豐年間，造中書備對，亦屬此類性質。元祐三年，編成元祐會計錄，查一歲之收入，未足以支一歲之出，遂詔裁省浮費，頗具統計之效。

（註四十二）大中祥符七年，瀘州公用錢五十萬，潼州五十萬，邕州二十萬。元祐間公使錢，杭州爲七千貫，楚州五千七百貫，而揚州只有五千貫。此五千貫錢來源，除正賜六百貫，諸雜收簇一千九百貫外，二千五百貫並係賣醋錢，實際每年只收到醋息錢一千六七百貫。以揚爲東南都會，此數實不敷用。

（蘇東坡集，奏議集，卷十二，申明揚州公使錢狀。）

（註四十三）容齋隨筆載：至道三年，歲收穀二千一百七十萬石，錢四百六十五萬貫，絹紬一百九十萬匹，絲綿六百五十八萬兩，茶四十九萬斤，黃蠟三十萬斤。（三筆，卷二，國家府庫。）

（註四十四）文獻通考，卷四，田賦四。續資治通鑑長編所載數目不同，茲引錄以供參考。「天禧末，全國總獲錢二千六百五十三萬餘貫，金萬四千四百餘兩，銀八十八萬三千九百餘兩，絲四百一十七萬二十餘兩，綿一千八百九十九萬一千餘兩，絹一百五十五萬二千餘匹，紬九百四十一萬五千餘匹，綾三十四萬四千餘匹，絁一十三萬七千餘匹，紗穀二萬五千餘匹，錦綺二萬八千餘匹，布三百五萬七千餘匹，茶七十六萬餘斤，鹽一十六萬三千八百餘石，香藥眞珠犀象七十萬餘斤條片顆，竹木廢箔三百六十餘萬條片，五穀二千九百八十三萬餘石，草三千萬餘圍，木炭薪蒿三千萬餘斤束。」（卷九十七，天禧五年十二月條。）

（註四十五）建炎以來朝野雜記，甲集，卷十四，國初至紹熙天下歲收數。

（註四十六）鶴山先生大全文集，卷二十一，答館職策一道。

（註四十七）宋史，卷一七九，志第一三二，食貨下一，會計。

（註四十八）天禧五年，支出總費錢二千七百一十四萬餘貫，金一萬三千五百餘兩，銀五十八萬餘兩，絲三百六十三萬二千餘兩，綿一千六百五十萬餘兩，紬七十六萬四千餘兩，絹四千一百七十三萬七千餘匹，綾十萬七千餘匹，絁五萬二千餘匹，羅二萬七千餘匹，紗縠一萬一千餘匹，錦綺六千七百餘匹，布一百二十九萬七千餘匹，茶三十六萬六千餘斤，鹽十一萬八千餘石席，香藥眞珠犀象五十二萬三千餘斤條片顆，竹木蔴箔一百二十三萬二千餘條片，五穀三千四百五十八萬二千餘石，草三千四百五十八萬三千餘圍，木炭薪蒿四百五十萬餘斤束。（續資治通鑑長編，卷九十七，天禧五年十二月條）。

（註四十九）樂全集，卷二十五，論免役錢劄子。

（註五十）宋史，卷三三七，列傳第九十六，范鎮傳。

（註五十一）續資治通鑑，卷六十一，嘉祐八年四月條。

（註五十二）樂全集，卷十八，對詔策，對手詔一道。

（註五十三）建炎以來朝野雜記，甲集，卷十二，天聖至嘉泰四選人數。

（註五十四）樂全集，卷十八，對詔策，對手詔一道。

（註五十五）欒城集，後集卷十五，元祐會計錄叙，收支叙。蘇轍又謂：「近編成元祐會計錄，大抵一歲天下所收錢穀金銀幣帛等物，未足以支一歲之出，今左藏庫見錢費用已盡，去年借朝廷封樁米鹽錢一百萬貫，以助月給。舉此一事，則其餘可以類推。」（同上書，卷四十一，乞裁損浮費劄子）。

（註五十六）「宗室之衆，皇祐節度三人，今爲九人矣。兩使留後一人，今爲八人矣。觀察使一人，今爲十五人矣。防禦使四人，今爲四十二人矣。百官之富，景德大夫三十九人（景德爲諸曹郎中），今爲二百三十人矣。朝奉郎以上一百六十五人（景德爲員外郎），今爲六百九十五人矣。承議郎一百二十七人（景德爲博士），今爲三百六十九人矣。奉議郎一百四十八人（景德爲三丞），今爲四百二十一人矣。諸司使二十七人，今爲二百六十八人矣。副使六十一人，今爲一千一百一十人矣。供奉官一百九十三人，今爲一千三百二十二人矣。侍禁三百一十六人，今爲二千一百一十七人矣。三省之吏六十人，今爲一百七十二人矣。其餘可以類推。」（欒城集，後集，卷十五，元祐會計錄叙，收支叙）。

（註五十七）度民田入多寡，預給錢，秋成，以時價入粟。如物價踴貴，權止入中，聽糴便司兌用，須歲豐補償。

（註五十八）宋史，卷一七九，志第一三二，食貨下一，會計。

（註五十九）朱熹謂財用不足，皆起於養兵，十分，八分是養兵，其他用度，止在二分之中。（朱子語類大全，卷一一〇，朱子七，論兵）。

（註六十）宋史，卷三七四，列傳第一三三，廖剛傳。

（註六十一）攻媿集，卷九十五，寶謨閣待制贈通議大夫陳公神道碑。

（註六十二）鶴山先生大全文集，卷八十九，敷文閣直學士贈通議大夫吳公行狀。

（註六十三）建炎以來朝野雜記，甲集，卷十二，天聖至嘉泰四選人數。

（註六十四）欒全集，卷二十五，論免役錢箚子。

（註六十五）宋史，卷一七四，志第一二七，食貨上二，賦稅。

（註六十六）宋史，卷一七三，志第一二六，食貨上一，農田。

（註六十七）宋史，卷三六一，列傳第一二〇，張枃傳。

（註六十八）宋史，卷四〇〇，列傳第一五九，游仲鴻傳。

（註六十九）熙寧九年，正稅積負者九十二萬二千二百貫石匹兩有奇。大觀四年，詔天下逋賦，五年外戶口不存者悉蠲。

（註七十）宋史，卷一七四，志第一二七，食貨上二，賦稅。

（註七十一）「宋時每嘗輸一石，而義倉省耗別爲一斗二升。官倉明言十加六，復於其間用米之精粗爲說，分若干甲，有至七八甲者，則數外之取亦如之。庾手執槩從而輕重其手，度二石二三斗乃可給。至於水脚頭子市例之類，其名不一，合爲七八百錢。以中價計之，並僦船負擔，又須五斗，殆是一而取三。」（容齋隨筆，續筆，卷七，田租輕重）。「今二稅悉爲上供，州家有軍糧，有州用，有官吏廩，稍不取於民，則何所取之？漕司每歲有所謂明會米，州家每於民戶苗米數內，每石取五斗供之，故不得而斛輸斛，斗輸斗也。使家無以處此，遂亦縱而弗問，由是取之無藝，而暗合斛面等名目，不可勝窮。」（象山先生全集，卷八，與張春卿書）。

（註七十二）宋史，卷一七四，志第一二七，食貨上二，方田。

（註七十三）宋史，卷二十七，本紀第二十七，高宗四。

（註七十四）椿年所奏十害：一、侵耕失稅。二、推割不行。三、衙門及坊場戶虛供抵當。四、鄉司走弄稅名。五、詭名寄產。六、兵火後稅籍不失爭訟日起。七、倚閣不實。八、州縣隱賦多，公私俱困。九、豪猾戶自陳，詭籍不實。十、逃田稅偏重，人無肯售。（文獻通考，卷五，田賦考五）。

（註七十五）朱文公文集，卷十九，條陳經界狀。

（註七十六）宋史，卷一八五，志第一三八，食貨下七，阬冶。

（註七十七）文獻通考，卷十八，征榷五。宋史，卷一八五，志第一三八，食貨下七，阬冶。

（註七十八）紹定五年五月，臣僚言：「比聞蘄州進士馮杰，本儒家，都大坑冶司，抑爲鑪戶，誅求日增，杰妻以憂死，其女繼之。弟大聲因赴愬，死於道路。杰知不免，舉火自經而死。」詔罷都大坑冶職。（續資治通鑑，卷一六六，宋紀第一六六）。

（註七十九）夢溪筆談，卷二十四，雜誌一。

（註八十）「韶州岑水場往歲銅發，掘地二十餘丈即見銅。今銅益少，掘地益深，至七八十丈，役夫云：地中變怪至多，有冷煙氣，中人卽死。役夫掘地而入，必以長竹筒端置火先試之，如火焰青，卽是冷煙氣也，急避之勿前，乃免。」（孔氏談苑，卷一，地中變怪）。

（註八十一）文獻通考，卷十八，征榷考五。

（註八十二）臘茶爲片茶之一種，將下等茶葉，碾爲細末，雜以腦子香及膏油，使成餅狀，以膏油塗其上。

（註八十三）片茶爲優品，其蒸造，實捲模中串之，惟建茶則既蒸而研，編竹爲格，焙室中，最爲精潔。

（註八十四）貼射之法，以十三場茶買賣本息，倂計其數。罷官給本錢，使商人與園戶自相交易，一切定爲中估，而官收其息。如鬻舒州羅源場茶，斤售錢五十六，其本錢二十五，官不復給，但使商人輸息錢三十一而已。然必輦茶入官，隨商人所指予之，給券爲驗，以防私害，故有貼射之名。若歲課貼射不盡，或無人貼射，則官市之。（宋史，卷一八三，志第一三六，食貨下五，茶上）。

（註八十五）慶曆八年十一月丙丁，詔三司「河北沿邊州軍客人入中糧草，改作四說之法，每以一百貫爲率，在京支錢三十貫，香藥象牙十五貫，在外支鹽十貫，茶四十貫。」（續資治通鑑，卷五十，宋紀五十。)

(註八十六)令商人輸芻糧塞下，酌地之遠近，而優爲其値，如輸入河北者，其大約入糧每斗增六十五錢，馬料增四十五錢。西鄙回遠，運載甚難，其入中之價，靈州斗粟有至千錢以上者，給劵至京師，償以緡錢或移文江淮給茶鹽，謂之入中。

(註八十七)商人入芻粟塞下者，隨所在實估度地理遠近增其値，給劵至京師，一切以緡錢償之，謂之現錢法。願得金帛若他州錢或茶鹽香藥之類皆聽。(續資治通鑑長編，卷一百，天聖元年正月條)。寶元康定中，西師旣興，入中糧草，在京支還交金銀錢物帛，一歲約支一千萬貫以上，三司無法應支，卽須內帑供給。

(註八十八)嘉祐四年，通商立定茶引交錢，六十八萬四千三百二十一貫三百八十，後累經減放，至治平二年，最中分收上數——一年最中數計一百一十七萬五千一百四貫九百一十九錢，內三十六萬九千七十二貫四百七十一錢茶租，八十萬六千三十二貫六百四十八錢茶稅。(夢溪筆談，卷十二，官政二)。

(註八十九)其害有五：一、江南、荆湖、兩浙數路之民，舊納茶稅，今變租錢，使民破產亡家。二、自新法旣用，小商所販至少，大商絕不通行。三、自新法之行，稅茶路分，猶有舊茶之稅，而新茶之稅絕少，年歲之間，舊茶稅盡，新稅不登，則頓虧國用。四、往時官茶容民入雜，故茶多而賤，徧行天下。今民自買賣，須要眞茶，眞茶不多，其價遂貴，小商不能多販，又不暇遠行，故近茶之處，頓食貴茶，遠茶之方，向去更無茶食。五、近年河北軍糧，用現錢之法，民入米於州縣，以鈔算茶於京師，三司爲於諸場務中，擇近上場分，特留八處，專應副河北入米之人，翻鈔算請。今場務盡廢，然猶有舊茶可算，所以河北和糴，日下未妨。竊聞自明年以後，舊茶當盡，無可算請，則河北和糴，實要現錢，不惟客旅得錢，變轉不動，兼亦自京師歲歲輦錢於河北和糴，理必不能。（歐陽文忠公集，奏議集，卷十六，論茶法奏狀，嘉祐五年）。

（註九十）至和年間，「山園茶盛四五月，江南竊販如豺狼。頑凶少壯冒嶺險，夜行作隊如刀槍。浮浪書生亦貪利，史笥經箱爲盜囊。津頭吏卒雖捕獲，官司直惜儒衣裳。」（宛陵集，卷三十四，聞進士販茶）。

（註九十一）文獻通考，卷十八，征榷五。

（註九十二）宋史，卷一八四，志第三十七，食貨下六，茶下。

（註九十三）河北鹽素無禁榷，防私梟。滄濱二州鹽，以地近虜，自開寶以來，聽人貿易，官收其算，歲爲額錢十五萬緡。元豐三年，章惇行河北榷法，哲宗即位罷之。紹聖中又復施。

（註九十四）武溪集，卷六，楚州鹽城南場公署壁記。

（註九十五）宋史，卷一八二，志第一三五，食貨下四，鹽中。

（註九十六）蘇東坡集，卷二十九，上文侍中論榷鹽書。

（註九十七）宋史，卷一八二，志第一三五，食貨下四，鹽中。

（註九十八）宋史，卷一八三，志第一三六，食貨下五，鹽下。

（註九十九）宋史，卷一八五，志第一三八，食貨下七，礬。

（註一〇〇）建隆初，蠲除津渡稅，其餘橘園、魚池、水磑、社酒、蓮藕、鵝鴨、螺蚌、柴薪、地舖、枯牛骨、溉田、水利等名，皆因諸國舊制，前後屢詔廢省。民船載粟稅，太平興國三年亦除之。（宋史，卷一八六，志第一三九，食貨下八，商稅）。
（註一〇一）文獻通考，卷十四，征榷一。
（註一〇二）同上書。
（註一〇三）宋史，卷一八六，志第一三九，食貨下八，商稅。
（註一〇四）宋史，卷一八五，志第一三八，食貨下七，酒。
（註一〇五）洪适謂：「紹興間所謂麴引，在法：諸鄉村去州縣二十里外，有吉凶聚會，聽人戶納錢買引於鄰近酒戶寄造，上戶納錢三貫，造酒十石；中戶則二貫，造七石；下戶則一貫，造三石。以其錢作朝廷封樁，但縣吏以多寡勒索，酒戶亦視其貧富而剝削。中下戶緣無力出錢買引，遂有過期不成婚姻者。」（盤洲文集，卷四十九，荊門軍奏便民五事狀）。
（註一〇六）宋史，卷一七九，志第一三二，食貨下一，會計。
（註一〇七）紹興十五年，始收僧道士免丁錢，按其階級，自十五千至二千，凡九等，歲入緡錢約五十萬，隸上供。
（註一〇八）文定集，卷一，應詔言弭災防盜事。
（註一〇九）演繁露，卷五，丁錢條。
（註一一〇）文獻通考，卷十一，戶口二。
（註一一一）宋史，卷一七五，志第一二八，食貨上三，布帛。
（註一一二）「天聖元年，薛田守蜀，就成都、重慶府，邛、彭、漢州，永康軍產麻去處，先支下戶本錢每疋三百文，約麻熟後輸官，應副陝西、河東、京東三路綱布。是時布價甚賤，因以利民，故願請者衆，不願者不強也。熙寧間，布值漸長，民無請者，漕司始增價至四百文，民尚樂輸。建炎後，趙開始改理估錢，每疋增至二貫。自後累經臣僚奏減，則又就除本錢三百，每疋爲錢一貫七百，去原買之意愈遠，而名愈不正。以今日所取之數言之，爲布七十二萬八千八百疋，價例不等，爲錢一百三十七萬七千有奇，有麥折敷二百文科一疋者，有麥折七十文亦科一疋，科敷既久，民力益困，年豐穀賤，則所收不足以償所輸，脫遇凶年饑歲，則十室九空。」（鶴山先生大全文集，卷三十二，上吳宣撫獵論布估）。

（註一一三）所謂虛額者，是積年拖欠，催科不行，雖屢經恩赦，有司不與放免。又昔之監司好聚斂者，取諸州積年酒稅諸色無名科斂之數，以一年最多者立爲定額。其後酒稅諸色之數不登，而有名無實之額常存，屢次督催，有預借民間常賦以充之。

（註一一四）三朝北盟會編，卷九一，紹興九年正月十四日條。

（註一一五）毘陵集，卷三，措置江西善後劄子。

第七章 經濟生活(二)

第五節 通 貨

五代以來，沿用唐舊錢，別鑄者殊鮮。錢幣經濟，至宋而成熟，每一朝皆鑄錢，所鑄元寶或通寶，共有六十三種。宋自平廣南、江南後，聽權用舊錢，及別鑄新錢，皆用元寶而冠以年號，或稱重寶，而稱通寶者為多。開寶中，初鑄錢，文曰：「宋通元寶」，嚴禁闌出境外。太平興國後，又鑄「太平通寶」錢，太宗親書「淳化元寶」，作眞行草三體。自後每改元必更鑄。及改號寶元，文當曰：「寶元元寶」，詔學士議，因請改曰：「豐濟元寶」。仁宗特命以「皇宋通寶」為文，以年號有寶，文不可重故也。慶曆以後，復冠以年號如舊。凡諸州輕小惡錢及鐵鑞錢悉禁之，私鑄者皆棄市。鑄錢用劑成份，每千文用銅三斤十四兩，鉛一斤八兩，錫八兩，成重五斤，大抵以此為標準。惟建州所鑄，銅增五兩，鉛則減五兩。景祐二年，鑄銅錢千枚，用劑八十八兩，重八十兩，用劑成份，銅居六分，鉛錫居三分。鑄大鐵錢千枚，用鐵二百四十兩，重一百九十兩，此其大法也。度支判官許申，建議以藥化鐵與銅雜鑄，而銅居三分，鐵居六分，卒無成功。錢有銅鐵兩種，其折二、折三、當五、折十，則隨時立制，行之久者唯小平錢，夾錫錢最後出。太平、祥符、崇寧，因銅料豐富，錢最精好。其後屢減料，致錢日惡，錢法由是而壞。

銅錢鼓鑄，初置四監：㈠饒州曰永平（用唐開元錢料最善，歲鑄三十萬貫）；㈡池州曰永豐（歲鑄四十四萬五千貫）；㈢江州曰廣寧（歲鑄三十四萬貫）；㈣建州曰豐國（歲鑄百萬貫）。初平江南，歲鑄錢不過七萬貫。茲將北宋各朝歲鑄銅錢額與監數列表如下：

年代	歲鑄額	監數	備考
至道年間	八〇〇、〇〇〇貫	一	
咸平三年	一、二五〇、〇〇〇	一	
景德末年	一、八三〇、〇〇〇	四	
大中祥符八年	一、二五〇、〇〇〇	四	
天禧末年	一、〇五〇、〇〇〇	一	
天聖年間	一、〇〇〇，〇〇〇	一	一百萬餘貫
慶曆年間	三、〇〇〇、〇〇〇		
皇祐年間	一、四六〇、〇〇〇	五	
治平年間	一、七〇〇、〇〇〇	六	

熙寧八年	三、七三〇、〇〇〇	一七
元豐三年	五、〇六〇、〇〇〇	一七
崇寧四年	二、八九〇、〇〇〇	一〇
宣和二年	三、〇〇〇、〇〇〇	一八

仁宗朝，諸路錢歲輸京師，四方通貨恐慌，由是錢重而貨輕。景祐初，詔以江東、福建、廣南歲輸錢三十餘萬貫，易爲金帛，俾錢流通民間。慶曆五年，洛南縣紅崖山，虢州青水冶青銅，置阜民朱陽二監。陝西復採儀州竹尖嶺黃銅，置博濟監，鑄一當十大銅錢。時民間盜鑄者衆，錢文大亂，物價翔湧，公私患之。八年，定大銅錢一當小錢三，小鐵錢三當銅錢一，且罷官所置鑪，自是姦人稍無利，猶未能絕濫鑄也。其後詔商州罷鑄靑黃銅錢，又令陝西大銅錢一當大鐵錢二，盜鑄乃止。但法令數變，兵民耗損，甚爲咨怨。韶州天興場，歲採銅二十五萬斤，置永通監鑄錢。熙寧四年，改鑄折二錢，銅費相當，盜鑄無利可圖，乃衰息，自是折二錢通行於全國，鑄錢監亦大爲增加。紹聖時，蔡京改鑄當五大銅錢，以「聖宋通寶」爲文。崇寧三年，又鑄當十大錢，每貫重一十四斤七兩，用銅九斤七兩二錢，鉛四斤一十二兩六錢，錫一斤九兩二錢，除火耗一斤五兩，每枚錢重三錢。置鑄錢院，限歲鑄三十萬貫，並將折二錢改鑄當十錢，而私鑄遂興，雖嚴懲之，犯法者不爲止。乃命荊湖南北、江

南東西、兩浙並以當十錢改作當五錢，舊折二錢仍舊，令以江爲界。政和時，當三大錢止行於京畿東西及河東北，由是東南小平錢甚重而物輕，西北反是。大錢不行於東南，慮盜鑄也。然小平錢益少，盜鑄未已，私錢充斥，又流行當三當五，通貨混亂，人民苦之，而當十錢之弊害，雖朝議紛紛，但以蔡京作梗，始終無法解決也。

宋初，亦有鐵錢流通，川陜福州沿舊制用之。開寶三年，雅州百丈縣，太平興國八年，福建之建州，皆鑄鐵錢。鑄鐵錢有三監：㈠邛州曰惠民；㈡嘉州曰豐遠；㈢興州曰濟衆。行使銅錢者十三路，銅鐵錢者兩路（陜府西路、河東路），鐵錢者四路（成都府路、梓州路、利州路、夔州路）。四川鐵錢不出境外，大鐵錢每貫重十二斤十兩，其鑄法：每千文用鐵二百四十二兩，重一百九十二兩。嘉邛二州所鑄大鐵錢，每貫重二十五斤八兩，値銅錢一，小鐵錢十，兼相行用。然四川各地銅鐵錢兌換數，有銅錢一枚可兌換鐵錢六枚八枚等，價格亦不一致。後以鐵重，多盜鎔爲器，每二十五斤鬻之，値二千錢。大中祥符七年，知益州凌策言：錢輕則行者易齎，鐵少則鎔者鮮利。於是詔減景德二年之制，其現使舊錢，亦令仍舊行用，歲鑄共二十一萬餘貫。慶曆中，陜西河東皆用鐵錢，後小鐵錢獨行於江東。晉澤二州有鑄錢監，鑄造大小鐵錢，兩監每日共鑄不過四百貫，一歲不過十六萬貫，獲淨利十萬貫，大錢獲利平均增至二十倍，故犯法日多，小錢獲利只得一二倍。陜西許用銅錢及大鐵錢，以一折二，然小鐵錢四十萬緡，積在同華二州。熙寧八年後，諸路鑄錢共二十六監，其中鐵錢九監，鑄錢八十八萬九千二百三十四貫。陜西銅鐵錢既並行，熙寧間，銅錢一貫換鐵錢一貫零五文。元祐三年以前，本無分別，惟欲遠行，銅錢易於携帶，其找兌率每貫加二十至五十文而已。六年，加二百文。紹聖元年，加二百五十文。四年，加四百文。元符二年，加六百文。此因銅錢漸少，鐵錢積多，民間賤之。陝西鑄折二鐵錢，十五枚僅能比小銅錢十枚，或一比一而已。崇寧二年，河東運判洪中孚言：「二虜以中國鐵錢爲兵器，若雜以鉛錫，則脆不可用，請改鑄夾錫錢，當三當十鐵錢。」蔡京從之。四年，詔鑄於陝西，以夾錫錢一折銅錢二，每緡用銅八斤，黑錫半之，白錫又半之。既而洪中孚請通行於全國，京欲用其言，會罷政。大觀元年，京復相，遂降錢式及錢母於鑄錢之路鑄錢院，專用鼓鑄。初只行於陝西，民間往往以藥沾染，與銅錢相亂。三年，京復罷政，詔以兩浙鑄夾錫錢擾民，凡東南所鑄皆罷。明年各地陸續罷鑄，其後時復時罷，至建炎始止。

先是，饒、池、江、建四監，歲鑄錢一百三十四萬緡，充上供。衡、舒、嚴、鄂、韶、梧州六監，歲鑄錢一百五十六萬緡，充各路支用。建炎兵荒，州縣困敝，鼓鑄皆廢。紹興初，併廣寧監於虔州，併永豐監於饒州，僅鑄纔及八萬緡，每鑄錢一千，率用本錢二千四百文。二年，十二萬緡。三年，十三萬緡。六年，四十萬緡。二十五年，十四萬緡。二十六年，二十二萬緡。二十七年，以饒、贛、韶三州鼓鑄，定以二十三萬緡爲額。紹興年間，因銅鐵鉛錫出產少，錢始較劣，至隆興間更淆雜。隆興二年，詔鑄當二小平錢，如紹興之初。四年，置和州鑄錢監。六年，置舒州同安監、蘄州蘄春監、黃州齊安監（三監歸司農丞許子中所領）、江州廣寧監、興國大冶監、臨江軍豐餘監、撫州裕國監（四監歸發運司所領），皆鑄鐵錢，共認鑄三十萬緡，其大小鐵錢，令兩淮流通。乾道六年，併鑄錢司歸發運司，至七年復置。八年，定江西四監鐵錢額，每歲廣寧監、大冶監各十萬緡，豐餘監、裕國監各五萬緡。是時，大江之西及湖廣間多毀錢，夾以沙泥重鑄，號沙尾錢，詔嚴禁之。淳熙元年，罷鐵錢改鑄銅錢。五年，令舒州蘄州兩監歲增鑄額至四十五萬緡，其後裁減至三十萬緡，錢以「淳熙通寶」爲文。湖北是行使鐵錢地份，多取給於漢陽監，民戶艱得銅錢。至於川陝，亦皆用鐵錢，由嘉、邛、利州等監鼓鑄以供給之。十年，禁內郡行用鐵錢。慶元二年，禁銷錢爲銅器。三年，復銅禁，以所括之銅器，鑄當三大錢，歲收江西四監新錢一百零五萬緡。寶慶元年，新錢以「大宋元寶」爲文。嘉熙元年，新錢當二及小平錢，並以「嘉熙通寶」爲文，當三錢則以「嘉熙重寶」爲文。寶祐元年，仍鑄新錢，以「皇宋元寶」爲文（註一）。

歷代雖陸續鑄錢，但常有錢荒之現象。造成錢荒之原因：一由於調劑之失靈，一由於通貨之外流。宋代兩稅不用錢，錢之入官者，惟茶鹽酒稅雜利而已，民間尙有現錢流通。通常東南諸郡，常患錢荒。熙寧以來，民間出錢免役，又出常平息錢，錢入官而不出，官庫之數，貫朽而不可較，民間官錢，搜索殆盡，市井所用，多私鑄小錢。錢既積於官，無宣洩之道，民無現錢，百物遂益賤。且因商業擴展，交通頻繁，錢幣數量雖增加，仍不能滿足市場上需要，故乾道九年，朝廷禁令三貫錢以上不得出城門，五貫錢以上不得下江，以私販載外州，致發生錢荒也。錢幣之外流，於開國之初爲甚，開寶三年，曾下嚴禁之令。慶曆元年，詔以銅錢出外界，一貫以上爲首者處死，其爲從若不及一貫者，則決配遠州。熙寧七年，頒行新敕，刪去錢禁之條（註二），流出境外者多，張方平曾痛論其弊。又自廢罷銅禁，民間銷毀，無復可辨，是以銅錢日少，鐵錢滋多。蘇轍北使還論事宜云：「本朝每歲鑄錢以百萬計，而所在常患錢少，蓋散入四夷，勢當爾也。」（註三）故元祐六年，申錢幣闌出之禁，立銅錢出界徒流編配首從之法，但實行頗難。南渡之初，鼓鑄皆廢，而錢又外流，錢荒更為嚴重。時宋錢已為流通世界之通貨（註四），蕃夷得宋錢，分庫藏貯，以為鎮國之寶，故入蕃者非有銅錢不往，而蕃貨亦非有銅錢不售。海舶高大，多以貨物覆其上，而其內盡載銅錢，私運出口。紹興十年立制，當市舶解纜之時，特派官吏親臨檢查，使不得偷運銅錢。又至港口，目送船舶放洋，以防其在海上秘密貿易。當時銅錢流出，一部份輸入日本而流通於其民間。慶元、端平、淳祐年間，皆嚴禁銅錢出海，但未絕也。另一方面，宋金對峙之局，金人物資北移，府庫多在上京等處，河南之民甚貧，錢亦益少。宋人為防金人吸收銅錢外流，凡毗鄰之兩淮、湖北等沿邊地區，只流通鐵錢。江北之銅錢，自乾道以來，以鐵錢或會子收兌之，送行在，嚴禁透漏北行。嘉定元年，淮楚屯兵，月費五十萬，現錢居其半，南北貿易，現錢之流入敵境者不知其幾，於是沿邊皆用鐵錢。五年，江北以銅錢一枚準換鐵錢四枚，禁之。宋代輸官錢，因北漢制，亦以八十或八十五文為陌。然諸州私用，猶有隨俗至於四十八錢者。太平興國二年，始詔民間緡錢，定以七十七錢為陌。自是全國承用，公私出納皆然，故名省錢，亦謂之省陌。其後有所謂頭子錢者，每貫五十六，除中都及軍兵俸料外，自餘為州縣官民所當得。其出者每百纔得七十一錢四分，其入者每百為八十二錢四分，原無所謂七十七矣（註五）。四川自行錢引，每貫收頭錢三十。紹興初，增至三十八；慶元嘉泰間，增至六十四。市肆之間交易，又有尅其五者，謂之依除。論錢陌者，有所謂十十錢，言其足數滿百，並無蹺減也（註六）。

金銀尚未作通貨之流通，但自有一定之價值。金價：咸平中，每兩爲錢五千文，大中祥符八年，爲一萬文。哲宗徽宗時，仍爲一萬文。靖康元年二萬文。南渡後，紹興四年，三萬文。嘉定二年四萬文。端平間，金二千兩約值官會十六萬貫，一兩約值八十貫。大中祥符元年，以蓄客收買，禁市金；頒有文符，始准官市。至淳熙元年，禁金出國。銀價：咸平中，每兩爲錢八百文，天禧末，爲一千六百文。康定元年，二千文。紹興三年，二千二百文，隆興二年，三千文。端平間，銀十六萬兩，約值官會一百零五萬貫，一兩約值六貫餘。眞宗時，對遼夏是用銀作歲幣，自澶淵之盟，歲與契丹銀幣一十萬兩，其後增至二十萬兩。其累年所得銀幣之數，以千百萬計。此等銀，復流入漢界相貿易，自慶曆後，契丹始禁止之。銀之形式，有鋌（板）形、餅形、牌形等色，每枚重量約分五十兩、二十五兩、十二兩五錢三種。金則普通爲十兩。景祐二年，詔福建二廣「歲輸緡錢，易以銀」，此爲歲賦征銀之始。桂陽軍產銀，以銀爲稅，早在天禧間行之，民以爲便。南宋時，銀已爲一般之通貨，租稅折銀征收，更爲普遍矣。

除上述之硬幣外，宋代有匯票性質之通貨，曰交子，曰關子，曰會子，卽有價值證券，爲世界上最古之紙幣，比西洋紙幣史，殆提早八百年也。茲分述如下：

（一）交子　太祖時，取唐朝飛錢故事，許商民入錢京師左藏庫，以諸州錢便換。開寶三年，置便錢務，令商人入錢者，詣務陳牒，即日輦致左藏庫，給以劵，仍勅諸州，凡商人攜劵至，當日付給，不得阻滯，違者科罰。此法本以代輸運現錢，商人入錢，請在某地受領，謂之便錢。其後京師用度益多，諸州錢皆輸送，其轉易當給以錢者，或以物折付。至道末，商人便錢一百七十餘萬緡；天禧末，又增一百一十三萬緡。此後不見其結末。初，蜀用鐵錢，以二十五斤爲一千，其中者以十三斤爲一千，行旅携帶艱難。眞宗時，張詠守蜀，以爲不便，設質劑之法，以便貿易。始由益州富豪十六戶，連保作交子。諸豪以時聚首，同用一色紙印造，印文用屋木人物，鋪戶押字，各自隱密題號，朱墨間錯，以爲私記，書塡貫數，不限多少。收入人戶現錢，便給交子，票面額有五貫至十貫者，不分遠近行用。街市交易，如將交子兌換現錢，每貫扣除三十文爲利。每歲絲蠶穀麥將熟時，又印交子一兩番，捷如鑄錢，收買蓄積，廣置邸店屋宇園田寶貨。亦有詐僞者，興訟不少；或人戶來兌錢，貲缺不能償所負，則聚衆爭鬧。官爲差官攔約，每貫至多只得七八百文。知益州府事寇瑊，以此舉侵欺貧民，遂乞禁交子。令知益州薛田，轉運使張若谷，共議定奪。奏謂廢交子，則貿易不便，請官爲置務，以榷其出入，禁民私造。詔從其請，置交子務於益州，改爲公營。每交之額面爲一緡，以三年爲一界，期滿後換取新劵。天聖元年，第一界以一百二十五萬六千三百四十緡爲額，而有本錢三十六萬緡，貯備兌換。故其初制，兌換準備，雖不及三分之一，而民間樂用之。二年，書放第二界三百八十八萬四千六百緡。但以由官發行，以充經費，故有增額虛印之弊。皇祐三年，三司使田況奏請廢罷，然以行用既久，卒難改更。熙寧元年，轉運司奏請每界交子，以百分之六十書造一貫文，百分之四十書造五百文，俾重輕相權，易於流通，從之（註七）。又立僞造罪賞如官印文書法。以河東運鐵錢勞費，公私苦之。二年，乃詔置交子務於潞州，後以其影響於鹽礬之發售，罷之。四年，復行於陝西，文彥博等奏其不便，亦罷。五年，交子第二十二界（歷六十五年）將易，而後界給用已多，詔更造第二十五界一百二十五萬緡以償第二十三界之數，交子有兩界自此始。時交子發放多而錢不足，難維持幣值。於是罷陝西交子法。紹聖以後，陸續濫發，書放亦無定數。崇寧三年，私造交子者罪以配徒。四年，令諸路更用錢引（現錢文據，本以代鹽鈔），準新樣印製，四川如舊法，罷在京並永興軍交子務，時錢引通行諸路，惟閩、浙、湖、廣不行。五年，以未普遍行於諸路，罷印製。大觀元年，改四川交子務為錢引務，但因濫造故，錢引額較天聖一界逾二十倍，而價愈損，以第四十三界引準書放數，仍用舊印行之，然不蓄本錢，而增造無藝，引值各地既不同，益賤而不可用。三年，詔錢引第四十一至四十三界毋收易，只如天聖額書放。四年，以封樁錢五十萬緡為成都務本，復循舊法，引價略平。政和元年，錢引增印至四十四界始止，以後乏用時，聽於界內續增而已（註八）。

（二）**關子**　所謂交子關子者，大抵因交關一辭聯想而得之。紹興元年，有司因婺州屯兵，請樁辦合用錢。戶部以舟楫不通，錢重難致，造現錢關子，付婺州，召行商入中，執關子赴榷貨務請錢，有願得茶鹽鈔香貨鈔引者聽。於是州縣以關子充糴本，未免抑配，而榷貨務又只以日納三分之一償之，人皆嗟怨。六年，置交子務，令榷貨務儲現錢，印造關子。二十九年，印給公據、關子，付三路總領所，淮西湖廣關子各八十萬緡，淮東公據四十萬緡，皆自十千至百千，凡五等，內關子作三年，公據二年行用，許錢銀中半入納（註九）。

(三) 會子

關子性質，本爲一種支付命令，而事實上變爲限制兌換之紙幣，流通既久，漸失信用，難復可行。故紹興三十年，戶部侍郎錢端禮受旨造會子，亦稱爲官會。端禮委徽州創樣撩造紙五十萬，以銅板印造新會子。初以分數給朝士俸，而於市肆熱鬧處置五場，儲現錢收換，每一千別輸錢十，以爲吏卒用，總額不過四百餘萬緡，商賈入納，外郡綱運，悉同現錢，無欠數、貼償，及脚乘之費，公私便之，遂不更用關子。初制：每界於四月造新會子，至歲終造一千萬道，每道一緡，自十二月一日起，置局收換舊會子，至明年三月十日終盡絕。三十一年，詔會子務隸都茶場，務門兼職，以都司官提領，每日以二百零四人從事製造，以爲客商請買茶鹽香礬等，歲以一千萬緡，可以陰助稱提（每以金銀等隨時買回會子，以調劑幣値，謂之稱提），既儲有現錢以爲本，又非全仰會子以佐國用，故行使而無疵。三十二年，詔定僞造會子之罰（犯人處斬），日造會子，監官分押，每一萬道解赴戶部覆印。當時會紙取於徽池州，續造於成都府，又造於臨安府。會子初行於兩浙，後又詔通行於淮、浙、湖北、京西，除亭戶鹽本並用現錢外，其山嶺崎嶇不通水路來往之上供等錢，許盡用會子解發。其沿流州軍，錢會各半。民間典賣田宅馬牛舟車等如之，或全用會子者聽。隆興元年，詔官印會子，以隆興尚書戶部官印「會子之印」爲文，更造五百文會，又造二百文會，三百文會。五年，置江州會子務。既而印造益多，而實錢寖少，至於十而損一，未及十年，不勝其弊。乾道二年，因左司諫陳祐言會子之弊，出內庫及南庫之銀一百萬兩，收而焚毀之（註一〇），僅解一時之急。三年，度支郎中唐瑑言：「自紹興三十年至乾道二年七月，六年之間，會子印發數二千八百餘萬道，止乾道二年十一月十四日以前，共支取過一千五百六十餘萬道，除在官司樁管環循外，其在民間流通者有九百八十萬道；自十一月十四日以後措置收換，截至三年正月六日，共繳進過一百一十八萬九千餘貫，尚有八百餘萬貫未收，大約每月收換不過六七十萬。緣諸路綱依近指揮，並十分現錢，州縣不許民戶輸納會子，是致在外會子，商賈往往低價收買，輻輳行在，所以六務支取擁并，詔給降度牒及諸州助教帖各五千萬，付榷貨務召人全以會子入納，候出賣將盡，申取朝廷節續給降，務欲盡收會子也。」六月，戶部尚書曾懷言：「會子除收還外，有四百九十萬貫流在民間，乞存留行使。」此爲會子之第一期末立償還定限（所謂界），而許支取錢物，以稅課徵收，遂致跌價。十二月，以民間會子有破損者，另造五百萬道換給之。

第二期會子，自乾道四年始，以三年爲一界，每界額爲一千萬緡，逐界造新收舊；收到舊會，毀抹截鑿，付會子局重造。凡舊會破損，如貫百字存，印文可驗者即與兌換。五年，令行在榷貨務都茶場，將請算茶鹽香礬鈔引者，權許收換第一界會子，自然每界收換如之。其州縣諸色綱錢，以七分收錢，三分收會。故第二期之會子，比第一期爲進步，以各州縣綱運兼用會子，外郡通行，茶鹽兩項佔歲入之最大宗，故其收入，循環換易會子之機會較多，自有回籠之路。乾道年間，歲入五千五百餘萬緡（賦稅納本色者不計），會子收回，自有相當資金。故自乾道四年以迄慶元元年之三十年間，會子通行，較少弊病。其初，會子以三年爲界，淳熙三年，詔第三第四界各展限三年，則以六年爲界矣。每界之額，始爲一千萬緡，淳熙三年，令第四界續印會子二百萬緡，當時戶部歲入一千二百萬緡，其半爲會子，而南庫以金銀換取者四百萬緡，流行於外者僅二百萬緡耳，因此民甚重之。七年，帝諭宰執曰：「近來會子與現錢等，因不復增印之故。」當時南北方休息，歲入之數，與會子之收回，實有比例。十二三年間，仍保持幣值，每道會子可兌銅錢七百五十文。但僞造者所在有之，宿弊又生。而富商權貴，皆藏銅錢，百姓三軍，唯用會子。故孝宗怒焉憂之(註一二)，極力警戒，避免濫發。紹熙元年，以新界發出之後，舊界仍未收回，第七（二千三百二十三萬緡）第八兩界會子，同時行用，詔各展三年，臣僚言今展至再，則爲九年，於是詔造第十界，立定年限。

自慶元元年起，入於第三期，迄於淳祐七年，凡六十七年。其間各界會子，既不依期，又不依額，幣值降至六百二十文，惟以稱提之術維持其價值而已。慶元元年，詔會子每界以三千萬緡爲額。然東南則用行在會子，兩淮則用鐵錢會子，而湖北會子，則又異於二者，紙幣混雜，使商旅不通。開禧兵興，會子增至一億四千萬緡，故會子輕，僅值半價。嘉定二年，以三界會子數多，稱提無策，未經收回之會子，第十一界（三千六百三十二萬零二百緡）尚有一千三百六十餘萬緡，第十二界四千七百五十八萬餘緡，第十三界五千五百四十八萬緡。三界共約有一億一千六百餘萬緡。以會子數多，價值大貶，始以封樁庫金、度牒、官告綾紙、乳香等，湊成三千萬緡，添貼臨安府官局，收換舊會子，品搭入輸，以舊會子二易新會子一，則當時會子之價，約貶去一半矣。厥後直至紹定五年之二十四年間，遞次加增，皆爲第十四（一億一千二百六十三萬緡）、十五（一億一千六百九十八萬緡）兩界之會子，且有事山東，已增至二億二千九百餘萬緡。然當第十四界會子新行，價值日損，已成通貨膨脹之勢。紹定六年，印造第十六界（一億三千三百五十五萬緡），嗣又印造第十七界（一億三千九百八十六萬七千餘緡）。斯時財困於養兵，兵費困於生券，端平初，王邁曾剴切言之：「國貧楮多，弊始於兵。乾淳初生楮幣止二千萬，時南北方休息也。開禧兵興，增至一億四千萬矣。紹定有事山東，增至二億九千萬矣。議者徒患楮窮而弗懲兵禍，姑以今之尺籍校之，嘉定增至二十八萬八千有奇。用寡謀之人，試直突之說，能發而不能收，能取而不能守。今無他策，核軍實，窒邊釁，救楮幣第一義也。」（註一二）二年四月，都省言：第十六十七界會子，散在民間，爲數浩瀚，會價日損，物價日昂，若非措置收減，無由增長。詔令封樁庫支撥度牒五萬道，四色官資付身三千道，紫衣師號二千道，封贈敕告一千道，副尉減年公據一千道，發下諸路監司州郡，廣收兩界會子（註一三）。但所收會子，付封樁庫貯之，以備緩急，會子更壅積，乃罷諸造紙局，官印多方收減。嘉熙三年，以楮輕，詔戶部下諸路州軍應稅賦征榷其一半現錢，聽民間以全會折納。四年，發行第十八界，收換第十六界，將第十七界折半，當第十八界一券行用。當時有第十六、十七、十八界，共三界流通。十六界以前，用川紙印，堅而精，不易僞造。第十七界雜以杜紙，第十八界全用杜紙，僞造漸多。會子既混亂，難以通行，乃令以第十七界之五緡，準第十八界之一緡（時第十七界僅値錢五十文，第十八界値二百五十文），收回第十六界，不復行用。原擬第十八界一億緡，收回第十六、十七兩界五億緡，既而不能實行，僅換去第十六界，而第十七十八兩界，相並行使。金人亦有官鈔，曰交鈔，曰寶鈔，其無法維持幣值（註一四），亦與宋會同也。

第四期會子，由淳祐七年起，令第十七十八界，更不立限，取消分界之辦法，永遠行使，至咸淳末止，凡二十九年。十一年，以會子價增減，課其官吏。景定四年，以收買逾限田之故，復日增印會子十五萬緡，次年另發行有所謂現錢關子，凡二千萬緡，每百作七十七文足，以一準第十八界之三，廢第十七界不用。但發行既無限制，盡侵會子流通之領域，於是會子更賤。置會子之初意，本非卽以會爲錢，蓋以茶鹽鈔引之屬視之，而暫以權錢耳。然鈔引所值者重，而會子只限於一緡，下至二百三百文。茶鹽鈔引必須分路行使，而會子公私買賣支給，無往而不用，流落民間，愈多而愈賤。光宗寧宗以後，會子濫發，銅錢罕見，貯備不足，致物價飛騰，民生憔悴，公私俱困矣。

凡山嶺崎嶇，交通困難之州縣，苗米無上供之綱，每以絹帛折納，取其便也。南宋時，由於山地交通不便，硬幣載運困難，產銅不足，鑄錢至感不易。故其貨幣，實以會子爲主，携帶輕便，商賈亦樂用之，雖有銅錢，殆同輔幣。至於區域性貨幣，則有川引、淮交、湖會，各自印造。川引在北宋時，已與交子兼相並行，但只限行使於川境。淮交湖會，則爲會子之別種，行使於兩淮與兩湖。川引與淮交，則又代表鐵錢者也。茲再分述此三種區域性貨幣如下：

甲、川引　四川錢引，自蔡京改稱後，仍繼續行用。南宋初期，西北用兵，增印日多，莫能禁止。糴本軍需，皆恃川引以行。印給既多，將封樁本錢侵用，故引法日壞。紹興七年，川引三界通行，爲三千七百八十餘萬緡，以至於紹興末年，積至四千一百四十七萬餘緡，所貯鐵錢，僅及七十萬緡，又以鹽酒等陰爲稱提。以後陸續添印，至淳熙五年，竟達四千五百餘萬緡，立額不令再增。紹熙二年，詔川引展界行使。嘉泰末，兩界出放凡五千三百餘萬緡，通三界出放益多矣（增一界爲二千四百萬緡）。嘉定初，錢引價半減，每緡只値鐵錢四百以下，擬設法盡量收回，終於難行。於是商賈滯用，民皆嗟怨，一引之値，僅售百錢，制司乃厲行收兌，民心稍定，引値遂漲至五百有奇。三年春，制總司收兌第九十一界二千九百餘萬緡，其一千二百萬緡，以茶馬司羨餘錢及制司空名官告，總所樁管金銀度牒對鬻，餘以第九十三界錢引收兌，又造第九十四界錢引五百餘萬緡，以收前宣撫程松所增之數。自元年三年兩收舊引，引値遂復如故。川引原以三年爲一界，九年改爲十年一界。寶祐四年，倣會子例，印造之權，歸之朝廷，造四川會子，每道定値七百七十錢，川引遂毀，銀會姑存。咸淳五年，復以會板發下成都，運司掌之，印發會子，歲以五百萬貫爲額。

乙、淮交　乾道元年，戶部侍郎林安宅言：「督府妄費印給會子太多，而本錢不足，遂致有弊，乞別給會子二十萬，背印淮南州軍行使，不得越過他路。」二年六月，詔別印二百、三百、五百、一緡交子三百萬緡，只於兩淮州縣行使。其日前舊會，聽對換，凡入納買賣，並以交子現錢各半。如往來不便，詔給交子會子各二十萬，付鎮江、建康府榷貨務，使淮人之過江，江南人之渡江者，皆得對換，循環使用。此策亦以對抗金人之交鈔也(註一五)。然自紹興末年以前，銅錢禁用於淮，而易以鐵錢；會子既用於淮，而易以交子，於是商賈不行，淮民以困。後又詔銅錢並會子依舊過江行使，又詔江南州郡民間行使淮交者，從便。乾道三年，詔造新交子一百三十萬緡，付淮南漕司分給州軍，對換行使，不限以年。紹熙三年，新造交子三百萬緡，以二百萬付淮東，一百萬付淮西，每緡準鐵錢七百七十文足，以三年爲界。慶元四年，詔兩淮第二界會子限滿，明年六月，更展一界。嘉定十一年，造兩淮交子二百萬，增印三百萬。十三年，造二百萬，增印一百五十萬。十四十五年，皆及三百萬。自是其數日增，價亦日損，稱提無術，但屢與展界而已。

丙、湖會　隆興元年，襄陽郢復等處大軍，支請以錢銀品搭，令措置於大軍庫現錢，印造五百並一貫直便會子，發赴軍前，當現錢流通於京西湖北路行使。印造之權既專，則印造之數日增。且總領所所給，只行本路，而荆南水陸要衝，商賈必由之地，流通不便。乾道三年，乃詔總所以印造銅板繳申尚書省。四年，以淮西總所關子二十萬，又撥茶引八十萬，付湖北漕司收換，輸左藏庫；又命降銀錢收之。五年，詔戶部給行在會子五十萬付荆南府兌換。淳熙十一年，再印給湖北會子二百萬貫，收換舊會。十三年，詔湖廣會子，仍以三年爲界。紹熙元年，除累易外，在民間行用者，有五百四十餘萬。至嘉定十四年，詔造湖廣會子三十萬，對換破損會。十七年，造湖廣第六界會子二百萬。嘉熙二年，撥第七界湖會九百萬，付督視參政行府。寶祐二年，撥第八界湖會三百萬貫，付湖廣總所，易兩界破會，自後因仍行之(註一六)。

第六節　漕　運

宋代交通，大別有二：一爲陸運，一爲水運。陸運有遞鋪，爲國家通訊之設備；有驛館，爲旅客貨運之設備。遞鋪因交通工具不同，可分爲三：一、步遞，傳遞不急官文書，平時邸報常程文字。

二、馬遞，傳遞大赦之詔勅，每日行程五百里。三、急脚遞，傳遞軍事上及盜賊警報，每日行程四百里。此傳遞機關，稱爲遞舖，歸尚書省兵部之駕部郎中總轄。邊境五十至七十里爲一舖，或一百里爲一舖。內地有十里或二十里爲一舖。遞舖有時亦搬遷貨物，如上供錢物、香藥、茶或私人書信，陸放翁詩：「日暮坐柴門，懷抱方煩紆。鈴聲從西來，忽得濠州書，」（註一七）是其一例。唐以三十里爲一驛，宋代驛制較衰，約以六十里爲一驛。驛有館舍，置驛長、驛夫、驛馬，並儲有食糧及住宿設備，以便旅客之來往，此爲國家之制度。至於水運，由諸路轉運使主管者，謂之漕運，最爲發達。

太祖懲五代藩鎮之禍，蓄兵京師，以成強榦弱枝之勢，故以兵食爲重。嘉祐中，三司使張方平上論京師軍儲云：「今之京師，古所謂陳留四衝八達之地者，非如函秦天府百二之固，洛宅九州之一，表裏河山，形勢足恃。……則是今日之勢，國依兵而立，兵以食爲命，食以漕運爲本。今仰食於官廩者不惟三軍，至於京師士庶，以億萬計，大半待飽於軍稍之餘，故國家於漕事，最急最重。」（註一八）夫宋既依兵而立，兵則賴於食。食以漕運爲本，而漕運又以河渠爲主。河渠者，關係於國計民生，至重且大。故史記以平準河渠合書，蓋平賦以相準，均天下之輸斂，與河渠之通塞，實息息相關。趙宋建國，漕運之利，尤盛於唐，盡量利用河渠，置發運使，掌水陸運輸。汴京綰轂四方，漕運之便捷，爲歷代最，故粟帛賦斂，不虞匱乏，而造成大梁之繁榮。宋代國策以東南之饒，養西北之勁，張方平言：「汴河之於京城，乃是建國之本，」（註一九）蓋有由也。

宋都大梁，通漕之道，以汴、蔡（亦名惠民河，通陳潁之漕）、金水（自滎陽引水過中牟，抵大梁西，架流於汴水上，東匯五丈河，亦名天源河）、五丈（亦名廣濟河，通濟南）等四河爲四渠。其後又以汴、惠民、廣濟三河合黃河爲四河。建隆二年，首濬五丈河，金水河，及蔡河三道，以通漕運。太平興國二年，開白河（出唐州，南流入漢），欲由京西以通湘潭之漕，渠成而水不行，遂作廢。汴京漕運，以汴河貫淮河出眞揚爲主，東南漕米，由此而進，輸運最多，蔡河出淮右次之。然淮陰航行，尙多險阻，其中以山陽灣三十里，號稱「淮險」，而水準不平，沿河築堰者五，斗門水牐七十九座，以劑平水勢。舟過洪澤，湖水散漫，風濤多險，遂築隄以避之。又另闢洪澤河，龜山河，既避「淮險」，亦暢舟運。運河高江淮數丈，分處築壩，使水不他洩。又開靖安河，以避長江黃天蕩之險。歷朝經營締造，頗具匠心，以改善運河交通。至於汴河本身，宋初每年浚渫一次。大中祥符八年疏濬，以通汴口運道，令各州長吏，自今汴河淤澱，可三五年一濬(註二〇)。淮運交通，由眞揚沿運河北行，至淮陰，由末口起，有故沙河四十里；至磨盤口，有洪澤河六十里；至洪澤鎭，有龜山河五十七里。然後由淮口北渡淮，至清口，接淸河（泗水），而至汴口，客舟商舟，檣帆雲集，以入汴河。用卒牽挽，溯流直達京師，但六月翻黃沙，小舟兀浪甚苦。河濶一百至百五十尺，深八尺五寸，行平底船或淺底船，北高南低，舟行如駛，所謂「春雨微漲後，一夜到彭城」，詠其迅疾也。「汴渠千艘日上下」，詠漕運之密也。沿河首經最繁盛之市鎭，則爲南京之河市，有東西二橋，舟車所聚，民居繁夥，四方商賈之孔道也。可航期由四月至九月，約爲半年，十月閉口，則舟檝不行。且黃河挾淤，壅塞汴渠，日久失修，不但河底高出平地丈餘，容易潰決，而汴口年年閉塞，河流漲落不均，一年通漕只有二百餘日，影響汴京人民之經濟生活。熙寧四年，命沈括浚河，括測量汴河下游地勢，由汴京上善門起至泗州淮口止，計距八四〇里一三〇步，此乃汴河最緊要之地段。彼用分層築堰測量法以治之，惟因反對派之阻撓，又以開山鑿峽，工程過巨，未及完成。至元豐二年，知都水監丞范子淵始畢其功，將清汴修成，「波流平緩，兩隄平直，泝行者道里兼倍，官舟既無激射之虞，江淮扁舟，四時上下，晝夜不絕，至今公私便之。」(註二一)又有由汴京沿蔡河南下，至泗州而亦接運河。景祐三年五月，歐陽修由汴京赴荆南，雇舟南下，亦採此道。二十三日，舟次宋門，二十四日出東水門，二十七日午次陳留。六月二日宿州，三日青陽，四日泗州，九日洪澤，二十七日寶應，二十八日高郵。七月二日邵伯，三日抵揚州。沿途停留，此一段水程，凡歷月餘(註二二)。北宋漕運，以四大河爲經緯，而汴渠及淮南運河，實爲幹脈。至如導京索須河，置漕架流濟五丈河；而淮南運河，設斗門水牐以劑平水勢(註二三)，殆爲後世船閘之嚆矢，治水技術，超越前代矣。

初，四河所運，未有定制。建隆間，令自今諸州歲受稅租，及筦榷貨利上供物帛，悉官給舟車輸送京師，毋役民妨農，是爲漕運明令之始。「國初方隅未一，京師儲廩仰給，唯京西京東數路而已。河渠轉漕，最爲急務。京東自潍密以西，州郡租賦悉輸沿河諸倉，以備上供。清河起青淄，合東阿，歷齊鄆，涉梁山濼濟州，又五丈河，達汴都，歲漕百餘萬石，所謂清河即濟水也。而五丈河常苦淤淺，每春初農隙，調發衆夫，大興力役，以是開濬，始得舟檝通利，無所壅遏。」(註二四)開寶五年，率汴蔡兩河公私船運江淮米數十萬石，以給兵食。時京師歲費有限，漕事尚簡。太平興國六年，汴河歲運江淮米三百萬石，菽一百萬石。黃河粟五十萬石，菽三十萬石。惠民河粟（止供給太康、咸平、尉氏等縣軍糧）四十萬石，菽二十萬石。廣濟河粟（雜色粟豆，但充口食馬料）十二萬石。凡五百五十萬石。至道初，汴河運米五百八十萬石。景德三年，六百萬石，自是以爲歲額，從發運副使李溥之請也。唐自江淮歲運米四十萬石至長安，宋則增十餘倍，而眞州因漕運之故，代替唐代揚州之地位矣。大中祥符初，至七百萬石。天聖五年後，減五十萬石。治平二年，爲五百七十五萬五千石。凡江南、淮南、兩浙、荆湖六路上供米，皆輸運眞揚楚泗州，置轉般倉七處受納。由汴而南下之舟，則詣轉般倉，運米溯流輸京師，又置發運使領之。諸州錢帛雜物軍器上供亦如之。慶曆五年，在京諸倉二十三所，儲存糧食一千三百萬石，每月約支二十四萬餘石，計可備兩年十一月之消耗。至和初，存糧八百萬石，每月約支四十萬石，可供一年零八月之消耗。開封府人口一百萬，禁軍數十萬，胥賴汴河以爲養矣。

太平興國初，所在雇民挽舟，吏並緣爲姦，運舟或附載錢帛雜物輸京師，又回綱轉輸外州，主藏吏給納邀滯，於是擅貿易官物者有之。八年，乃擇精幹之臣，在京分掌水陸路發運事。有漕運官、提舉、催綱官，監裝卸，以京朝官任之。凡一綱，計其舟車役人之値給付，主綱吏雇募舟車到發財貨出納，並報關而催督之。自是調發邀滯之弊遂革。另有厨船造飯，可免盜米之虞。雍熙四年，合併水陸路發運爲一司。端拱元年，罷京城水陸發運，以其事分隸排岸司及下卸司。舊轉運使以本路綱發上供糧輸往眞楚泗州轉般倉，載鹽以歸，八十日一運，一歲三運，舟還其郡，卒還其家。汴舟詣轉般倉運米輸京師，歲摺運者四次，河冬涸，舟卒亦還營，至春復集，名曰放凍，卒得番休。每船之卒不過一二人，逃亡者少。分段輸送，汴船不涉江路，無風波沉溺之患。後發運使權益重，綱船既不復委本路獨專其任，而貪利舞弊，賄諸吏得詣富饒郡，市賤貿易以趨京，自是江汴之舟混轉莫辨，挽舟卒有終身不還家，老死河路者，籍多空名，漕事大弊。嘉祐五年，汴船不得復出江，至期諸路船猶不足。汴船既不至江外，江外船不得至京師，失商販之利，而汴船工卒，訖冬坐食，恒苦不足，皆盜毀船材料易錢自給，船愈壞而漕額愈不及矣。治平三年，始詔出汴船七十綱，未幾皆出江，復如故。至道末，有運船三千二百三十七艘；天禧末，二千八百一十六艘，治平二年，二千五百四十艘。熙寧二年，募客舟與官舟分運，互相檢察，舊弊乃去。自熙寧以來，歲運六百萬石供給京師外，諸轉般倉常有餘積，沿途儲糧，可備緩急，州縣告歉，則折收上價，謂之額斛。計本州歲額，以倉儲代輸京師，謂之代發。復以豐熟，以中價收糴，穀賤則官糴，不致傷農，饑歉則令民納錢，民以爲便。本錢歲增，兵食有餘，其法甚善。崇寧初，蔡京當國，始求羨財，供給侈費，以糴米數百萬緡充貢，本錢遂竭，儲積亦空，無可代發，而轉般之法壞矣。初，由眞州江岸北至楚州淮隄，以堰瀦水，不通巨舟，遂於堰旁置轉般倉，各州所輸，更用運河船駁運入汴。然卸接之間，侵盜之弊，由是而起。天聖中，度眞楚堰爲水牐，自是漕船無阻，六路州縣各認上供歲額，直達京師，號直達綱，豐不加糴，歉不代發。然以求迅速輸運故，船損無暇修整，州縣欲其速過，橫費百出，而鹽法已壞，空船而歸，舟人逃散，船亦隨壞，本法盡廢。大觀三年，詔直達綱自來年並依舊法，復行轉般。政和三年，又行直達綱，毀拆轉般諸倉，流弊滋多，羣臣以爲言，其後乃復置。靖康初，汴河決，塞築未訖，乾涸月餘，綱運不通，汴京及南京皆乏糧。水復舊，綱運沓至，兩京糧乃足。此可見其依靠汴河漕運之大矣。

其他陝西諸州菽粟，自黃河三門沿流入汴，以達京師，亦置發運司領之。慶曆中，歲漕益減耗，纔運菽三十萬石。嘉祐四年，罷所運菽，減漕船三百艘，自是歲漕僅靠汴河、廣濟、惠民等三河而已。廣濟河運京東十七州之粟帛至京師，初額爲六十二萬石。慶曆中，曾減漕運二十萬石。治平二年爲七十四萬石。熙寧七年，詔濬廣濟河，增置漕舟，其後濬河成，歲漕粟六十萬石。由石塘惠民河而運至京師者，陳、潁、許、蔡、光、壽六州之粟，初額爲六十萬石。治平二年爲二十六萬七千石。宋初，導洛入汴，歲運粟一百萬石赴西京，元豐八年罷之。衞州東北有御河，達乾寧軍(河北靑縣)。自衞州以下，可行三四百石之舟，四時通運，未嘗阻滯。河北上供輸京，及物料供應北京與接濟邊城者，每靠此河之漕運，亦由廷臣主之。廣南金銀香藥犀象百貨，陸運至江西虔州，而後水運至京。川蜀諸州金帛及租市之布，自劍門列傳，置分輦負擔至嘉州，水運達江陵。自江陵遣綱吏運送京師。(註二五)

建炎元年，詔諸路綱米，以三分之一輸送行在，餘輸京師。宗澤留守東京，開五丈河以通西北商旅。紹興初，因地之宜，以兩浙之粟供行在，江東之粟餉淮東，江西之粟餉淮西，荊湖之粟餉鄂岳荊南，量所用之數，責漕臣將輸，而歸其餘於行在，錢帛亦然。四年，詔燒毀揚州灣頭港口牐、泰州姜堰、通州白蒲堰，其餘諸堰，並令守臣開決焚毀，務要不通敵船，蓋當時戰局動盪，破壞淮運交通，以免資敵也。淮陰楚州間之運河，屢爲宋金進取退守之衝途，及局勢稍定，又思利用。紹熙五年，淮東提舉陳損之，乞興築自揚州江都縣至楚州淮陰縣三百六十里，又自高郵、興化至鹽城縣二百四十里之隄堰，隄岸旁開一新河，以通舟楫，仍存舊隄，以捍風浪。兼揚州墟鎮舊有隄牐，搬立斗門，西引盱眙。天長以來衆湖之水，而達於淮。又自高郵入興化，東至鹽城而極於海；自泰州、海陵南至揚州泰興而徹於江，共爲石磋十三，斗門七，以紹熙堰爲名。淮田多沮洳，因築隄捍，得良田數百萬頃。慶元六年，知眞州吳洪，以宣和時靖安河、下新河已堙，開上新河二十里通運舟，避大江黃天蕩之險。嘉定九年，知楚州應純之，開新河，築管家湖中心隄，北接老鸛河；又於湖河相接處，置斗門水閘。宋室南渡後，淮南運河與江南運河，漸爲運輸之幹道。陳損之大舉興修，功蹟最著。

除汴河與淮河外，交通上佔重要之地位者，首推長江，其次有黃河、渭水、洞庭湖、漢水、湘水、靈渠、鄱陽湖、贛江、錢塘江、西江等，皆通舟楫，具有輔助交通之用。長江流長水深，又有七渡口，交通甚便。黃河對漕運之利甚微，而崩潰之患，遺禍則甚大也。

陸游入蜀記，爲半旅行半遊歷性質之記載。途中見聞，可領會南宋時長江流域交通與經濟生活情形。游於乾道五年十二月六日，奉命通判夔州，方久病，未堪遠役，謀以夏初離鄉。遂於六年閏五月十八日，紹興府山陰縣出發。

六月三日黎明，至長河堰，亦小市也，魚蟹甚富。五日抵秀州。八日，遇順風，舟人始張帆，過合路，居人繁夥，賣鮓者尤衆。道旁多軍中牧馬。運河水泛溢，兩岸皆車出積水，婦人兒童竭作，亦或用牛，婦人足踏水車，手猶績麻不置。過平望，遇大風暴雨，既霽，只宿八尺，聞行舟有覆溺者。小舟叩舷賣魚，頗賤。九日午，至吳江縣，市中賣鮓魚頗珍。十六日，早發丹陽，過新豐，小憩，李太白詩云：「南國新豐酒，東山小妓歌。」又唐人詩云：「再入新豐市，猶聞舊酒香，」皆謂此，非長安之新豐也。至今市肆居民頗盛。已而抵鎮江，十九日，赴蔡守（洸）飯於丹陽樓，熱特甚，堆冰滿坐，了無涼意。蔡自點茶頗工，而茶殊下。

七月一日，黎明，離瓜州，便風掛颿，晚至眞州。二日，縱觀市邑官寺，比數年前頗盛。五日，入建康。十日，早，出建康城，宿大城岡，居民數十家，亦有店肆。十九日，至蕪湖縣，過池州。二十七日，過雁翅夾，居民二百許家，岸下泊船甚多，至趙屯，亦一小市聚。二十九日，阻風馬當港中，風雨淒冷，有小舟冒風濤來賣薪菜豬肉，亦有賣野彘肉者。

八月六日，甲夜，有大燈毬數百。自湓浦蔽江而下，至江面廣處，分散漸遠，赫然如繁星麗天。土人云：此乃一家放五百椀，以禳災祈福，蓋江鄉舊俗云。七日，往廬山，小憩新橋市，蓋吳蜀大路，市肆壁間，多蜀人題名。自江州至太平興國宮三十里，此適當其半。是日，車馬及徒行者，憧憧不絕，云上觀，蓋往太平宮焚香。九日，至晉慧遠法師祠堂及神運殿焚香。西林東林間有小市曰雁門市，傳者以爲遠公雁門人，老而懷故鄉，遂髣髴雁門邑里，作此市，漢作新豐之比也。十四日，曉雨，過一小石山，遇一木栰，廣十餘丈，長五十餘丈，上有三四十家，妻子雞犬臼碓皆具。中有阡陌相往來，亦有神祠，素所未覩也。十五日，次蘄口鎮，居民繁錯，蜀舟泊岸下甚衆，是日，買熱藥於蘄口市，藥貼中皆有煎煮所須如薄荷烏梅之類，此等皆客中倉卒求者，藥肆用心如此，亦可嘉也。十七日，晚泊巴河口，距黃州二十里，一市聚也。十八日，至黃州，州最僻陋少事。二十一日，離黃州，晚泊楊羅洑，居民稠衆，魚賤如土，百錢可飽二十口，又皆巨魚，欲覓小魚飼貓不可得。二十二日，晚泊白楊夾口，居民及泊舟甚多，然太抵皆軍人也。二十三日，食時至鄂州，泊稅務亭，賈船客舫不可勝計，銜尾不絕者數里，自京口以西皆不及，蓋此郡自唐爲衝要之地，市區雄富，列肆繁錯，城外南市亦數里，雖錢塘建康不能過，隱然一大都會也。二十五日，觀大軍教習水戰，大艦七百艘，皆長二三十丈，上設城壁樓櫓，旗幟精明，金鼓鞺鞳，破巨浪往來，捷如飛翔，觀者數萬人。三十日，黎明，離鄂州，便風掛颿，過謝家磯、金雞洑；洑中有聚落如小縣，居民率以賣鮓爲業。

九月一日，始入沌，實江中小夾也。過新潭，自是無復居人，兩岸皆葭葦彌望，謂之百里荒，又無挽路。二日，晡時，次下郡，始有二十餘家，皆業漁釣，魚尤不論錢，自此始復有挽路。八日，次江陵之建寧鎮，蓋沌口也。自是泛江，入石首縣界，夜觀隔江燒蘆場，煙焰亘天，如火城，光照舟中皆赤。九日，泊塔子磯，自離鄂州，至是始見山，買羊置酒，蓋村步以重九故，屠一羊，諸舟買之，俄頃而盡。十四日，次公安，古所謂油口也，井邑亦頗繁富，米斗六七十錢。十六日，入沙市，舟不復進。十七日，換舟；日入後，遷行李過嘉州趙青船，蓋入峽船也。沙市堤上居者，大抵皆蜀人，不然則與蜀人爲婚姻者也。

十月一日，過瓜洲壩、倉頭、百里洲，泊沱溢，皆聚落，竹樹鬱然，民居相望。亦有村夫子，聚徒教授，羣童見船過，皆挾書出觀，亦有誦書不輟者。五日，過白羊市，蓋峽州宜都縣境上。二十七日，早，入夔州(註二六)。

黃河流入中原，行一十五郡，時有崩決，淹沒河北，威脅大梁，遺禍甚大。宋承五季之後，滑、澶久成漏巵，其他博、鄆諸州，尤決溢時聞。乾德三年，決陽武、澶、渾。四年，決滑州。五年，太祖以河隄屢決，所在殘毀，分遣使行視，發畿甸丁夫繕治，自是歲以爲常，皆以正月首事，季春而畢，是爲河工歲修之始。又命開封、大名府、鄆、澶、滑、孟、濮、齊、淄、滄、棣、濱、德、博、懷、衛、鄭等州長吏，並兼本州河隄使，謹力役而重水患，是爲沿河州官兼理河務之始。開寶四年，決澶州。五年，大決濮陽，又決陽武。太平興國二年，河決孟州之溫縣，鄭州之滎澤、澶州之頓丘。三年，滑州靈河縣河塞復決。八年，決滑州韓村，已而決河塞。九年，滑州房村河復決。淳化四年，決澶州。宋初，河屢決，隨決隨塞，頗知捍災憂民，然未審全河大勢，惟知治遙隄與分水，枝節爲之，難見實效。自眞宗以降，治河無善策，續有決溢。咸平三年，決鄆州王陵埽。五年，河大溢，而惠民河並溢。景德元年，決澶州橫隴埽。四年，又溢王八埽。大中祥符四年，決通利軍(河南濬縣)，又決棣州聶家口。七年，決澶州大吳埽。九年，澶州河隄決溢。天禧元年，決滑州。三年，滑州城西北及西南復決，三十二州縣皆罹患。四年，決河塞，復決滑州城西北天臺，災害益甚。自前漢用竹落，爲石隄(賈讓三策)，至五代有遙隄之名。宋沿唐法，惟主築隄與分水兩議，河防之制，漸以精密。當時治繕之術，置「木龍」以護岸，或治埽(註二七)以護隄，而治埽爲最多，用力亦最大(註二八)，其中如滑州之天臺埽，於天聖五年完成，建築龐巨，以塞決河，自是滑州患弭，而澶州之禍未已。六年，河決澶州之王楚埽。景祐元年，又決澶州之橫隴埽，自是河從橫隴出舊河之南，其下流仍入舊河，河愈分而愈壅，不適行水。越十五載，至慶曆八年，海口既淤，乃決上游之商胡埽，直奔大名，入衞河，至滹池合口與漳匯流，注乾寧軍入海，不塞遂徙。橫隴流斷，水道大變，世稱爲黃河大徙之第三次。從河流入海之方向言，亦稱爲北流。自商胡北徙後，行於禹河故道之東，周定王故道之西，河流稍安，不幸引起回河之議，不諳水平，更不明地學，致拂逆河性，慘遭三次之橫決。

第一次　皇祐二年，河決大名府館陶縣之郭固口。四年，郭固口塞而河勢猶壅，提舉河渠司李仲昌請自澶州商胡塞決河，開六塔渠，導入橫隴故道。歐陽修力主商胡不可塞，故道不可復；六塔之於大河，有減水之名，無減患之實，直有害而無利。但宰相富弼力贊仲昌議，疏奏皆不省。至和二年，修六塔河（在淸豐縣西南三十里），引商胡決河通橫隴過六塔集，故曰六塔河之支渠。嘉祐元年，塞商胡北流，入六塔河，河廣僅數丈，小不能容，當夕復決，河仍北流，溺死者以萬計，河北被患數州。此由於不專治下流，海口先淤，故復有商胡之決。仲昌以是貶死於春州。自後無復言橫隴者，京東故道遂廢。

第二次　嘉祐五年，河流派別於魏之第六埽，曰二股河，廣二百尺，行一百三十里。至魏、恩、德、博之境，曰四界首河，下合篤馬河，又東北經樂陵、無棣入海。熙寧元年，河溢恩州烏欄隄，又決冀州棗強埽，北注瀛州。七月，復溢瀛州樂壽埽，此蓋二股河分洩水勢，下流受淤，水行漸壅而上決也。都水監丞宋昌言建議，於二股河口西岸新灘立上約，擗水令東，俟東流漸深，卽塞北流，以紓恩、冀、深、瀛四州水患。孰知大河非一約所能擗，二股新衝之河，固不能容納而順下也。但王安石贊東流之議，卒塞北流。二年，東流未深，北流遽塞，河自其南四十里之許家港東決，泛濫大名、恩、德、滄、永靜（河北東光縣）五州軍境。三年，遣使相度澶滑以下至東流河勢，詔輟濬御河夫卒三萬三千人，專治東流(註二九)。四年八月，河溢澶州曹村（河北濮陽縣西南），十月，溢衞州王供，時新隄凡六埽，而決者二，下屬恩冀，貫御河，奔衝爲一。十二月，令河北轉運司開修二股河上流，並修塞第五埽決口。五年四月，河成。方浚河則稍障其決水，至是水入於河，新隄決口亦塞。六月，河復溢北京夏津（山東夏津縣），前功盡廢。六年，置疏濬黃河司，採李公義所獻鐵龍爪揚泥車法，撓蕩泥沙，以濬大河，將自衞州濬至海口。時北流閉已數年，水或橫決散漫，常虞壅遏。十月，外監丞王令圖獻議，於北京第四第五埽等處，開修直河，使大河還二股故道，從之。時舉全國之役，其半在於河渠隄埽。十年，復有澶州曹村之大決。澶淵北流斷絕，河道南徙，東匯於梁山、張澤濼，分爲二派：南溢於南清河（卽泗水）者入於淮；北溢於北清河（卽濟河）者入於海。北清河歷東阿、平陰、長清、齊河、歷城、濟陽、齊東、武定、青城、濱縣、蒲臺、至利津入海。南清河歷汶上、嘉祥、濟南、合泗水至徐邳達淮陰入淮。凡灌州縣四十五，濮齊鄆徐尤甚，壞官亭民舍數萬，田逾三十六萬頃，六塔、二股、直河皆廢。河流雖分南北兩派，大半皆入於南。河之南徙，實由於此也。元豐元年四月，治河者創爲橫埽之法，以遏絕南流。五月，新隄成，曹村決口塞，河復歸北。自後雖屢有衝決，經流仍自北，行故道無改者凡十六年。

第三次　哲宗之初，河流雖北，而孫村低下，夏秋霖雨漲水，往往出岸東流，澶州小吳埽之決（元豐三年）既未塞，又決於大名之小張口，恩冀以北諸郡，災患不息，無以杜回河者之口，於是減水入二股，回河東流之議復起。主其議者王令圖、王孝先、王巖叟、文彥博、呂大防皆贊其說，而蘇轍范純仁則非之，謂不獨不能回河，亦必不能分水。卒興役，功弗就。元祐三年，文彥博、呂大防、安燾等謂不東流，異日或從北界入海，則失中國之險，河朔無以禦狄。范純仁、王存、胡宗愈等以虛費勞民爲憂，各上書止其役。四年，乃罷回河及修減水河之議。惟都水監吳安持，修河司李偉，以分水爲名，力主東流，爭論不休（註三〇）。紹聖元年，王宗望代吳安持之職，亦力主東流，以梁村口吞納大河，於內黃下埽，閉斷水流，並築隄七十里，盡障北流，使全河東還故道。然東流迤下，地勢高仰，水行不快，隄防未固，瀕河仍慮有壅滯衝決之患。元符二年六月，竟以東流難容，水不下洩，河決內黃口，併勢北行，東流斷絕。大河東行僅五年，至是復歸北流故道，嗣後不復開二股河，回河之議寢息。至金世宗大定六年（一一六六），雖屢決屢塞，總不出深、冀、武強、河間、樂壽諸州縣之境，歷六十七年。

綜觀黃河自商胡北徙之後，既議回河於六塔，又議回河於二股，東回無效，小吳再徙，河仍北流。而孫村減水，復起回河二股之爭，內黃三徙，水仍北奔。元符三年四月，河決蘇村，復有獻東流之議者，以任伯雨之言而止（註三一）。建炎二年十一月，杜充決黃河，自泗入淮，以阻金兵，開南徙奪淮之新局，自是河流不復。金大定六年五月，河決陽武，由鄆城東匯流入梁山濼，鄆城淪陷。自來河變，皆在濬滑以下，今則上移於陽武，此黃河第四徙，汲胙流空之嚆矢也。金昌宗明昌五年（宋紹熙五年，一一九四），河決陽武之光祿村，爲全河南徙入淮之始，灌封邱而東，南連大野，歷延津、長垣、蘭陽、東明、曹州、濮州、鄆城、范縣諸州縣界中，至壽張注梁山濼，分爲二派：北派由北清河入海，卽濟河故道；南派由南清河入淮，卽泗水故道，如熙寧時決河之形勢。河道大變，汲胙之流空，世稱爲黃河大徙之四（至明弘治七年而五徙）。自慶曆八年大徙後，至明昌五年，凡一百四十六年，統計河溢三十四次，河決五十三次，決河一次，大水六十五處。黃河遺患而影響國計民生之深可知矣。

第七節　戶口

建隆初年，始以戶口增耗爲州縣吏歲課之升降。是時，杭蜀粵漢未入版圖，州一百一十一，縣六百三十，戶九十六萬七千三百五十三。至末年，州二百九十七，縣一千八百零六，戶二百五十萬八千九百六十五（註三二）。乾德元年，令諸州歲奏男夫二十歲爲丁，六十歲爲老，婦女不預焉。是年平荊南，得戶一十四萬二千三百；平湖南，戶九萬七千三百八十八。三年，平蜀，戶五十三萬四千零二十九。開寶四年，平廣南，戶一十七萬零二百六十三。八年，平江南，戶六十五萬五千零六十五。九年，全國主客戶爲三百零九萬零五百四十。因定居與流寓不同，戶籍遂分爲主客（註三三），蓋自唐代以來已有之也。

太宗拓定南北，戶猶三百五十七萬四千二百五十七(註三四)。至道元年，詔復造全國州縣戶口版籍。三年，主客戶爲四百一十三萬二千五百七十六。茲將眞宗以後歷朝戶口數，綜列如下表：

年代	主客戶數	丁數	備註
咸平六年	六、八六四、一六〇	一四、二七八、〇四〇	續資治通鑑長編，卷六十六，景德四年七月條。
景德三年	七、四一七、五七〇	一六、二八〇、二五四	同上書
大中祥符元年	七、九〇八、五五五	一七、八〇三、四〇一	同上書，卷七十，大中祥符元年十二月條。
天禧三年	八、五四五、二七六	一九、四七一、五五六	同上書，卷九十四，天禧三年十二月條。
天聖七年	一〇、五六二、六八九	二六、〇五四、二三八	宋史，卷一八四，志第一三七，食貨下六，茶下。
景祐元年	一〇、二九六、五六五	二六、二〇五、四四一	同上書。
慶曆八年	一〇、七二三、六九五	二一、七三〇、〇六四	宋會要輯稿，第一二七冊，食貨一一之二七。

皇祐二年	一〇、七四七、九五四	二二、〇五七、六六二	續資治通鑑長編，卷一六九，皇祐二年十二月條。
嘉祐八年	一二、四六二、五三一	二六、四二一、六五一	宋史，卷八十五，志第三十八，地理一。
治平三年	一四、一八一、四八六	二〇、五〇六、九八〇	同上書
熙寧二年	一四、四一四、〇四三	二三、〇六八、二三〇	宋會要輯稿，第一二七冊，食貨一一之二七。
元豐元年	一六、四九二、六三一	二四、三二六、一二三	同上書
元祐三年	一八、二八九、三七五	三二、一六三、〇一七	宋史，卷十七，本紀卷十七，哲宗一。
紹聖元年	一九、一二〇、九二一	四二、五六六、一四三	宋史，卷八十五，志第三十八，地理一。
元符三年	一九、九六〇、八一二	四四、九一四、九九一	同上書
崇寧元年	二〇、二六四、三〇七	四五、三二四、一五四	同上書
宣和四年	二八、〇八二、三五八	四六、七三四、七八四	續資治通鑑長編，卷一〇一，宣和四年十二月條。

上述之丁數，以宣和四年之四千六百餘萬爲率，若加上婦女及老幼男子計，全部人口殆爲一億之數。然就此丁數言，亦多不實。詳定九域圖志，蔡攸何志同言：「本所取會天下戶口數額多不實。且以河北二州言之，德州主客戶五萬二千五百九十九，而口纔六萬九千三百八十五；霸州主客戶二萬二千四百七十七，而口纔三萬四千七百一十六。通二州之數，率三戶四口，則戶版所隱，不待校而知之。」蓋由於賦重、荒災、兵禍、人民每大量遷移，逃亡者衆，報告既簡，戶口自不實也。盛唐之際，以關中人口爲最密，歷唐季五代之亂，變爲稀少。宋初以京東、河北、兩淮、四川人口爲最密，江東、兩浙、陝西次之，京西以至荊襄一帶，較爲荒凉。然以元豐三年統計，江南人口大量增加，計戶，華北四百五十九萬餘戶，江南九百九十四萬餘戶，逾二倍之比；計丁，華北九百三十六萬餘口，江南則二千三百六十八萬餘口，約達二倍半。據元豐九域志：二十萬戶以上之都市，在華北爲長安開封，在江南則爲杭州、隆興、潭州、福州、泉州；十萬戶以上者，華北佔十四，江南則爲三十五，其懸殊可知也。邊區戶口稀少，如廣西一路人口纔二十餘萬，等於江淮一大郡耳。太祖嘗徙太原民千餘家於山東，太宗又徙雲、應、寰、朔之民於京西諸州。雍熙三年，徙山後諸州降民至河南府許汝等州凡七萬八千餘口，故河東之邊疆，殆徒存州郡之名。例如遼州，東西二百五十里，南北一百五十九里，所轄主客戶二千七百餘，不及一中下小縣。而分建四縣，榆社縣一千零七十二，遼山縣五百六十九，平城縣六百一十八，和順縣四百五十九，各不及一鎭之人煙。潞州管內八縣，亦相類此。人口絕少，虛立縣名(註三五)。

南渡後，紹興五年，詔諸路殘破之州縣，親民官到任，據現存戶口實數批上印，歷滿任日亦如之，以考殿最。八年，尚書劉大中奏：「自中原陷沒，東南之民，死於兵火疫癘水旱，以至爲兵，爲緇黃，及去爲盜賊，餘民之存者，十無一二。」如紹興末年，荊門軍所轄長林當陽兩縣，主戶纔及三千，坊郭不滿五百。南宋之初，戶丁數可稽者如下：

年代	主客戶數	丁數	備考
紹興二十九年	一一、〇九一、八八五	一六、八四二、四〇一	
紹興三十二年	一一、一三九、八五四	二三、一一二、三二七	
隆興元年	一一、三一一、三八六	二二、四九六、六八六	
乾道元年	一一、七〇五、六六二	二五、一七九、一七七	
淳熙元年	一二、〇九四、八七四	二七、三七五、五八六	
七年	一二、一三〇、九〇一	二七、〇二〇、六八九	
十一年	一二、三九八、三〇九	二四、五三〇、一八八	
十六年	一二、九〇七、四三八	二七、五六四、一〇六	(註三六)

西漢戶口至盛之時，率以十戶爲四十八口有奇；東漢戶口，十戶爲五十二口，唐十戶爲五十八口。宋代自元豐至紹興年間，戶口率以十戶爲二十一口，蓋一家只得兩口，端無是理，可見每戶漏報人口者衆也。今浙中戶口率以十戶爲十五口有奇，蜀中則爲二十口弱。蜀人生齒非盛於東南，意者蜀中無丁賦，故漏報人口者較少耳（註三七）。然東南州縣，北宋時戶口巳衆，南宋尤然。當錢氏據有吳越，獨不被兵，又以四十年都邑之盛，四方流徙，盡集於十五州之內，況經北宋百年之承平無事，故生齒日繁，人口愈密。自靖康之變，中原難民相率南奔，爲中國人口遷移之最大者。靖康元年八月，李綱援太原不克，於是威勝軍、隆德府、汾、晉、澤、絳之民，皆渡河南竄，州縣爲之一空。又如淮南東西兩路，處戰爭衝要之區，如將元豐六年與嘉定十六年戶口數相比，後者則缺少七十三萬三千三百三十五戶，八十四萬七千口，人民因兵禍南逃之衆可知也。每次戰役，避難之民，自北而南。呂頤浩謂：「自古外國不善攻城，惟金人剽勇堅捍，輕生不畏死，長於攻城。諸路州郡，緣大兵縱橫之後，鄉村有力人戶，盡挈其家屬牛畜資產，入州城居止。金人既破一城，緣此所得倍廣。」（註三八）是則敵人南犯，殺戮軍民不分，洗掠則公私皆盡，無辜平民，戰地絕對無安全可言，有力者遂不得不出於逃避之一途。當高宗南渡時，難民蜂湧渡江，有不能渡者，家人骨肉離散，沿路皆貼榜子，旅店樹下爲之滿，厥狀甚慘！而縉紳之士，亦莫不晉接宗戚渡江。京都巨室，以戰禍爲之破產，如汴京姜氏，住在京師城外，當承平時，富盛甲京師，婚姻多后妃侯王之家，聲勢赫翕，而最重儒家，藏書築館，延太學名士以教子弟。及兵火流離，貲財蕩盡，傾室南下，逃至京口，被潰兵刼虜，變爲窶人，後遷四明。此類難民，陸續南下，扶老携幼，茫然無所歸，播遷流離，至爲痛苦。影響所及，江南人心浮動，亦動輒虛驚，紹興四年十月，聞淮上警報，江浙之民，自東走西，從南走北，居山林者謀入城市，居城市者謀入山林，旁午絡繹，莫卜所之。而遠避二廣者，雖幸獲安居，但連年瘴癘，至有滅門(註三九)。卽使留在戰區，誠難爲活，「自靖康丙午歲，金狄亂華，六七年間，山東京西淮南等路，荆榛千里，斗米至數十千，且不可得。」(註四〇)淮甸之民，每歲春秋避兵，輒以土窖藏稻麥，老稚潛匿叢薄中，丁男健婦守村舍，相偵伺，黃塵翳天，猶能在旁近集結保護。卒然有相接，持梃箠盡力抵抗，其甚不幸者，則皆係累長驅，御車逐馬。故凡淮民之家，子不識其父，弟不知其兄，因循苟活，厥狀甚慘。

難民蜂湧渡江避難，苟全性命，但生活亦無法維持，張孝祥詩：「連年避胡亂，生理安可說？今年更倉皇，芻藁亦焚刼。扶持過江南，十口四五活。斗米六百錢，兼旬又風雪。」(註四一)又遇大戰將臨，官令徙民以淸野。因此收容救濟，爲當時最緊急之工作。建炎三年，渡江之民，溢於道路，詔令淮南江浙轉運司量給錢米賑濟，患病者差官醫治。高宗抵臨安，詔出米十萬斛，就杭、秀、常、湖州平江府減價出糶東北流寓之人。紹興元年三月詔：「常州平江府近有淮南京東西等路避寇渡江流移失業之民，可專委逐州知通措置賑卹，仍依老疾貧乏不能自存人條法給散，及慮艱得柴薪，每人每日特更給錢二十文，七歲以下減半，以本州常平錢穀支撥。」(註四二)六月，詔令兩浙江淮諸州縣守令，將東北流寓之人，多方存撫照管，如無屋舍居止，卽於寺院或空閑官舍內安泊，不管少有失所，及令逐路監司常切檢察，毋致違戾(註四三)。自劉豫被廢，歸正人甚多，皆有賑濟。八年三月，左正言李誼請於淮南荆襄僑建西北諸州郡，分處歸正之民，給以閑田，貸以牛具，使各遂其耕種之業，而又親戚故舊同爲一所，相愛相卹，不異於閭里。詔諸路宣撫司依累得旨措置(註四四)。九年十一月，臣僚言：「淮南流移百姓，現在浙江州軍，無慮十數萬衆，雖欲賑濟，緣官司米斛有限，近降指揮有田一萬畝，出糶三千石，其餘萬畝以下，却有未曾經水災收蓄米斛之家，糶價倍於常年，今相度欲委逐州覔不曾經水災處占田一萬畝以下八千畝以上，立定出糶米一千五百石，如此，可以廣有出糶之數，應接急闕支遣。」從之。又上封事者言：「虜騎犯邊，兩淮之民，皆過江南，緣鎮江潮閘不開，老小舟船艤泊江岸者數千隻，近日大雪，皆有暴露絕食之患，欲乞廣行賑濟。」詔專委浙江江東提舉照應現行條法，通融收撥一路常平米斛，躬親賑濟。臣僚又言：「近嘗具奏，乞賑給兩淮流移之民，伏蒙施行。竊觀近日有司措置於多田之家，廣加和糴，今諸處各有糴到米斛，欲望於浙西江東西諸郡和糴到米內取撥二三十萬石，令逐路轉運司日下措置般運，分往兩淮經殘破州縣鄉村，委守處守令，遍行賑濟，招誘流民歸業。其貧乏之人不能自存者，日計口數給糧。」詔從之(註四五)。其他救濟辦法，或免租稅，或供給種子牛畜耕具錢米，以資墾田。歸業者還其田，或撥官田，使能治生。難民復歸，免收渡錢，官助其修葺屋宇，勉其耕作。

徽宗以宗室衆多，京師不能容，故令秦王位下子孫，出居西京，謂之西外；太祖位下子孫，出居南京，謂之南外。及靖康之變，遭金人殺戮，虜掠之餘，能渡江自全者，高宗亦遣州郡收容，皆分置於福泉二州(註四六)。難民既絡繹南移，粗成井邑，是謂之僑寓。當時有主張倣六朝時晉宋僑置郡縣之制，專設官吏以治之。汪藻曾奏論云：「比金人入寇，多驅兩河之人民，列之行陣，號爲簽軍。彼以數百年祖宗涵養之恩，一旦與我爲敵者，豈其本心哉？特妻子父兄爲其刼質，以死脅之，出於不得已而然耳，恩未嘗一日忘宋也。今年建康鎭江爲韓世忠岳飛所招遁歸者，無慮萬人，其情可見。臣愚以爲莫若因此時用六朝僑寓法，分浙西諸縣，悉以兩河州郡名之，假如金壇，權謂之南相州，許相州之人，皆鄭清之爲相時，兩淮民流徙入太平境四十餘萬，就金壇而居，其他類此。無事之時，多印文牓，先行散布，使皆明白國家優恤之意，俟其入寇，徐以旗幟招之。彼既知所居，各有定處，粗成井邑，父兄骨肉，親屬故舊皆在，其有無足以相通，禍患足以相救，與鄉居無異，亦何爲而不居乎？」(註四七)此法施行，荆門軍亦有僑治，但收效甚微。及紹興和議旣堅，淮民始有生聚之樂，桑麥大稔。福建號爲樂區，負戴而之者，謂之反淮南(註四八)。金人防阻難民南逃，沿河置寨堵截，凡載人渡淮者處死。投往江南之人，又常追索，秦檜主和，金求歸北境人，軍士平民，固然北遣，敷文閣待制周襟、馬觀國、史愿、忠州防禦使白常，檜亦遣其北還。十四年，淮北人在江南者，金仍索之。朝廷慮人情猜忌，妄生事端，准其移入以南州軍，自由居止。因此，福建廣東，人口大爲增加。

隆興元年，金人方聚兵汴京，張浚力主戰，飭防備，淮北之民，南下而來歸者，每日不絕。淮東之人，亦「扶老携幼，流徙失業，口累之衆者，衣食不能自給，間有所携，皆輕價以售之。貧者則三五爲羣，收拾棄菜於巷陌之間，官雖計口給粟，一家不踰五斗，兵將又或折辱之。」(註四九)難民進退失據，竟有裒錢買舟，欲由鎮江而北歸者。而金常以還歸正人爲講和條件，二年，朝廷約以叛亡不遣，示保護難民之意。乾道元年二月，詔高郵軍壽春府流移之民，令淮東總領所將太平蕪湖縣起到江西常平米內取撥一千石救濟，高郵軍則於滁州金人遺棄下內取撥二千石應副(註五〇)。二年八月，詔令鎮江府建康府守臣賑濟貧乏歸正人，大人每日支米一升，小兒五合，內有實殘廢病患不能經營之人，每日各更添支鹽菜錢二十文省。指揮到日，於常平內支付，至三年五月終，仍踏各空閑官屋，應副居住，如間數不足，卽將現賃客日納房錢減半(註五一)。淮民流移，遊寓於溫州處州甚多。淮河流域，爲攻戰地帶，兩淮北部，河南南部，及湖北之居民，一部份則逃往金人統治下比較和平之河東陝西北部，蓋以避戰禍而求生存爲目的也。

開禧之變，淮民紛紛徙入浙閩。戰事甫罷，金人復渡淮，人心大駭，淮民百萬家渡江。安豐、濠、盱眙、楚、廬、和、揚七州，其民奔迸渡江求活者幾二十萬家，而依山傍水相保聚以自固者，亦幾二十萬家。二年，以淮農流動，無田可耕，詔兩浙州縣已開圍田，許原主復圍，專召淮農租種。嘉定元年八月，發粟三十萬石，賑糶江淮流民。大抵淮人南遷，以兩浙路及江南西路收容爲最多。南渡後，人口莫盛於嘉定之時。嘉定十六年，主客戶一千二百六十七萬八百零一，丁數二千八百三十二萬零八十五。茲將所轄十五路戶口數表列如下：

路名	主客戶數	丁數	備考
兩浙路	二、二二〇、三二一	四、〇二九、九八九	
江南東路	一、〇四六、二七二	二、四二〇、〇三八	
江南西路	二、二六七、九八三	四、九五八、三九一	
淮南東路	一二七、三六九	四〇四、二六一	
淮南西路	二一八、二五〇	七七九、六一二	
廣南東路	四四五、九〇六	七七五、六二八	
廣南西路	五二八、二二〇	一、三二一、二〇七	
荊湖南路	一、二五一、二〇二	二、八八一、五〇六	
荊湖北路	三六九、八二〇	九〇八、九三四	
福建路	一、五九九、二一四	三、二三〇、五七八	
京西路	六、二五二	一七、二二一	
成都府路	一、一三九、七九〇	三、一七一、〇〇三	

利州路	四〇一、一七四	一、〇一六、一一一
潼川府路	八四一、一二九	二、一四三、七二八
夔州路	二〇七、九九九	二七九、九八九(註五二)

理宗時，有蒙古之患。端平間，蒙古軍蹂躪江北淮西，人民多被殺害，故避難南渡者所在成市。三年蜀破，衣冠大姓，順流下東南，至江陵，舟觸巖崿以死，十不存一二。嘉熙元年正月，詔兩淮荊襄之民，避地江南，沿江州縣，間有招集賑卹，尙慮恩惠不周，流離失所。江陰、鎮江、建寧、太平、池、江、興國、鄂、岳、江陵境內流民，其計口給米，期十日，竣事以聞(註五三)。三年，流民渡江而來歸者十餘萬人。淮民在都城衆，其家既破，又無贏貲，每靠賑濟爲活。是時，兩淮既遭戰禍，淮民多死於兵，有自浮光過淮安道中書所見，詩云：「浮光迤邐過淮安，舉目淒然不忍觀。數畝地埋千百冢，一家人哭兩三般。犬銜脛脡筋猶軟，鴉啄骷髏血未乾。寄與滿朝朱紫道，鐵人見此也心酸。」(註五四)淳祐間，難民更多，曾詔賑濟。三年，蜀益殘，避兵南來者，其物故與端平無異。難民既飢寒無依，飄泊無所，迫而爲盜寇者有之。劉克莊謂：「今沿流諸郡流移，悉已布滿。此曹羣聚無統，飢餓無憀，或橫行江中，沉舟奪貨；或夜出墟落，斬關探囊。有司雖稍捕獲，梟磔相望，終不衰止。」(註五五)寶祐六年，蒙古南侵日亟，淮民蜂湧渡江，詔鎮江府、常州、江陰軍各出義倉米千石賑之。其後陸續渡江，又出浙西、江東路五州米三萬石，命各郡守臣賑之。情形如此混亂，戶口之數大減，故

景定五年，主客戶僅有五百六十九萬六千九百八十九，丁數爲一千三百零二萬六千五百三十二。(註五六)度宗時，元兵大舉南犯，戰禍益酷，難民遍野，無以爲活，老弱被俘，迫塡池塹以攻城，力屈城陷，則空室而屠之。生民之命，眞不絕如縷矣。

第八節　商業貿易

宋代定期市制，有年市、旬市、日市三種。年市者，一年幾次，如成都之春、秋藥市、正月三日之蠶市。旬市如開封相國寺三八日設市，每月五次。日市，如臨安每日有米市。菜市之名，唐代已有之。村鎭則定期市集。開封市場有日市、夜市，月市。夜市者如東京潘樓東十字大街，每五更燈火輝煌，交易買賣，至曉始散，謂之鬼市。州橋夜市，龍神橋以南之街設市，至夜三更迄開市。月市有類似後來之廟會。成都每月有市，如正月燈市，二月花市，三月蠶市，四月錦市，五月扇市，六月香市，七月七寶市，八月桂市，九月藥市，十月酒市，十一月梅市，十二月桃符市，此等特殊交易之市，獨成都有之。宋代市制，已成一大變化，汴京城內到處有商店，設置之限制取消。同業店稱爲行，客商經紀則有牙行，介紹買賣。客商之貨物貯倉庫稱塌坊或堆垜場。旅店稱爲邸店。地域限制與時間限制取消，故夜半極盛。中國都市，至宋始爲近代型，歷元明以後而不變。

北宋商業，以兩浙路、淮南西路、河北東路、淮南東路爲最發達，稅收亦較大。但全國商業中心，仍首推汴京。汴京大內東華門外，市井最盛，禁中買賣，多在於此。凡飲食、時新花果、魚蝦、脯臘、金玉、珠玩、衣著。無非天下之奇。皇城之東，曰潘樓街，皆珍珠疋帛香藥鋪席。南通一巷，謂之界身，並爲金銀綵帛交易之所，屋宅雄壯，門面寬敞，望之儼然。每一交易，動卽千萬。大內前州橋之東臨汴河大街曰相國寺，爲廟市之地。相國寺者乃瓦市也，僧房散處，而中庭兩廡，可容萬人之衆。凡商旅交易，皆聚其中，四方趨京師，以貨物求售，轉購他物者，必由於此(註五七)。相國寺每月開放五次，由百姓交易。大三門上，皆是飛禽貓犬之類，珍禽奇獸，無所不有。第三門，皆動用什物。庭中設綵幙露屋義鋪，售賣蒲合、簟席、屏幃、洗漱、鞍轡、弓劍、時果、脯臘之類。近佛殿，孟家道冠、王道人蜜煎、趙文秀筆、及潘谷墨。占定兩廊，皆諸寺師姑賣繡作，領抹、花朵、珠翠頭面、生色銷金花樣、幞頭、帽子、特髻、冠子、條線之類。殿後資聖門前，皆書籍、玩好、圖畫，及諸路罷任官員土物香藥之類。後廊皆日者貨術傳神之類(註五八)。其餘坊巷院落，縱橫萬數，莫知紀極。處處擁門，各有茶坊酒店，勾肆飲食。市井經紀之家，往往只於市店置飲食，不置家蔬，夜市直至三更盡，纔五更又復開張，耍鬧之處，通曉不絕。而各路貨物，從水路咸運至銷售。有薑行、紗行、杲子行、牛行、馬行、大小貨行。糧食除漕運供應外，景德間，富商大賈，自江淮經營運銷，坐邀厚利。元豐八年，京都商稅收入五十五萬二千二百六十一緡七百二十八文。官僚資本，亦營商圖利，大臣或設商肆，或置資產，或以鄉親興販，務殖貨財，貪贓百出，太宗時始嚴禁之，然難根絕。至於汴京城外，另有繁盛市集，俗稱草市，其名遠溯於唐代，此小市井，有旗亭酒樓，露天飲食店，及日用品零售店等。

南宋之臨安，爲政治經濟中心，財貨萃集，日趨繁榮。「都城自大街及諸巷，大小鋪席連門，俱是無空隙之屋。客販往來，旁午於道，曾無虛日。江南海賈，穹桅巨舶，安行於煙濤渺莽之中。四方百貨，不趾而集。金銀鹽鈔引交易。鋪前列金銀器皿及玩錢，紛紜無數。珠子市買賣，動以萬數。城內外質庫，不下數十處，收解以十萬計。」「城郭內北關水門裏，有水路週迴數里，自梅家橋至白洋湖，方家橋，直到法物庫市舶前，有慈元殿及富豪內侍諸司等人家，於水次起造塌房數十所，爲屋數千間，專以假賃與市郭間鋪席宅舍，及客旅寄藏物貨，並動具等物，四面皆水，不惟可避風燭，亦可免偷盜，極爲利便。置塌房家，月月取索假賃者管巡廊錢會，顧養人力，遇夜巡警，不致疏虞。」(註五九)商業有四百四十三行，多集中營業，如藥市在炭橋，花市在巷口，珠子市在融和坊南官巷，米市在北關門外黑橋頭，肉市在大瓦修義坊，菜市在新門外東青門霸子頭。其中有象牙瑇瑁市，雕牙之業，非常發達，官局所製象牙犀玉等雕刻，工作極爲精細。因分工細密，早有批發及定貨辦法，爲南宋商業上一特色。城市外之草市，亦有小規模交易。

川蜀在宋朝幾成爲經濟上一獨立單位，成都商業亦盛。市店有鹽鋪、酒肆、茶肆、花市、米商、凶肆（喪儀用器具）、書房、藥鋪、生藥鋪、銅鍋店、裝裁匠、賣針家、香藥鋪、絨線鋪、餅店、糕鋪、故衣店、油餅店、紙店、薑鋪、筆店、墨店、綵帛鋪、販傘者，麵店、鮮魚行、豬行。工匠有幕工、紙匠、裝界、鍥工、瓦匠、圬墁者、刀匠、鐵匠、銀匠、染家、鐵鑷工、接花工、麵工、篙工、棹師、酒工、鬃工、骨路（補治古銅鐵器者）。又有藥市，期以七月七日，四方皆集，其藥物多，品甚衆，凡三日而罷(註六〇)。

宋代嚴格管理人民，不得擅與外人貿易婚姻，法律明定：「諸越度緣邊關塞者徒二年，共化外人私相交易若取與者，一尺徒二年半，三疋加一等，十五疋加役流，私與禁兵器者絞。共爲婚姻者流二千里。」(註六一)宋與遼夏，常處戰時狀態，貿易定例，兩國於分界處，置榷場以爲互市之所。太平興國二年，始令鎭、易、雄、覇、滄州，各置榷務，命常參官與內侍同掌，輦香藥犀象及茶與交易。四年，有范陽之師，罷不與通。雍熙三年，禁河北商民與遼人貿易，違者抵死；北界商旅，輒入內地販易，所在捕斬之。淳化二年，令雄、覇州、靜戎軍、代州、雁門砦，置榷署如舊，尋罷。咸平五年，契丹求復置署，乃聽置於雄州，六年罷。景德初，復通好，請商賈即新城貿易，但禁中國人隨外蕃進奉使出境，邊吏嚴加伺察，違者論如律，仍傳送闕下。二年，令雄、覇州、安肅軍置三榷場，北商趨他路者勿與爲市；又於廣信軍置場，皆廷臣專掌，通判提轄焉。三年詔，民以書籍赴沿邊榷場博易者，非九經書疏悉禁之。凡官鬻物如舊，而增綿帛、漆器、秔糯之禁，所入者有銀錢、布帛、羊馬、駱駝，歲獲四十餘萬。契丹因其土產不敷國用，亦常於雄州立互市，與宋貿易，但羊氈銀等商品，每有禁斷。終仁宗英宗之世，契丹固守盟好，互市不絕。後以河北四榷場私販者衆，熙寧九年，立與化外人私貿易罪賞法。未幾，又禁私市硫黃、焰硝，及以盧甘石入他界者，河東亦如之。元豐元年，復申賣書北界告捕之法。然元祐間，蘇轍北使，仍見文集私運入契丹販賣，獲利十倍(註六二)。元祐編敕，諸以熟鐵及文字禁物與外國使人交易，罪輕者徒二年。

西夏方面，自景德四年於保安軍置榷場，以綿帛、羅綺易駝馬、牛羊、玉氈毯、甘草，及以香藥、瓷漆器、薑桂等物易蜜蠟、麝臍、毛褐、羱羚角、硇砂、柴胡、蓯蓉、紅花、翎毛，非官市者聽與民交易，入貢至京者，任其爲市。天聖中，陝西榷場二，幷代路亦請置場和市，許之。及元昊反，實施經濟制裁，即詔陝西河東絕其互市，廢保安軍榷場，後又禁陝西並邊主兵官與屬羌交易。久之，元昊請臣，數遣使求復互市。慶曆六年，復爲置場於保安、鎮戎二軍，歲售馬二千匹，羊萬口。嘉祐初，西夏人仍內侵，復絕其互市，但仍有私市，故嚴禁之。治平四年，西夏乞通和市，並上章謝罪，遂復許之，後又禁絕。既而於寧星和市如舊。又令鬻銅鐵以市馬，而纖縞與急需之物皆禁。楚蜀南粵之地，與蠻獠溪峒相接者，以及西州沿邊羌戎，皆聽與民通商，置市易司、折博務、或博易場。

對金貿易，紹興十二年，盱眙軍置榷場，商人資本百千以下者，十人爲保，留其貨之一半，赴泗州榷場博易，俟得北貨，復易其半以往。大商悉拘之，以待北貨之來。兩邊商人各處一廊，以貨呈主管官，牙人往來評議，毋得相見。每交易千錢，各收五釐息錢入官。其後又置場於光州、棗陽、安豐花黶鎮，皆以盱眙爲準。而金人亦於蔡、泗、唐、鄧、秦、鞏、洮州、鳳翔府置場(註六三)。二十九年正月，金將沿邊榷場廢罷，只留泗州榷場一處，每五日一次開場，宋亦只留盱眙一處。乾道元年，襄陽鄧城鎮，花黶光州光山縣中渡市，皆置榷場(註六四)。

西南諸夷與南宋貿易最盛者，一曰大理，一曰交阯。紹興中，置提舉買馬司於邕州，以邕控蠻獠，百貨所聚，以錢鹽錦交易大理諸蕃之馬，歲額馬一千五百匹，分爲三十綱，每綱五十匹，赴行在所。紹興以後，江上諸軍乞添綱，令原額之外，添買三十一綱，蓋三千五百匹矣。隨馬而來之貨，又有麝香、胡羊、長鳴雞、披氈、雲南刀，及諸藥物，宋商賈所賫錦繒、豹皮及諸奇巧之物，於是譯者平價交星。與大理貿易之所，多在橫山寨；至與交阯貿易，則在永平寨。「永平寨與交阯爲境，隔一澗耳，其北有交阯驛，其南有宣和亭，就爲博易場。永平知寨主管博，交人日以名香、犀、象、金、銀、鹽、鐵與吾商易綾錦羅布而去。凡來永平者，皆峒落交人，遵陸而來，所賫必貴細，惟鹽粗重，然鹽止可易布，以二十五斤爲一籮，布以邕州武緣縣所產狹幅者。」(註六五)邕州之外，欽州亦與交人貿易，「博易場在城外東江驛，其以魚蚌來易斗米尺布者，謂之交阯蜑。其國富商來博易，必自其邊永安州移牒於欽，謂之小綱。其國遣使來欽，因以博易，謂之大綱。所賫乃金、銀、銅、鐵、沉香、光香、熟香、眞珠、象齒、犀角。吾之小商，近販紙筆米布之屬，日與交人少少博易，亦無足言。惟富商自蜀販錦至欽，自欽易香至蜀，歲一往返，每博易動數千緡云。」(註六六)

海運自隋唐以來已有之，至宋而盛，所謂東南之利，舶商居其一也。時因有遼金之患，而海盜猖獗，沿海遂佈置國防，屯練水軍。北宋控扼登州，南宋則翬衛閩浙。登州「常屯重兵，教習水戰，且暮傳烽，以通警急。每歲四月遣兵戍駝基島，至八月方還，以備不虞。自景德以來，屯兵常不下四五千人。」(註六七)南宋注重防守長江以南，金人水軍，常出沒於膠西，窺伺南犯，故水軍駐守，明州二千人(乾道二年)，平江許浦七千五百人(淳熙五年)，澉浦一千五百人(開禧元年)。沿海之明州、泉州、廣東、雷化皆有海盜。浙江沿海之賊船，濶一丈八尺者，載一百六十餘人；又有船面濶一丈七尺者，可載一百四十七人。故官方配置水軍船艦，以爲防備。浙閩海岸之水軍基地，爲通州、明州、福州、漳州、泉州，及廣東之潮州等地，爲防盜計，每處駐數百人。沿海各縣，常令建造戰艦，每邑動輒有海舟千數百艘。建炎元年七月十一日，尚書省言：瀕海沿江巡檢下舠魚船，可堪出戰，式樣與揚子江舠魚船不同，俗又謂之釣櫓船，頭方小，俗謂之盪浪斗，尾濶可分水，面敞可容人兵，底狹尖如刀刃狀可破浪。糧儲器仗置黃版下，標牌矢石分兩挾。可容五十人者，面濶一丈二尺，身長五丈。依民間工料建造，每艘約費四百餘貫。今來召募諸路水戰人，且以三萬人爲率，每船可容五十人，合用舠魚船六百艘，計用錢二十四萬貫(註六八)。二年，定江湖沿流二十餘州，建造舟船二千七百六十七艘供用，皆爲五百料（石），長不過十丈，風濤低小，可以乘使之江船也。江船有多槳船及車船。(註六九)三年，平江府造船場，計四百料八櫓戰船，長八丈，每艘造費一千一百五十九貫；四櫓海鶻船，長四丈五尺，每艘用錢三百二十九貫。紹興初年以後，明州之華亭有造船場，歲造海船及戰艦。溫州亦有造船場，歲造直達綱船三百四十艘，以供運輸。泉州法石寨，常駐大戰艦，三年一小修，五年一大修。水軍經常訓練，每招撫海盜，以補充實力。沿江內線諸軍，歲再習水戰。州軍常奉命限造船隻，一爲運輸，一備作戰，每州約限造戰船二十二艘，大型船二十二丈，十六丈各一艘，分拋二十六車船，二十車船各一艘(註七〇)。紹興四年，知樞密院張浚言：「臣到鼎州，親往本州城下鼎江閱視，知州程昌禹造下車船長三十丈或二十餘丈，每支可容戰士七八百人，駕放浮泛，往來可以禦敵」(註七一)。乾道八年，輔臣言：諸軍戰船久不點檢，恐日後有誤備禦。帝曰：舟楫我之所長，豈可置而不問？差樞密院承旨葉衡點檢諸軍戰船具數奏聞，仍令各軍趕速修整(註七二)。淳熙二年，爲校閱故，不盡發福建一路之海舟五百七十艘，用柁師水手一萬四千人。通常三分調一，以備守禦，非有緩急，不盡發也。宋人具有如此強大之海上力量，不唯堵阻金人，不敢南犯，且有主張用以抄襲者。紹興初，呂頤浩論分道進兵之策，主張另選大將一員，統舟師二萬人，趁便風泛海攻襲沂密(註七三)。紹興十年，金人叛盟，張浚曾獻議以戰艦一千艘，浮海抄襲山東。咸淳六年，襄陽圍攻戰方亟，處士金履祥進牽制擣虛之策，請以重兵由海道直趨燕薊，則襄樊之師不攻而自破。此其著例也。而宋室南奔，張世傑督率軍民四十七萬，由福州分乘巨船，南遷廣東，又可見其運輸力之大也。

船之大小容量，以載料量數爲準，廣濟河五丈河水淺，行二百五十料船。汴河漕船，以三百料爲多，大者五百料，載三至五十人。海船有一千料者，長約二十餘丈，可容百人。二千料者有載二三百人。巨船五千料，載五六百人。海洋船則尖底，船面濶三丈，底濶三尺，約載二千料。其餘謂之鑽風，大小八櫓或六櫓，每船可載百餘人。海舟以福建船爲上，廣東廣西船次之，溫州明州船又次之。以北方之木與水不相宜，故舟船入海不能耐久，又不能禦風濤，往往有覆溺之虞(註七四)。海船之最大者曰獨檣，載一千婆蘭（馬來語，合中國三百斤）。次者曰牛頭，比獨檣得三分之一。又次曰木舶，曰料河，遞得三分之一(註七五)。海舶內部編制，有綱首、副綱首及雜事等員，由市舶司給以公憑稱爲朱記，上載綱首副綱首姓名，乘客人數，船之大小構造等項。爲防海盜，得備用兵器，且雇有射手、盾手及發射火箭之弩手。船有帆有錨有櫓，櫓極大，每船有櫓八條至二十條，搖櫓者須用四人至三十人。船之內部，構造間隔，以免局部受損害而影響全船。每一大船附有小船多艘，在碇泊時，任樵薪汲水之用，船中雜役，每以黑奴充之。通常所用之舟型曰客舟。「舊例，每因朝廷遣使，先期委福建兩浙監司，顧募客舟，復令明州裝飾，略如神舟，具體而微。其長十餘丈，深三丈，濶二丈五尺，可載二千斛粟。其制皆以全木巨枋攙疊而成，上平如衡，下側如刃，貴其可以破浪而行也。其中分為三處，前一倉不安艎板，唯於底安竈與水櫃，正當兩檣之間也。其下卽兵甲宿棚也。其次一倉，裝作四室。又其後一倉，謂之廥屋，高及丈餘，四壁窗戶如房屋之制，上施欄楯，采繪華煥，而用帟幕增飾，使者官屬，皆以階序分居之。上有竹篷，平時積疊，遇雨則鋪蓋周密。然舟人極畏廥高，以其拒風，不若仍舊為便也。船首兩頰柱，中有車輪，上綰藤索，其大如椽，長五百尺，下垂矴石，石兩旁夾以二木鉤。船未入洋，近山拋泊，則放矴著水底，如維纜之屬，舟乃不行。若風濤緊急，則加遊矴，其用如大矴，而在其兩旁，遇行則卷其輪而收之。後有正柂，大小二等，隨水淺深更易。當廥之後，從上插下二棹，謂之三副柂，唯入洋則用之。又於舟腹兩旁，縛大竹為橐以拒浪。裝載之法，水不得過橐，以□輕重之度。水棚在竹橐之上，每舟十艣。開山入港，隨潮過門，皆鳴艣而行，篙師跳躑，號叫用力，甚至而舟行終不若駕風之快也。大檣高十丈，頭檣高八丈，風正則張布颿五十幅，稍偏則用利篷左右翼張，以便風勢。大檣之巔，更加小颿十幅，謂之野狐颿，風息則用之。然風有八面，唯當頭不可行。其立竿以鳥羽候風所向，謂之五兩。大抵難得正風，故布帆之用，不若利篷翕張之能順人意也。海行不畏深，惟懼淺閣，以舟底不平，若潮落則傾覆不可救，故常以繩垂鉛硾以試之。每舟篙師水手可六十人，惟恃首領熟識海道，善料天時，人事而得衆情，故一有倉卒之虞，首尾相應如一人，則能濟矣。」（註七六）又有神舟，其長濶高大，什物器用人數，皆三倍於客舟。宣和元年，朱彧敍述海船航行生活情形：

「舶船深濶各數十丈，商人分占貯貨，人得數尺許。下以貯物，夜臥其上。貨多陶器，大小相套，無少隙地。海中不畏風濤，惟懼靠閣，謂之湊淺，則不復可脫。船忽發漏，既不可入治，令鬼奴持刀絮自外補之。鬼奴善游，入水不瞑。舟師識地理，夜則觀星，晝則觀日，陰晦觀指南針，或以十丈繩鈎取海底泥嗅之，便知所至。海中無雨，凡有雨則近山矣。商人言：舶船遇無風時，海水如鑑。舟人捕魚，用大鈎如臂，縛一雞鶩爲餌，使大魚吞之，隨其行，半日方困，稍近之；又半日方可取。忽遇風則棄，或取得大魚不可食，剖腹求所吞小魚，可食，一腹不下數十枚，枚數十斤。海大魚每隨舶上下，凡投物無不噉。舟人病者，忌死於舟中，往往氣未絕，便卷以重席投水中，欲其遽沉，用數瓦罐貯水縛席間，纔投入，羣魚並席吞去，竟不少沉。有鋸鯊長百十丈，鼻骨如鋸，遇舶船橫截斷之，如拉朽爾。舶行海中，忽遠視枯木山積，舟師疑此處舊無山，則蛟龍也，乃斷髮取魚鱗骨同焚，稍稍沒水中。凡此皆危急，多不得脫。」（註七七）

遠洋航海，要有地理學博物學知識，舟師觀海洋中日出日入，則知陰陽；驗雲氣，則知風色逆順，毫髮無差。遠見浪花，則知風自彼來。見巨濤拍岸，則知次日當起南風。見電光，則云夏風對閃。而相水之清渾，便知山之遠近。每月十四、二十八日，謂之大等日分，此兩日若風雨不當，則知一旬之內，多有風雨。風雨晦冥時，唯憑指南針而行，乃火長掌之，晝夜守視唯謹，毫釐不敢差誤，蓋一舟人命所繫也(註七八)。海上通信，使用白鴿，自唐以來已行之。「鴻臚陳大卿言：昔使高麗，行大海中，水深碧色，常以鑞碣長繩沉水中爲候，深及三十托已上，舟方可行。既而覺水色黃白，舟人驚號，已泊沙上，水纔深八托，凡一晝夜。忽大風，方得出。」(註七九)海外船舶，每乘舶趠風而返江浙，蘇東坡詩：「三旬已過黃梅雨，萬里初來舶趠風，」(註八〇)蓋吳中暑月梅雨既過，吹東南風數日，甚者至踰旬而止，歲歲如此，吳人名之曰舶趠風，云此風自海與舶俱至也。

宋代以前，沿海交通，南起交廣，北至青州（山東益都縣）。宋代則北至密州板橋鎮（山東舊膠州）。自密州以北至直沽，尚無一定寄泊之港，故南方船舶，始終未駛至今日之天津，至元代朱淸始開闢之。宋初，指定廣州、明州、杭州爲華夷互市，賈船出入之區。其海船東至日本高麗，南通占城、眞臘、勃泥、麻逸、闍婆、三佛齊、大食諸蕃，皆往來交通，貿易有無。開寶四年，置市舶司於廣州，以知州爲使，通判爲判官，管理蕃舶貿易。當夏至之後，蕃舶入港時，市舶司官吏，檢查船載，閱實其貨，抽分（輸入稅）博買（收購）之後，方聽其與商人貿易。凡蕃商之有急難者，亦向市舶司投訴。商皆豪家大姓，習以客禮見主者，有樊氏商。咸平二年，又於杭州明州各置司，聽蕃客從便。主要商港之市舶司，均置備款項，爲購入蕃貨之用。此款謂之折博本錢，又稱博易本錢，或市舶本錢。買物謂之博買，或稱合買，又曰官市。凡蕃貨可獲厚利者皆收買之。與諸蕃貿易，以金、銀、緡錢、鉛、錫、雜色帛、瓷器，市其蕃貨，計輸入者有金、銀、眞珠、玉、瑇瑁、象牙、犀角、鑌鐵、鼈皮、琥珀、瑪瑙、薔薇水、牛皮筋角、烏樠木、吉貝布、水銀、水精、檀香、黃蠟、魚膠、魚鰾。藥物有乳香、木香、檳榔、石脂、硫黃、大腹、龍腦、沉香、丁香、丁香皮、桂胡椒、阿魏、蒔蘿、蓽澄茄、訶子、破故紙、荳蔻花、白荳蔻、硼沙、紫礦、胡蘆巴、蘆薈、蓽撥、益智子、海桐皮、縮砂、高良薑、草荳蔻、桂心苗、沒藥、煎香、黃熟香、降眞香、麝香、茴香、茯苓、鹿茸、黑附子油、肉蓯蓉、蘇木、川芎、雄黃、紅花、石鍾乳、白蕪荑、山茱萸、茅朮、杏仁、五苓脂、黃耆、土牛膝、石斛、史君子、扶律膏、大風油、加路香、天南星、秦皮、橘皮、天竺黃、藿香、草果、莪朮、木鼈子、石決明、木蘭皮、烏藥、蒼朮、雞骨香、白芷、土半夏、常山、蕤仁、遠志、人參、蘇合油、龍涎香、牛黃、血竭、安息香、桔梗、澤瀉、茯神、桂皮、甘草、三稜、防風、黃芩、滑石、蔓荊子、金毛狗脊、五加皮、菖蒲、五倍、細辛（註八二）。京師置有榷易院，市舶司購入蕃貨，卽發送榷易院，而賣之民間。詔諸蕃香藥寶貨至廣州、兩浙、泉州，非出官庫者，無得私相貿易。其後乃詔自今惟珠貝、瑇瑁、犀象、鑌鐵、鼈皮、珊瑚、瑪瑙、乳香禁榷外，其他藥官市之餘，聽市於民。雍熙中，遣內侍八人，齎敕書金帛，分四路招致海南諸蕃商人，出海外蕃國販易者，令並詣兩浙市舶司請給官券，違者沒收其寶貨。雍熙二年，詔廣州市舶司除榷貨外，他貨之良者，止市其半。大抵海舶至，先征稅十分之一，價値酌蕃貨輕重而差給之，歲約獲五十餘萬斤條株顆。皇祐中，總歲入犀象珠玉香藥之類，其數五十三萬有餘。至治平中，又增十萬。熙寧九年，杭明廣三市舶司收錢糧銀香藥等五十四萬零一百七十三緡匹斤兩段條箇顆臍隻粒。同時，變更市舶法，抽解有定數，而取之不苛，輸稅寬其期，而使之待價，懷遠之意實寓焉。泉人賈海外者，往復必使詣廣州，否則沒收其貨，海道回遠，偸還者過半，歲抵罪甚衆。太守陳偁奏疏請置市舶於泉，不報。哲宗即位之二年，始詔泉州置市舶司。蕃制雖有市舶司，多州郡兼領。元豐中，始令轉運司兼提舉，而州郡不復預矣。後專置提舉一員，另有同提舉、副提舉、知雜各一員，而轉運司亦不復預矣。密州板橋鎭商賈雲集，爲廣南、福建、淮、浙賈人航海販物至京東、河北、河東等路者所必經。舊稅額二萬九千一百九十六貫，熙寧十年增至八萬九千一百三十六貫，約二倍於前。南海商人多循運河至楚州，再泛海到密州。元祐三年，於板橋鎭置市舶司。崇寧元年，復置杭明市舶司（熙寧九年罷），官吏如舊額。

與蕃商貿易，限制甚嚴。太平興國初，凡私與蕃國人貿易，計値滿百錢以上者論罪；十五貫以上者黥面流海島；過此送闕下。婦人犯者配充針工。淳化五年，申其禁至四貫以上者徒一年，稍加至二十貫以上，黥面配本州爲役兵。端拱二年五月詔：自今商旅出海外蕃國貿易者，須於兩浙市舶司陳牒，請官給券以行，違者收沒其寶貨。慶曆嘉祐編勅：客旅商販，不得往高麗新羅及登萊州界，違者並徒二年，船貨皆沒入官。熙寧編勅亦同。元豐二年，賈人入高麗貲及五千緡者，明州籍其姓名，召保識，給引發船，兩艘往交易非違禁物，仍次年即回；其無引發船者如盜販法。三年，中書劄：諸非廣州市舶司，輒發過南蕃綱舶舡；非明州市舶司，而發過日本高麗者，以違制論。八年，勅諸非杭明廣州而輒發海商舶船者，以違制論，不以去官赦降原減，諸商賈由海道販諸蕃，惟不得至大遼國及登萊州，即諸蕃願附船入貢或商販者聽，始將禁人往高麗新羅條刪去（註八二）。元祐五年十一月，刑部言：商賈許由海道往外蕃興販，並具入船貨物名數，目的地，申報所在州，仍詔本土有物力戶三人委保不夾帶兵器，若違禁以堪充造軍器物，並不越過所禁地分，州爲驗實，牒送願發船州置簿鈔上，仍給公據，聽行。回日許於合發船州住船，公據繳納市舶司。如不請公據而擅乘船自海道入界河及往高麗新羅登州界者徒二年，五百里編管；往北界者加二等，配一千里，並許人告捕，給船物半價充賞。其餘在船人雖非船物主，並杖八十。卽不請公據而未行者徒一年，鄰州編管，賞減擅行之半，保人並減犯人三等。從之(註八三)。紹聖元年，往高麗者財本必及三十萬貫，船不許過兩艘，仍限次年回，召本土有物力戶三人委保，物貨內毋得夾帶兵器(註八四)。崇寧三年，令蕃商欲往他郡者，從舶司給券，毋雜禁物姦人。凡海船欲至福建兩浙販易者，廣南市舶司給防船兵仗，如詣諸國法。廣南市舶司鬻所市貨物，取息毋過二分。政和二年六月，臣僚言：訪聞入蕃海商，自元祐後來押販海船人，時有附帶曾經赴試士人及過犯停替胥吏過海入蕃，或名爲住冬，留在彼國，數年不回，有二十年者，取妻養子，轉於近北蕃國，無所不至。又有遠僻白屋士人，多是占戶爲商，趨利過海，未有法禁。欲乞於元豐停替編配人不許過海條，添增凡曾預貢解及州縣有學籍士人不得過海一節(註八五)。三年詔：凡知州通判官吏並舶司使臣等，毋得市蕃商香藥禁物，如至道之法。宣和元年，秀州開修青龍江浦，舶船輻輳，復置監官專領。四年，蕃國進奉物，如元豐法，令舶司卽其地鬻之，毋發至京師，違者論罪。

建炎元年詔：市舶多以無用之物費國用，自今有博買篤耨、香環、瑪瑙、貓兒眼睛之類，皆置於法，惟宣賜臣僚象笏犀帶選可者輸送。紹興十四年，令蕃商以香藥至者，十取其四，卽稅率百分之四十。朝廷聞商人病其重，十七年詔：三路市舶司，自今丁香、沉香、豆蔻、龍腦之屬，號細香藥者，十取其一。隆興二年，廣南福建兩淛市舶司申條具利害，舊法抽解，十五取一，其後十取其一，又其後擇其良者，如犀角十分抽二分，又博買四分；眞珠十分抽一分，又博買六分之類。市舶抽稅如此苛重，舶戶只販運粗色雜貨。乾道三年，詔廣南兩浙市舶司所發舟還，因風水不便，船破檣壞者，即不得抽解。七年詔現任官以錢附綱首商旅過蕃買物者有罰。明州市舶司每歲夏汛，高麗日本船舶至，依例提舉市舶官於四月初親去檢察抽解金珠等。但除抽解和買外，違法抑買者，許蕃商越訴，計贓罪之。蕃貨輸行在，分水陸兩綱運送。十月詔，今後廣南市舶司起發粗色香藥物貨，每綱以二萬斤正六百斤耗爲一綱，依舊例支破水脚錢一千六百六十二貫三百三十七文省，限五個月到行在交納，差諸州使臣熟曉海道者管押。淳熙二年，以五萬斤爲一全綱，福建限三個月程，廣南限六個月程到行在。(註八六)陸路綱粗色，海道綱細色，海道押綱官，並無酬賞，人畏風濤，多不願行。每差副尉小使臣，多有侵欺貿易之弊。南渡後，三路舶司，歲入不少，頗助國用。高宗謂：「市舶之利最厚，若措置合宜，所得動以萬計，豈不勝取之於民？朕留意於此，庶幾可以少寬民力耳。」(註八七)然金銀銅錢，海舶飛運，所失良多，而銅錢之泄尤甚，法禁雖嚴，亦無法止商人之貪利也(註八八)。各國亦有錢幣，流入中國。天禧二年，有蕃商舶舡中載黎字錢到廣州，頗紊中國之法，沒納入官。市舶之區，蕃商雜居，而海船往來，有利可圖，福泉一帶，有海盜橫行。乾道七年，島夷毗舍邪（面目漆黑，言語不通），嘗掠泉州平湖海濱，居民歲遣戍勞之費不貲，卒敗擒之，獲四百餘人。嘉定年間，王子清帮海盜，縱橫海上。而倭寇亦爲患，海道不寧，乃置兵立戍，以爲防衛焉。

廣南東路轄連、英、循、惠、新、恩等州，人口稀少，原非懋遷之地，而烟瘴癘疫，以英州春州爲最甚。南方風土病、脚氣病、與瘧疾流行。當時治瘴之方，以薑、葱、豆豉、蒼朮、橘皮之類，最爲急需。北人畏瘴，無敢往廣南，雖武臣亦憚之。淳化四年詔舊制選人，年六十，不任川陝廣南官，蓋嶺表蠻荒，視爲畏途，又況方言隔閡。粵人好食蟲蛇，以北人視之，殆同化外也。然以中原士人謫居者多，故風俗稍變，士風浸盛。五嶺以南，廣州爲一都會，亦稱五羊城，於熙寧宣和間，先後修葺。紹興二十三年再修，分爲中城、東城、西城，周圍十九里。大中祥符四年，邵曄知廣州，蕃舶每至岸，常苦颶風，曄鑿內濠通舟，颶始不能害(註八九)。船舶以十一月十二日就北風啓程，五月六月就南風回航，廣帥以五月祈風於豐隆神。提舉司於十月大設宴蕃商而遣之。大賈自占城、眞臘、三佛齊、闍婆、大食涉海而至者，每歲數十艘。占城至廣州，順風半月程，但最忌風漂船至石塘（西沙羣島），則累歲不達矣。諸蕃之入中國，一歲可以往返，唯大食必二年而後可。廣州既爲通商大口岸，繁盛爲三市舶冠。舶船泊市舶亭下，五州巡檢司派兵監視，謂之編欄。凡船至，帥漕與市舶監官涖閱其貨而征之，謂之抽解，以十分爲率。據畢仲衍中書備對（書成於熙寧十年）稱：廣明杭三州市舶司所收乳香三十五萬四千四百四十九斤，獨廣州一處有三十四萬八千六百七十三斤。貿易之盛可見。

蕃商居留地曰蕃坊，設有蕃長一人，主管蕃坊公事，猶今之領事官，由朝廷任命。蕃商擁有雄厚資財，而具有勢力。「蘇緘爲南海簿，廣州領市舶司，每海商至，選官閱實貲貨。其商酋皆州里右姓，至則陵轢官府，以客禮見主者。緘以選往，有大商樊氏入見，遽陞階就榻，緘捕繫杖之。樊氏訴於州，州將召緘責以專決罰。」(註九〇)「慶曆中，廣州有死番商，沒官珍珠，有司賤估其值，十分價中纔及一分，羣官分買之，爲本路監司按劾計贓，以珍珠赴京師。具案既上，仁宗閱之，依所估值，出禁中錢買之，以賜張貴妃。」(註九一)儂智高圍攻廣州，蕃商蒲亞訥，以猛火油燒其攻具，故以爲銀青光祿大夫(註九二)。「熙寧元年，知廣州張田徙郡學於國慶寺之東，未及營造而卒。繼田任者程師孟、蔣之奇發官資庀成之。懷化將軍辛押陁羅者，蕃酋也，聞風興起，亦捐資以完齋宇，且售田以贍之。後置別舍以來蕃俗子弟之願學者。」(註九三)「廣州商有投於戶部者曰：蕃商辛押陁羅者，居廣州數十年矣，家貲數百萬緡，」(註九四)曾乞統察蕃長司公事，詔廣州裁度；又進錢銀助修廣州城，不許。辛押陁羅者，殆爲貲財雄甲一方之蕃商也。紹興間，王勳提舉廣州市舶，歲大疫，夫婦繼歿，賈胡率錢三百萬爲賻(註九五)。此可見蕃商之富裕。中國對蕃商之管理，「諸化外人同類自相犯者，各依本俗法；異類相犯者，以法律論。」(註九六)大中祥符二年十二月，廣州蕃商湊集，遣內侍趙敦信馳驛撫問之，卽詔知州馬亮等定蕃商犯罪決罰條。亮等請應大舶主及因進奉曾受朝命者有罪責保奏裁，自餘悉論如律。從之(註九七)。「蕃人有罪，詣廣州鞫實，送蕃坊行遣。」(註九八)審判定讞後，處罰權仍交回蕃坊執行。蕃商死，其遺產處理，宋律准唐太和八年八月二十三日勅：「自今以後，諸州郡應有波斯及諸蕃人身死，若無父母嫡妻男及親兄弟元相隨，其錢物等，便請勘責官收。如是商客及外界人身死，如無上件親族相隨，卽量事破錢物埋瘞，明立碑記，便牒本貫追訪。如有父母嫡妻男及在室女，卽任收認。如是親兄弟親姪男不同居，並女已出嫁，兼乞養男女，並不在給還。限在室親姊妹，亦請依前例三分內給一分，如死客有妻無男女者，亦請三分內給一分。」(註九九)蕃商訴訟，每因言語文字之困難而受欺，向子諲用蕃書之助以解決之。「(廣)州爲蕃商所聚，人多入其貨而隱其買，訐訟則書不可識，語不可曉，官必憑譯者。而譯者受交，隱其情實，蕃商終不能自白。公(子諲)命求蕃書千文，及他書數種，先識之矣。乃命吏以蕃書告喻。羣商爭來愬，盡得其情，應負之者悉徵還，咸呼舞歸其國。」(註一〇〇)蕃商在中國出生者曰土生蕃客；寄寓廣州，是歲不歸者，謂之住唐(註一〇一)。蓋此時海外，仍稱中國爲唐，中國人爲唐人也。阿拉伯婦女，亦有旅居廣州者，故有波斯女菩薩蠻(Mussulman)之名。廣州波斯婦，繞耳皆穿穴，帶珥環有二十餘枚者。家家以篾爲門，人食檳榔，唾地如血。又婦女凶悍，喜鬪訟，雖遭刑責而不畏恥(註一〇二)。蕃人手指皆帶寶石，視其貧富，嵌以錫金，謂之指環子。蕃商有娶漢女爲婦，元祐間，蕃坊劉氏娶宗女，因爭產而發覺，遂禁止之。「紹興七年十月，知廣州連南夫言：市舶司惟藉蕃商往來貿易，大商蒲亞里者，昨在廣州，有武臣曹訥利其財，以女適之，亞里遂留不歸。帝因令南夫勸其歸國，運蕃貨財往來。」(註一〇三)廣州富人，畜有黑奴(註一〇四)祆教仍有由賈船傳至廣州(註一〇五)。沿海又有一族曰蜑戶，人口凡數萬，水上生活，生計至微。海南島未設市舶，眞宗時，有蕃舶遭風至瓊州，且告食乏，不能去，貸錢三百萬，亦如期償還。該港收稅，較船之丈尺，以定多寡，謂之格納，其法分三等，有所較無幾，而輸錢有相差十倍者。對內貿易，發船來往，亦請引於廣州市舶司。買物自泉福兩浙湖廣至者，皆金銀物帛，値或至萬餘緡。自高化至者，唯穀米瓦器牛畜黃魚之類，值纔百分一，而概收以丈尺，故高化商人，不至海南，遂乏牛米。一般商人，亦有至海南販檳榔者。此島有瓊、崖、儋、萬四州，隔在南海，地理險遠，輸賦科徭率不以法，產沉香翠羽怪珍之物。蘇軾謫居儋耳，在黎氏園建載酒堂。城東有陳氏園，城西有成氏園，擅林壑之勝。有郡學，應舉考試者三百餘人。豬肉出售，每月只有二三次。吉陽雖遠郡，其實魚米之鄉，藷芋餉晝，松明照夜，泉甘酒美，不啻海外樂園也。

泉州，五代時留從效重加版築，傍植刺桐環繞，故名刺桐城。當泉州未置市舶司之前，蕃舶間有到福州者。天聖三年八月，監察御史朱諫上言：「福州遞年常有船舶三兩隻到鐘門海口。其郡縣官吏，多使人將錢物金銀博買眞珠犀象香藥等，致公人百姓，接便博買，却違禁寶貨不少。」自泉州置司，蕃舶源源而至。三佛齊國有眞珠、象牙、犀角、腦子、乳香、沉香、煎香、珊瑚、琉璃、玳瑁、龜筒、梔子香、薔薇水、龍涎香。渤泥國有腦版。闍婆國多藥物。波斯有吉貝布、貝紗。高麗則有人參、銀、銅、水銀、綾布等物（註一〇六）。自宋室南渡，因與杭州較近，泉州貿易，有長足之進步，漸與廣州相頡抗。舶商歲再至，一舶連二十艘，異貨禁物如山，吏私與市者，價十之一二。眞臘大商，每以四舟俱行，販入黃蠟。當紹興間，賈胡以富豪故，建層樓於郡庠之前，士子以爲病，言之郡。然上下俱受賂，莫肯誰何。後由通判傅自得以化外人法不當城居，立戒兵官始卽日撤之。十四年九月，提舉福建路市舶樓璹言：「臣昨任廣南市舶司，每年於十月內，依例支破官錢三百貫文，排辦筵宴，係本司提舉官同守臣犒設諸國蕃商等。今來福建市舶司，每年止量支錢委市舶監官備辦宴設，乞依廣南市舶司體例，每年於遣發蕃舶之際，宴設諸國蕃商，以示朝廷招徠遠人之意。」從之（註一〇七）。蕃商雜處民間，舊法，與郡人爭鬪，非至折傷，皆用其國俗，以牛贖罪，寖亦難制。至乾道七年，汪大猷知泉州，用中國法治之，始有顧憚。蕃客居留地，在州城之南。城外東南隅作叢塚，以掩蕃客之遺骸。宋宗室寄居泉州，挾勢爲暴，至奪胡賈巨舶，結怨甚深。迨宋亡，蒲壽庚降元，宗室三千餘人，殺戮殆盡，可見蕃客留居於泉州者之衆也。

朝貢實爲貿易之變相，在中國徒慕遠人向化，牽職中原之虛名，非利乎方物。大中祥符七年七月，詔交阯、占城、大食、闍婆、三佛齊、丹流眉、賓同朧、蒲端等國使入貢者，所在遣使臣伴送赴京，郵傳供億，務從豐備（註一〇八）。九年七月，知廣州陳世卿言：海外蕃國貢方物至廣州者，自今犀象珠貝揀香異寶聽賣赴闕。每國使副判官各一人，其防援官，大食、注輦、三佛齊、闍婆等國，勿過二十人；占城、丹流眉、勃泥、古邏、摩逸等國，勿過十人，並往來給券料。從之（註一〇九）。而在蕃國，志在博取等値之賜與及通商之便利，目的全爲經濟，其次則希望受封。故紹興初，大食進奉人使蒲亞里貢方物，御史張守謂所貢多無用之物，賜答之費，數倍所得。方朝廷汲汲於自治之時，珍奇之物，亦復何用？所有今來大食故臨國（Külam）進奉，乞令廣州諭旨却之，以示聖明不寶遠物，以格遠人之意，兼免財用之侵蠹，道路之勞費（註一一〇）。守之言，正道破當時所謂朝貢之作用也。諸蕃國之富盛多寶貨者，莫如大食國，其次闍婆國，又其次三佛齊國。旅居廣州之大食人，往往爲鉅富，尤以蒲姓爲多（註一一一）。僧行勤遊西域，太祖嘗因賜大食國王書以招懷之。開寶元年十二月，遣使來貢方物。厥後屢有朝貢，多獻花錦、越諾、揀香、白龍腦、白沙糖、薔薇水、琉璃器、龍鹽、眼藥、乳香、千年棗等。淳化四年，遣其副酋長李亞勿來貢。其國舶主蒲希密至南海，以老病不能詣闕，乃以方物附亞勿來獻。奉表謂昨在本國，曾得廣州蕃長寄書招諭，令入京貢奉，盛稱皇帝聖德，布寬大之澤，詔下廣南，寵綏蕃商，阜通遠物云云，共獻象牙五十株，乳香一千八百斤，賓鐵七百斤，紅絲吉貝一段，五色雜花蕃錦四段，白越諾二段，都爹一琉璃瓶，無名異一塊，薔薇水百瓶。詔賜希密勅書錦袍銀器束帛等以答之。又至道元年，其國舶主蒲押陁黎賫蒲希密表朝貢，引對於崇政殿，由譯者代奏，賜宴，就館延留數月，遣回，降詔答賜蒲希密黃金，準其所貢之値。大中祥符九年十一月，大食國以金錢銀錢各千枚入貢，蓋大食產金，貿易使用金錢也。自開寶元年至天禧三年，遣使朝貢者凡二十次，其入貢路線，或循海道以抵廣州，或由沙州涉夏抵秦州。建興初，趙德明請道其國中不許，至天聖元年來貢，恐爲西夏鈔略，乃詔自今取海道由廣州至京師。然大食人入中國，往來須經兩年。中國船商之從廣州赴大食，舶抵故臨，易小舟而往；而從大食之來也，亦至故臨易大舶東行。從泉州之往也，「自泉發船四十餘日，至藍里博易，住冬。次年，再發順風，六十餘日方至其國。本國所產多運載與三佛齊貿易，賈轉販以至中國。」(註一一二)至和嘉祐間，四貢方物，最後以其首領蒲沙乙爲武寧司階。建炎三年，因戰爭匱財，却其寶玉珠貝之貢，俾省數十萬緡，但優賜以答之(註一一三)。紹興元年十一月二十六日，提舉廣南路市舶張書言上言：「大食人使蒲亞里進貢大象牙二百九株，大犀三十五株，現收管廣州市舶庫，象牙各係五十七斤以上，依例每斤估錢二貫六百文，約用本錢五萬餘貫，數目稍多，難以變轉。乞起發一半，將一半就便搭息出賣給還。」詔揀選大象牙一百株犀二十五株，起發赴行在，準備解笏造帶宣賜臣僚使用。餘從之(註一一四)。四年七月六日，蒲里亞將進貢回賜到錢置大銀六百綻，及金銀器物疋帛，被賊數十人持刃上船，殺死蕃牧四人，損傷亞里，盡數劫奪金銀等逃去。提刑司令廣州火急追捕，限一月追獲。六年八月二十三日，提舉福建路市舶司上言：大食蕃國蒲囉辛造船一艘，搬運乳香投泉州市舶，計抽解價三十萬貫，委是勤勞，理當優異。詔蒲囉辛特補承信郎，並賜公服履笏。仍開諭以朝廷存恤遠人優異推賞之意。候回本國，令說喻蕃商，廣行搬販乳香前來，如數量增多，依此推恩(註一一五)。自開寶元年至乾道四年，共入貢二十九次。

占城(Campa)因與交阯對抗而最親中國，自建隆二年至淳熙四年（被眞臘所滅），遣使入貢四十一次，所貢多爲香藥、馴象、牯犀、象牙、犀角、瑇瑁、珍禽、胡椒等物，而中國則賜以絹布、衣褥、戎器、馬鞍或賜銀以千兩計。占城不只對中國親善朝貢，且被迫於交阯，每向廣東移民避難。雍熙三年，儋州報告，占城人蒲羅遏爲交州所迫，率其族百口來附。四年秋，廣州報告，雷恩州關送占城夷人斯當李娘並其族一百五十人來歸，分隸南海清遠縣。端拱元年，廣州又報告，占城夷人忽宣等族三百零一人來附。至道元年，其王遣使來貢，奉表言：「臣本國之有流民三百散居南海，曾蒙聖旨許令放還，今有猶在廣州者。本國舊有進奉夷人羅常占，現駐廣州，乞詔本州盡數點集兵籍，以付常占，令造船舶，乘便風部領歸國，冀得安其生聚，以實舊疆。」太宗覽表，遣使詣廣州，詢問願還者，悉付其專使波珠帶還。天禧二年，占城國王遣使羅皮帝加等以方物來貢。明年使還，賜其王銀四千七百兩，並戎器鞍馬。中國軍賊，有流亡至占城者。慶曆元年九月，廣東商人邵保，見軍賊鄂鄰百餘人在占城，轉運司選幹員二人，齎詔書器幣賜占城，購鄰致闕下，餘黨悉令就戮之（註一一六）。皇祐二年正月，占城遣使來貢象牙二百零一株，犀角七十九株，齎表二通，一以蕃書，一以中國書（註一一七）。闍婆(Java)於淳化三年，其王穆羅茶遣使至明州，其主舶大商毛旭者，建溪人，常往來貿易，因假爲鄕導。熙寧中，亦朝貢一次，餘無聞。三佛齊 (Palembang) 與中國之關係亦密，號稱大國，有文書，善算，地產檀香乳香。自建隆元年至淳熙五年，朝貢二十次，方物有水晶，火油，犀角，象牙，香藥，香水，沙糖，琉璃，珊瑚等。中國商船，經三佛齊修船，轉易貨物，詣大食；囘航時，汎海使風，二十日可至廣州。太平興國五年，三佛齊蕃商李甫誨，乘船船載香藥犀象至海口，會風勢不便，飄船六十日至潮州，其香藥悉送廣州。淳化三年冬，廣州報告，蒲押陀黎 (端拱元年遣使) 前年自京囘，聞本國爲闍婆所侵，住南海一年。今春乘船至占城，遇風信不利，復還，乞降詔諭本國。從之。咸平六年，其王思離咮囉無尼佛痲調華遣使李加排，副使無陁李南悲來貢，且言本國建佛寺以祝聖壽，願賜名及鐘。眞宗嘉其意，詔以承天萬壽爲寺額，並鑄鐘以賜，授加排歸德將軍，無陁李南悲懷化將軍。元豐三年，廣州南蕃綱目，以其主管國事國王之女，唐字書寄龍腦及布與提舉市舶孫迥，迥不敢受，言於朝。詔令估値輸之官，悉市帛以報。南宋乾道間，請鑄銅瓦三萬，詔泉廣二州守臣督造付之。淳熙五年，復遣使貢方物，詔免赴闕，館於泉州（註一一八）。闍婆與三佛齊，據明代瀛涯勝覽一書所載，見有閩廣之華僑甚衆，生聚成村（註一一九），蓽路藍縷，殆可遠溯於宋代也歟？

其他朝貢之國，有拂菻、眞臘(Kamboja)、勃泥(Borneo)、注輦(Cūliyān)、丹眉(Tambralinga)、蒲甘(Pagan)、南毗(Namburi)、層檀(卽諸蕃志之層拔，在南海傍城Zanguebor)等國。最遠者爲南毗(由三佛齊風颿月餘，可至其國)、拂菻、大食、層檀(海道便風行百六十日)。而占城眞臘常貢象，太平興國七年，占城遣使乘象入貢，詔留象於廣州畜養之。中國各地常發現野象流浪(註二〇)，大抵亦由南海諸蕃運來之所遺也。

【注　釋】

(註一) 宋史，卷一八〇，志第一三三，食貨下二，錢幣。

(註二) 一、將銅錢出中國界者，河北、陝西、河東不滿一百文，杖一百；一百文，徒一年，每一百文加一等，至徒三年決訖，刺配遠惡州軍牢城。一貫文以上爲首者處死，從者決訖刺配遠惡州軍牢城。其餘路分，二百文杖一百，每二百文加一等。至徒三年決訖刺配遠州牢城。二十貫以上依河北等路一貫以上刑名定斷。(熙寧七年編勅刪去此條)。嘉祐編勅：一、商客蕃客往南蕃者，聽逐人各帶路費錢五百文，過此數者，許諸色人陳告，犯人依雜禁條將銅錢出中國界刑名施行。(熙寧編勅刪去此條)。(樂全集，卷二十六，論錢禁銅法事)。

(註三) 欒城集，卷四十一，論北朝所見於朝廷不便事。

(註四) 南洋各屬，厥後常發掘有宋錢。當明代鄭和通使南洋，隨使人馬歡，於第三次出國囘來後，永樂十四年撰瀛涯勝覽一書，記其所見各國之風物，謂爪哇、舊港國(三佛齊)等地，中國歷代銅錢可使用。

(註五) 容齋隨筆，三筆，卷四，省錢百陌。

（註六）容齋隨筆，四筆，卷一，十十錢。

（註七）宋朝事實，卷十五，財用。

（註八）宋史，卷一八一，志第一三四，食貨下三，會子。

（註九）同上書。

（註十）宋史（卷一八一，志第一三四，食貨下三，會子。）及文獻通考（錢幣考）謂乾道二年出內庫及南庫銀一百兩收之。建炎以來朝野雜記（甲集，卷十六，東南會子）謂三年出南庫錢二百萬緡，收回所增會子。容齋三筆（卷十四，官會折閱）謂三年出內庫銀二百萬兩售於市，以錢易楮，焚棄之。

（註十一）容齋隨筆，三筆，卷十四，官會折閱。

（註十二）宋史，卷四二三，列傳第一八二，王邁傳。

（註十三）續資治通鑑，卷一六八，宋紀一六八。

（註十四）嘉定八年七月，金改交鈔名貞祐寶券，自泰和（一二〇一——一二〇八）以來，交鈔日多而輕，乃更作二十貫至百貫，二百貫，千貫，謂之大鈔。初雖稍重，未幾益輕而愈滯，市邑視爲無益之物。商人往往舟運貿易於江淮，錢多入宋，至是改名而弊如故。（續資治通鑑，卷一六〇，宋紀一六〇）。

（註十五）范成大於乾道間所見，謂：「虜本無錢，惟煬王亮嘗一鑄正隆錢，絕不多餘，悉用中國舊錢，又不欲留錢於河南，故效中國楮幣，於汴京置局造官會，謂之交鈔，擬現錢行使，而陰收銅錢，悉運而北，過河即用現錢，不用鈔。鈔文曰：南京交鈔所准戶部符尚書省批降檢會。……前後有戶部管當令史官交鈔庫使副書押，四圍畫龍鶴有飾。」（攬轡錄）其時中國雖亦有准交，然引會混雜，鼓鑄不一，故常困錢，幣多而賤，稱提無策，而彼則惟以交鈔行之河南，以中國舊錢行之河北，似反簡易也。

（註十六）宋史，卷一八〇，志第一三四，食貨下三，會子。

（註十七）陸放翁集，劍南詩稿，卷八十三，得子虡濠上書。

（註十八）樂全集，卷二十三。

（註十九）同上書，卷二十七，論汴河利害事。

（註二十）夢溪筆談：「國朝汴渠，發京畿輔郡三十餘縣夫，每歲一浚。祥符中，閤門祗候使臣謝德權領治京畿溝洫，權借浚汴夫，自爾後三歲一浚，始令京畿民官皆兼溝洫河道，以爲常職。久之，治溝洫之工漸弛，邑官徒帶空名，而汴渠有二十年不浚，歲歲堙澱，河牀高出平地，有一丈二尺餘者。」（卷二十五，雜誌二）。

（註二十一）續資治通鑑長編，卷二九七，元豐二年條注。

（註二十二）歐陽文忠公集，于役志。

（註二十三）夢溪筆談：「淮南漕運，築埭以畜水，天聖中，監眞州排岸司右侍禁陶鑑始議爲複閘節水，以省舟船過埭之勞，始爲眞州閘，歲省冗卒五百人，雜費百二十五萬。運舟舊法，舟載米不過三百石，閘成，始爲四百石船。其後所載浸多，官船至七百石，私船受米八百餘囊，囊二石。」（卷十二，官政二）。

（註二十四）王文正筆錄。

（註二十五）宋史，卷一七五，志第一二八，食貨上三，漕運。

（註二十六）陸放翁集，卷四十三。

（註二十七）埽之制，密布芟（蘆荻）、索（辮竹糾芟爲索）、鋪梢（山木榆柳枝葉）。梢芟相重，壓之以土，雜以碎石。以巨竹索橫貫其中，謂之心索，卷而束之。復以大芟索繫其兩端，別以竹索自內旁出，其高至數丈，其長倍之。凡用丁夫數百或千人，雜唱齊挽，積置於卑薄之處，謂之埽岸。既下，以橛臬閡之，復以長木貫之。其竹索皆埋巨木於岸以維之。遇河之橫決，則復增之，以補其缺。凡埽下，非積數叠，亦不能遏其迅湍。（宋史，卷十一，志第四十四，河渠一，黃河上）。

（註二十八）夢溪筆談敍述以長埽塞商胡之工程：「慶曆中，河決北都商胡，久之未塞，中間一埽，謂之合龍門，屢塞不合。時合龍門埽長六十步，有水工高超者，獻議以謂埽身太長，人力不能壓，埽不至水底，故河流不斷，而繩纜多絕。今當以六十步爲三節，每節埽長二十步，中間以索連屬之，先下第一節，待其至底，冗壓至第二第三。以第一埽水信未斷，然勢必殺半。壓第二埽止用半力，水縱未斷，不過小漏耳，第三節乃平地施工，足以盡人力。處置三節既定，即上兩節自爲濁泥所淤，不煩人力。後用超計，商胡乃定。」（卷十一，官政一）。

（註二十九）宋史，卷九十一，志第四十四，河渠一，黃河上。

（註三十）宋史，卷九十二，志第四十五，河渠二，黃河中。

（註三十一）宋史，卷九十三，志第四十六，河渠三，黃河下。

（註三十二）元豐類稿，卷四十九，本朝政要策。

（註三十三）全國浮戶，依強家而爲佃客。主戶即土著戶口，客戶爲他州縣移入者，但宋則以資產有無爲標準，而定其主客之分。故主戶者，有常產之人也，客戶則無產而僑寓者也。南宋荊湘間，買賣土田，載客戶於契書。客戶依主戶以生，供其役使，從其約束。

（註三十四）楓窗小牘，卷上。

（註三十五）歐陽文忠公集，河東奉使奏草，卷上，相度併縣牒。

（註三十六）宋會要輯稿，第一二七冊，食貨一一之二八－三〇。

（註三十七）建炎以來朝野雜記，甲集，卷十七，本朝視漢唐戶多丁少之弊。

（註三十八）忠穆集，卷一，上邊事備禦十策，收人心。

（註三十九）雞肋編，卷中。

（註四十）同上書。

（註四十一）于湖居士文集，卷三，赭山分韻得成葉字。

（註四十二）宋會要輯稿，第一五〇冊，食貨五九之二二。

（註四十三）同上書，食貨五九之二三。

（註四十四）續資治通鑑，卷一二〇，宋紀一二〇。

（註四十五）宋會要輯稿，第一五〇冊，食貨五九之四〇－四一。

（註四十六）朱子語類大全，卷一一一，朱子八，論民。

（註四十七）浮溪集，卷二，論僑寓州郡劄子。

（註四十八）四朝聞見錄，戊集，淮民漿棗。

(註四十九) 盤洲文集，卷四十二，論東人來歸事宜劄子。
(註五十) 宋會要輯稿，第一五〇冊，食貨五九之四二。
(註五十一) 同上書，第一六〇冊，食貨六八之一五二。
(註五十二) 文獻通考，卷十一，戶口二。
(註五十三) 宋史，卷四十二，本紀第四十二，理宗二。
(註五十四) 梅磵詩話，卷下。
(註五十五) 後村先生大全集，卷五十二，淳祐六年召對劄子。
(註五十六) 宋史，卷四十六，本紀第四十六，度宗。
(註五十七) 燕翼貽謀錄，卷二，東京相國寺條。
(註五十八) 東京夢華錄，卷三，相國寺萬姓交易。
(註五十九) 夢粱錄，卷十九，塌房。
(註六十) 皇朝類苑，卷五十九，廣博智識，百藥枕。
(註六十一) 宋刑統，卷八，衞禁律，越州縣鎭戍城及官府廨垣，度關必請領過所。
(註六十二) 欒城集，卷四十一，論北朝所見於朝廷不便事。
(註六十三) 續資治通鑑，卷一二五，宋紀一二五，紹興十二年五月條。
(註六十四) 宋史，卷一八六，志第一三九，食貨下八，互市舶法。
(註六十五) 周去非，嶺外代答，卷五，邕州永平寨博易場。

（註六十六）同上書，卷五，欽州博易場。

（註六十七）蘇東坡集，奏議集，卷二，登州召還議水軍狀。

（註六十八）宋會要輯稿，第一四五冊，食貨五〇之八。

（註六十九）車船是用脚踏車輪而行，有踏駕棹梢、水碗手、踏駕兵梢。二十丈車船，每艘造貲二萬緡。

（註七十）浮溪集，卷一，撫州奏乞罷打造戰船等事。

（註七十一）宋會要輯稿，第一四五冊，食貨五〇之一五。

（註七十二）同上書，食貨五〇之二五。

（註七十三）忠穆集，卷二，上邊事善後十策。

（註七十四）同上書。

（註七十五）太平御覽謂海船「大者長二十餘丈，高出水二三丈，望之如閣道，載六七百人，物出萬斛。」（卷七六九）

（註七十六）宣和奉使高麗圖經，卷三十四，客舟。

（註七十七）萍洲可談，卷二。

（註七十八）諸蕃志，卷下，海南。夢粱錄，卷十二，江海船艦。

（註七十九）文昌雜錄，卷三。

（註八十）蘇東坡集，卷十，舶趠風。

（註八十一）宋會要輯稿，第八十六冊，職官四四之二四，市舶。

（註八十二）蘇東坡集，奏議集，卷八，乞禁商旅過外國狀。
（註八十三）續資治通鑑長編，卷四五一。
（註八十四）宋會要輯稿，第一四〇冊，食貨三八之三三—三四。
（註八十五）同上書，第一六五冊，刑法二之五七—五八。
（註八十六）同上書，第八十六冊，職官四四之二九—三〇，市舶。
（註八十七）中興小紀，卷二十三。
（註八十八）宋史，卷一八六，志第一三九，食貨下八，互市舶法。
（註八十九）宋史，卷四二六，列傳第一八五，邵曄傳。
（註九十）東都事略，卷一一〇，忠義傳九十三，蘇緘傳。
（註九十一）元城先生語錄，卷中。
（註九十二）續資治通鑑長編紀事本末，卷五十，廣源蠻叛。
（註九十三）廣東通志，卷二六九，列傳二，劉富傳。
（註九十四）龍川略志，卷五，辨人告戶絕事。
（註九十五）攻媿集，卷九十九，朝議大夫秘閣修撰致仕王公墓誌銘。
（註九十六）宋刑統，卷六，名例律，化外人相犯條。
（註九十七）續資治通鑑長編，卷七十二。
（註九十八）萍洲可談，卷二。

(註九十九) 宋刑統，卷十二，戶婚律，死商錢物條。

(註一百) 五峯集，卷三，向侍郎行狀。

(註一〇一) 萍洲可談，卷二。

(註一〇二) 雞肋編，卷中。

(註一〇三) 中興小紀，卷二十三。

(註一〇四) 「廣中富人，多畜黑奴，絕有力，可負數百斤。言語嗜慾不通，性惇不逃徙，亦謂之野人。色黑如墨，唇紅齒白，髮鬈有黃。……有一種近海者，入水眼不眨，謂之崑崙奴」。(萍洲可談，卷二)。

(註一〇五) 岳珂桯史，記番禺有海獠雜居，其最豪者蒲姓，號白番人，本占城之貴人也，留中國以通往來之貨。屋室侈靡踰制，層樓傑觀，宏麗奇偉，富盛甲一時。性尚鬼而好潔，平居終日，相與膜拜祈福。有堂焉以祀名，如中國之佛，而實無像設。稱謂聱牙，亦莫能曉，竟不知何神也。堂中有碑高袤數丈，上皆刻異書如篆籀，是為像主，拜者皆嚮之。此為紹熙三年所見也。(卷十一，番禺海獠)。

(註一〇六) 雲麓漫鈔，卷五。

(註一〇七) 宋會要輯稿，第八十六冊，職官四四之二四，市舶。

(註一〇八) 續資治通鑑長編，卷八十三。

(註一〇九) 同上書，卷八十七。

(註一一〇) 毘陵集，卷二，論大食故臨國進奉劄子。

（註一一一）大食入宋進貢之使者，蒲(Abu)姓最多，如開寶九年蒲希密，太平興國二年蒲思那，至道元年蒲押陁黎，景德元年蒲加心，天禧三年蒲麻勿陁婆離，嘉祐中蒲沙乙等是。

（註一一二）諸蕃志，卷上，大食國。

（註一一三）宋史，卷四九〇，列傳第二四九，外國六，大食。

（註一一四）紹興間，廣南市舶司奏，大食故臨國進奉人使蒲亞里等，奉其本國蕃首命，遣齎表章、眞珠、犀象、乳香、龍涎、珊瑚、梔子、玻璃等物，前來進奉。高宗命眞珠等物，令市舶司估價回答，其龍涎珊瑚梔子玻璃，津發赴行在。（毘陵集，卷二，論大食故臨國進奉劄子）。

（註一一五）宋會要輯稿，第一九七冊，蕃夷四之九三，大食。

（註一一六）宋史，卷四八九，列傳第二四八，外國五，占城。續資治通鑑長編，卷九十二。

（註一一七）續資治通鑑長編，卷一六八。

（註一一八）宋史，卷四八九，列傳第二四八，外國五，三佛齊。

（註一一九）瀛涯勝覽謂在爪哇島之杜板(Tuban)，約有千餘家，其間多有中國廣東及漳州人流寓此地。東行半日許，至革兒昔（Geresike, Griss'e），因中國人來此創居，遂名新村，村主爲廣東人，約有千餘家。國內有三等人，一爲回回人，西蕃各國商人流落此地者；一爲唐人，皆爲廣東漳泉等處人竄居此地，食用美潔；一爲土人。往三佛齊，船入彭家門，至其國，國人多是廣東漳泉州人逃居此地，人甚富饒。

（註一二〇）建隆三年，有象至黃陂縣，匿林中，食民苗稼。又至安、復、襄、唐州，踐民田，遣使捕之。明年十二月，於南陽縣獲之，獻其齒革。乾德二年五月，有象至澧陽安鄉等縣。又有象涉江入華容縣，直過闤闠門。又有象至澧州澧陽縣城北。（宋史，卷六十六，志第十九，五行四）。三年，潘美伐南漢，陣於蓮花峯下，南漢人教象爲陣以抗，每象載十餘人，皆執兵器，蓋南漢已利用象以作戰也。太宗朝，雷、化、新、白、惠、恩等州山林有羣象，民能取其牙，官禁不得賣，宜令送官以半價償之。（宋史，卷二八七，列傳第四十六，李昌齡傳）。天禧五年正月，養象所言：舊管象四十六，今只三頭，望下交州取以足數。（續資治通鑑長編，卷九十七）。南宋乾道七年，潮州之潮陽縣，野象數百爲羣，食稼，農設穽田間，象不得食，率其羣圍行道車馬，斂穀食之乃去。（宋史，卷六十六，志第十九，五行四）。然咸平二年，陳堯佐通判潮州，鱷魚肆虐，命吏捕殺一尾，（宋史，卷二八四，列傳第四十三，陳堯佐傳）大抵熱帶動物，時仍殘存於廣東也。

第八章　社會風俗(一)

第一節　首都風物

迤邐平原，城堞兀峙，樓櫓壕塹壯且整，形勢雄偉而秀麗者，北宋首都之開封也。開封城垣高四丈，廣五丈九尺，分爲三重城，中間是宮城：周圍五里，南門爲宣德樓。次爲舊城，即汴州城，周圍二十里許。又其次爲外城，亦曰新城，顯德二年築，元豐中重修之，周圍四十八里許。城內街巷，整齊美觀。城壕曰護龍河，濶十餘丈，夾壕植柳，直如引繩。城門皆甕城三層，屈曲開門，以日初出入時爲啓閉之準。汴河自西京洛口分水入京城，東至泗州入淮，運東南之糧食。河水深僅六尺，以通行重載爲準，自城西來，由西水門入，向東穿城至東水門而出。水流湍急，失足者輒沖流溺斃，故沿河修短垣以防護，每隔數丈，留小缺以通舟人維纜之便。金水河自京城西南分京索河水，築堤，從汴河上用木槽架過，由西北水門入京城。蔡河由西南戴樓門入京城，繚繞自東南陳州門出。五丈河自新曹門北入京城。仁宗時，勢家多置園第於惠民河上。宮城內有大慶殿、紫宸殿、崇政殿、集英殿、天章閣、寶文閣等重要建築物。宮城外有教閱場。宮城御道，夾植桃李梨杏，間以雜花，春夏間一望如繡，直通朱雀門，上爲宣德樓。宣德門前御道，南至天漢橋，設梐枑，禁止行人。宣和末，艮嶽正門陽華門，夾道種荔枝八十株，紅荔纍纍焉。國家承平日久，生齒增息，元豐間，多至三百萬家。

(註一)每坊巷三百步許，有軍巡鋪屋一所，鋪兵五人，夜間巡警，及領公事。火禁甚嚴，將夜分卽滅燭，凡有醮祭，必先請准廂使。又於高處磚建望火樓，樓上有人眺望，下有官屋數間，駐軍兵百餘人，備救火器具，遇火警則馬軍奔報，官兵搶救(註二)。冬寒時，盡仰石炭（煤）取暖，無一家燃薪者(註三)。京師諸塔聳峙，以開寶寺塔爲最高。新城有牌樓，曰狀元坊。

汴河上築有橋十三座，由東水門外七里曰虹橋起，西行經順城倉橋至新城之上善門，東水門在其旁。此地一帶稱爲河市，乃開封最繁華之區。東城爲酒樓、瓦子所在地，一爲朱雀門外，東去大街麥稍巷狀元樓，及御街東新門瓦子以南殺豬巷，皆有妓館。二爲潘樓街，爲金銀綵帛交易所，屋宇雄壯，門面廣濶，街北曰潘樓酒店，街南桑家瓦子。潘樓東去十字街，謂之土市子，爲早市交易，謂之鬼市子。東北舊曹門，朱家橋瓦子、下橋、南斜街、北斜街，及以東劉家藥鋪附近牛樓酒店，亦有妓館。三爲皇城東南之東角樓，爲十字街，街巷內瓦中有貨藥賣卜之類，廛居於此(註四)。朱雀門外街，龍津橋南，謂之州橋夜市，州橋者，天漢橋也，三更營業，最爲熱鬧。開封商店，常有一二時閉業，四時開業，終夜運輸，成不夜之城。酒肆瓦市，無間風雨寒暑，晝夜駢闐。每日交五更，諸寺院行者打鐵牌子或木魚，沿門報曉，趨朝入市之人，聞聲而起。粥飯點心亦開市，以應早客。京師酒店，有建築二三層者，門首皆縛綵樓，向晚則燈火熒煌，上下相照，豔妓數百，以待酒客呼喚。妓館亦有三層至五層者，諸酒店必有廳院廊廡，掩映排列，小閣高窗，各垂簾幕。宣和間，京師建欣樂、和樂、豐樂三酒樓，壯觀之盛，雖從官亦許遊宴，時高麗遣使賀正，賜宴其上(註五)。遊樂賣藝場所，通稱瓦子，亦曰瓦市、瓦肆、或瓦舍，瓦者野合易散之意也。有新門瓦子、桑家瓦子、朱家橋瓦子、州西瓦子、保康門瓦子、州北瓦子等。「桑家瓦子，近北則中瓦，次則裏瓦，其中大小勾欄五十餘座。內中瓦子蓮花棚、牡丹棚，裏瓦子夜叉棚、象棚最大，可容數千人。……瓦中多有貨藥、賣卦、喝故衣、探搏、飲食、剃剪、紙畫、令曲之類，終日居此，不覺抵暮。」(註六) 又有伎藝表演，爲遊客消遣之地也。

汴河上泊有官船，又有巡邏小舟。汴水上游，有金明池，導金水河水注之，爲訓練水軍之所。池中有大小龍船、虎頭船、鳳頭船等。池邊建有臨水殿、仙橋、寶津樓。每歲二月間開放，許士庶縱觀，謂之開池，至上巳車駕臨幸畢即閉。歲賜二府從官宴及進士聞喜宴，皆在其間(註七)。又有瓊林苑、宜春苑、玉津園，與金明池合稱爲四園，惟瓊林與金明爲最盛。汴河水濁，城郊一望平野，沿岸垂鋪綠草，遍植楊柳榆樹，雨後堤淨如掃。清明時節，都人上河，蔚爲風俗。暮春三月，有拽龍舟之戲(註八)。士女行樂，喧闐熙攘。城內交通之具，有太平車、平頭車、宅眷坐車子獨輪車、浪子車、又有檐子車、兜子、轎、暖轎等。「尋常出街市幹事，稍似路遠，倦行，逐坊巷橋市，自有假賃鞍馬者，值不過百錢。」(註九) 都人士女，正月十五日以後，跨馬郊野中，爲探春之宴。士子白紵春衫，或騎馬遊城郊，到酒家去。妓女劉客，打酒坐，飲一色好酒，吃些淹藏鹹菜，以風流自賞。在宋門外，俗謂之浴堂巷，有酒肆號仁和酒，有名於京師，客常飲其中。開設食店賣酸餼者，皆大標牌牓於通衢，廣招顧客。

汴京物價，十分便宜，「出朱雀門，直至龍津橋，自州橋南去，當街水飯、爊肉、乾脯；王樓前貛兒、野狐、肉脯、雞、梅家鹿、家鵝、鴨、兎、肚肺、鱔魚、包子、雞皮、腰腎、雞碎，每個不過十五文。」（註一〇）此乃切成小塊而發售之價。至於論斤，「賣生魚則用淺抱桶，以柳葉間串，淸水中浸，或循街出賣，每日早惟新鄭門、西水門、萬勝門如此，生魚有數千擔入門。冬月卽黃河諸遠處客魚來，謂之車魚，每斤不上一百文。」（註一一）孟老所言，大抵爲天聖時之物價。至司馬光時，俗較侈靡，情形不同，謂：「近歲風俗，尤爲侈靡，走卒類士服，農夫躡絲履。吾記天聖中先公爲郡牧判官，客至未嘗不置酒，或三行五行，多不過七行；酒酤於市，果止於梨栗棗柿之類，肴止於脯醢菜羹，器用磁漆，當時士大夫家皆然，人不相非也。會數而禮勤，物薄而情厚。近日士大夫家，酒非內法，果肴非遠方珍異，食非多品，器皿非滿案，不敢會賓友。常數月營聚，然後敢發書。苟或不然，人爭非之，以爲鄙吝，故不隨俗靡者鮮矣。」（註一二）由是消費較大，求過於供，物價自然上漲也。

南宋行都爲臨安，卽杭州，周圍七十里許。臨安者非永久首都之謂，故曰行在，朝日行闕，陵曰欑寢。紹興年間，臨安累經兵火後，戶口所存，纔十二三，而西北人流寓，數倍土著，故富室大賈，往往而是。講和以後，成偏安之局，戶口數隨增。乾道臨安志，戶二十六萬一千六百九十二，口五十五萬二千六百零七。（卷二，人口）淳祐志：主客戶三十八萬一千零三十五，口七十六萬七千七百三十九。咸淳志：戶一十八萬六千三百三十，口四十三萬二千零四十六（註一三）。合城內外而言，居民大抵有一百五十萬。全城分爲左三廂，廂卽區也，三十二坊；右四廂，三十五坊。街巷之名多稱坊，但亦有大街之名。街衢皆砌以磚。官私房屋及基地，多是賃居，還僦金及出地錢，——僦金及地錢，約分大中小三等。因人煙稠密，常有大火災，如嘉熙元年，焚民廬五十三萬間，爲災難之最大者，故寶祐五年，定兩城民居，須相隔二丈。設置巡警以防火燭盜賊。「臨安城郭廣濶，戶口繁夥，民居房宇高森，接棟連居，寸尺無空；巷陌壅塞，堦道狹小，不堪其行，多爲風燭之患，官府於坊巷近二百餘步，置一軍巡鋪，以兵卒三五人爲一鋪，遇夜巡警地方，盜賊烟火，或有鬧吵不律公事，投鋪即與，經廂發覺，解州陳訟。」(註一四)紹興二年，左右廂巡共一百一十五鋪，用卒六百七十三人，二十二年，又增爲一百五十鋪(註一五)。巡警猶今日之警察，鋪卽派出所之謂也。每日交四更，諸山寺觀已鳴鐘，報更人爲頭陀，打鐵板或木魚，沿街報曉，並報晴陰風雨。

宮殿在鳳山之前，向來鳳山一帶，路南未闢，車馬冠蓋，多經嘉會門路。嘉定年間，八盤嶺屢經砌疊，其平如砥，遂爲通衢。諺云：東門菜，西門水，南門柴，北門米。東門無民居，彌望皆菜圃。西門則引湖水注城中，以小舟散給坊市。嚴州富陽之柴，聚於江下，由南門而入。蘇湖米則來自北關。「杭城之外城，南西東北各數十里，人煙生聚，民物阜蕃，市井坊陌，鋪席駢盛，數日經行不盡，各可比外路一州郡，足見杭城繁盛矣。」(註一六)城西之西湖，大小船隻不下數百，大者長二十餘丈，可容百人；小者長數丈，可容二三十人，皆奇巧打造，雕欄畫棟，行駛平穩，如在平地，爲遊覽宴飲之好去處。每年四月八日，郡人會於湖上，所放羽毛鱗介以百萬數。坊巷市井，買賣榷關，酒樓歌館，直至四鼓後方靜，而五鼓朝馬將動，其有趁賣早市者復起開張，無論四時皆然(註一七)。其商店分類，有米鋪、肉鋪、經籍鋪、藥鋪、漆器鋪、鐵器鋪、麵食鋪、頭巾鋪、團扇鋪、腰帶鋪、胭脂鋪、顏色鋪、絨線鋪、絲鞋鋪等。經籍鋪最著名者爲陳氏經籍鋪（北左二廂）、及尹氏經籍鋪（大廟前尹家）。又有賈官人經籍鋪（衆安橋南）、經史書籍鋪（中瓦南街），及張官人諸史子文籍館（保祐坊）。藥店則分爲生藥鋪與熟藥鋪（註一八）。市肆謂之團行者，蓋因官府科索而立此名，不以其物大小但合充用者，皆置爲團行，有名爲團者，如城西花團、泥路青果團、後市街柑子團；有名爲行者，如官巷方梳行、銷金行、冠子行、城北魚行、城東蟹行、薑行、菱行、州北豬行等。又有稱爲市者，如藥市、花市、珠子市、米市、肉市、菜市、南豬市等（註一九）。諸行市戶俱結有會社。其他工役之人，或名爲作，如油作、木作、甎瓦作、泥水作、石作、竹作、漆作等是（註二〇）至於熟藥丸散、生藥飲片、麩麵、糰子、饅頭、爊炕鵝鴨豬羊，以及零食糖果店等，亦屬於作坊。

糧食問題，「米市橋黑橋俱是米行，接客出糶，其米有數等，如早米、晚米、新破礱、冬舂、上色白米、中色白米、紅蓮子、黃芒、上稈、秈米、糯米、箭子米、黃秈米、蒸米、紅米、黃米、陳米。且言城內外諸鋪戶，每戶專憑行頭，於米市做價，經發米到各鋪出糶，鋪家約定日子，支打米錢。其米市小牙子，親到各鋪支打發客。」（註二一）然此等米市，實爲政府糧食管理處，非普通市場之米市。肉市亦然，「杭城內外肉鋪，不知其幾，皆裝飾肉案，動器新麗，每日各鋪懸掛成邊豬，不下十餘邊。如冬年兩節，各鋪日賣數十邊，案前操刀者五七人，主顧從便索喚劚切。……壩北修義坊名曰肉市，巷內兩街皆是宰屠之家，每日不下宰數百口，皆成邊及頭蹄等肉，俱係城內外諸麵店分。」

(註二二)各飯店及小販所需之肉，乃官賣肉市之肉。市民日常購用者，各鋪只得十餘邊，至年節始增多數倍。市民飲食之處所，曰栢戶、包子酒店、角毬店，多是以竹柵布幕為之。栢戶為小酒店，兼賣一般下酒食物者。包子酒店，則賣饅頭、薄皮春繭包子、蝦肉包子、魚兜雜合粉、灌熝大骨之類，宴飲在樓上，樓下只散坐。麵食店，專售小菜及麵食，通宵買賣，早市點心，有煎白腸、羊鵝事件、糕、粥、血臟羹、羊血粉羹。冬天有五味肉粥，七寶素粥，夏天則義粥、饊子、豆子粥、丁香餛飩。又有燒餅、蒸餅、糍糕、雪糕(註二三)。榷貨有冰出售，民間亦有賣雪，故能製雪糕。葷素從食店，售點心餅、各色饅頭、糕、湯圓、粽、裹蒸等。

臨安天氣和暖，四季如春，而山川秀麗，民生樂裕，故自錢氏有國以來，已開侈靡之風。南宋雖國難當頭，而受物質引誘，意志銷沉，昇平歌舞，猶髣髴東京之盛。元夕，「天街鼓吹不絕，都民士女，羅綺如雲，無夕不然。舞隊多至數千百隊，連亘十餘里，錦繡填委。簫鼓振作，耳目不暇給。邸第好事者，如清河張府，蔣御藥家，間設雅戲煙火，花邊水際，燈燭燦然。遊人士女縱觀，則迎門酌酒而去。又有幽坊靜巷，好事之家，多設五色琉璃泡燈，更自雅潔，靚妝笑語，望之如神仙。」(註二四)此可見當時小康偏安之局，殆忘國仇，但求歌舞嬉遊，追求聲色之樂，故林洪詠西湖詩云：「山外青山樓外樓，西湖歌舞幾時休。煖風薰得遊人醉，直把杭州作汴州！」蓋慨乎言之。其酒樓、酒肆、茶肆、歌館，為風流買歡之地，甚為熱鬧。所謂酒樓者，有官辦與私營兩種。官辦者或曰樓或曰庫，如和樂樓、和豐樓、昇暘宮南庫、中和樓北庫、春風樓東庫等是，隸屬於戶部點檢所。每庫設官妓數十人，飲客登樓，則以名牌點喚侑樽，謂之點花牌。庫中無庖人，凡肴核杯盤，各隨意攜至。此等場所，往往爲學舍士夫所據，外人未易登也。私營者或曰樓、或曰厨，如熙春樓、三元樓、嚴厨、翁厨等是。每樓各分小閣十餘，每處各有私名妓數十輩，皆時妝巧笑，凭檻招邀，謂之賣客。又有小鬟，不呼自至，歌吟強聒，以求支分，謂之擦坐。又有吹簫彈阮，歌唱散耍等人，謂之趕趁。老嫗以小爐炷香爲供者，謂之香婆。設有下酒點心美品羹湯，任意索喚。名厨以肴饌供客，歌管歡笑之聲，每夕達旦(註二五)。酒肆裝飾輝煌，門前有紅燈子，多蓄妓女，兼賣諸般下酒，食次隨意索喚，嚴禁官吏入酒肆，亦不得開設(註二六)。茶肆爲士大夫期朋約友會聚之地，揷四時花，掛名人畫，裝點店面。備置雙陸局棋局，以爲博戲。四時賣奇茶異湯，冬月添賣七寶擂茶，饊子，葱茶，或賣鹽豉湯，暑天添賣雪泡梅花酒，或縮脾飲暑藥之屬。但有等茶肆爲富家子弟諸司下直等人會聚，習學樂器，教曲賺之類，謂之掛牌兒。又有專是五奴打聚處，爲賣伎人會聚。又有專安着妓女，名曰花茶坊(註二七)，如清樂茶坊，八仙茶坊，珠子茶坊，潘家茶坊等是。歌館卽妓館，如上下抱劍營、漆器牆、沙皮巷、清河坊、融和坊、太平坊、巾子巷、獅子巷等十餘處，皆羣花所聚之地，莫不靚妝迎門，爭妍賣笑，朝歌暮絃，搖蕩心目。凡初登門，則有提瓶獻茗，雖杯茶亦犒數千，謂之點花茶。登樓甫飲一杯，則先與數貫，謂之支酒。然後呼喚提賣，隨意置宴，趕趁祇應，撲賣者亦皆紛至，浮費頗多。或更招他妓，則雖對街，亦呼肩輿而至，謂之過街轎(註二八)。城內外皆有瓦舍，不下十七處，爲士庶蕩遊妓樂之所，尤甚於汴都(註二九)。

第二節 民風

山川之厚薄，地域之險易，環境所孕育者，民風之強弱、剛柔、智愚、直狡，由是而異焉。開封首府，官吏易得毀謗，世稱難治。人民語音清軟，以繁華故，引起契丹金人之覬覦。京東路，其俗重禮義，勤耕織。登萊高密，民性愎戾，而好訟鬥。下邳俗尚，頗類淮楚。徐州之人皆長大，膽力絕人，喜爲剽掠。曹濮素多盜賊，北宋時，梁山濼爲盜窟。大率東人皆樸魯純直，甚者失之滯固，然專經之士爲多。京西路，土廣而民淳，鬥訟簡少，盜賊稀疏，外無蠻夷疆埸之虞，內無兵屯饋饟之勞，爲吏者常閒暇無事。然其壤地瘠薄，多曠而不耕；戶口寡少，多惰而不力，故租賦之入，於他路爲最貧(註三〇)。洛邑民性安舒，而多衣冠舊俗，孟津、滎陽、滑台、宛丘、汝陰、潁川、臨汝，其俗頗同。太宗徙雲應寰朔之民於京西諸州，西北之人，勤力謹儉，皇祐間以富稱於鄉里者，多當時所徙之民也。荆襄北連許汝，自宋開國二百年間，降爲荒落之邦，民居稀少，土產卑薄，人才之能通姓名於上國者，寥若晨星。洎乎建炎紹興之際，羣盜出沒於其間，而被禍尤烈。唐州素稱沃壤，經五代之亂，田不耕種，土曠民稀，賦不足以充役，議者欲廢爲邑，仁宗時，募兩河流民以實之。河東路，其俗剛悍而樸直，勤農織之事業，善治生，多藏蓄，靳嗇尤甚。南北宋之間，姚种折等姓，爲武人世家，多出名將。澤潞在唐爲雄鎮，以精兵聞天下，故其民好武爲健。河北路，民性質厚少文，多專經術，大率氣勇尚義，號爲強忮，土平而近邊，習尚戰鬥。博州之魏俗尚椎剽，姦盜相囊橐。燕雲之民，以塘水三關之隔絕，則漸染夷風。陝西路，其民慕農桑，好稼穡，大抵誇尚氣勢，多遊俠輕薄之風，甚者好鬥輕死。關中之俗，強悍豪忍。長安多豪族，尤多仕宦子弟，恃蔭縱橫，鮮能管治。興元府饒財而寡文，人多豪惡。蒲解本隸河東，故其俗頗純厚。被邊之地，以鞍馬射獵爲事，其民勁悍而質木。

淮南之衝，以重法禁盜賊者三郡，而泗之臨淮，宿之虹，地大而多藪澤，與豐沛接，其民驍悍而剽輕，於三郡之盜居多焉。其豐年無事，則寇盜爲之少息，然其悖戾之氣，發於囂訟爭鬥欺妄譎詐而不畏法，故臨淮爲泗之劇，而吏於泗者於臨淮爲最勞(註三一)。淮南人性輕揚，善商賈，廛里饒富，多高貲之家，飲食喜甘酸。揚壽皆爲巨鎮，揚州，東南之吭也，舟輿至自汴者，日十百數；而壽州近京師，諸豪大商，交結權貴，號爲難治者，僅爲霍邱一邑。其民矜豪，其俗淫狡，飲酒呼博，椎牛掘塚，剽攻賊殺，則固其常事，以至闇昧之獄，姦怪之訟，難證之罪，亦無虛日。淮西村人，多作炙手歌，以大長竹數尺，刳去中節，獨留其底，築地逢逢若鼓聲，男女把臂成圍，撫髀而歌，亦以竹筒築地爲節(註三二)。江南東西路，文物頗盛，其俗性悍而急，尤好爭訟，其氣尚使然。吳人短小，語清軟，多作山歌，聲怨咽如悲，聞之使人酸辛。南宋紹熙間，江寧巫風頗盛。江西之俗，士大夫多秀而文，其細民險而健，以終訟爲能，村校中往往以訟牒法授生徒。洪俗信巫，天聖初，知洪州夏竦索部中得巫一千九百餘家，毀其淫祠，勒令改業歸農以聞，朝廷詔江淮以南皆嚴禁絕。饒州壤土肥而物產豐，其民家富而戶羨，喜事甲於江南。虔吉等州，專有家學，教習詞訟，脅持州縣，傷害善良。贛州俗尚鬥而喜殺。兩浙路，民性敏柔而慧，尚浮屠之教，俗侈靡而無積蓄，厚於滋味，急於進取，善於圖利，而奇技之巧出焉。然士大夫惟以隨俗苟且，不生事撫循爲知體。杭州人多易貧乏者，以其無恒產，借錢造屋，棄產作親，充飾門戶，虛有其表，此浙西人之常情，而杭州人尤甚。錢塘遊手數萬，以騙局爲業。明州俗輕悍喜鬥，但諒而無剛。徽、嚴、衢，婺、建、劍等州，其地阻險，其民好鬥，能死而不屈，視棄軀命與殺人，如戲劇之易。歙州其俗好大而敢爲。衢州俗尚巫鬼，民毛氏柴氏二十餘家，世蓄蠱毒，値閏歲，害人尤多，與人忿爭，輒毒之。南宋時，宗室多住桐廬。荊湖南北路，南路有袁、吉接壤者，其民往往遷徙自占，深耕概種，率致富饒，自是好訟喜鬥。北路農作稍惰，多曠土，俗薄而質。歸峽信巫鬼，重滛祀，民以火種山。川峽四路，民勤耕作，多遨遊，踏青藥市之集尤盛，好音樂，少愁苦，尚奢靡，性怯懦，喜虛稱，涪陵之民，尤信巫鬼，漢中巴東，俗尚頗同。福建路，民安土樂業，川源浸灌，田疇膏沃，無凶年之憂，但地狹人稠。俗信鬼尚祀，以盡力豐侈爲孝，又重浮屠之教，與江南兩浙略同。然士多向學，喜講誦，好爲文辭，登科第者尤多。廣南東西路，土曠人稀，民性輕悍，婚嫁喪葬衣服，多不合禮。俗尚滛祀，殺人祭鬼。山林翳密，多瘴毒，春梅諸州，災厲頗甚。凡命官吏，秋冬赴治，使職巡行，皆令避盛夏瘴霧之患(註三三)。在兩廣中，桂林號稱士鄉。

北方之人，養生之具，不求於人，是以無甚富甚貧之家。南方多末作以病農，而兼併之患興，貧富斯不侔矣。西北民性強悍而堅毅，兩河次之，兩淮又次之，故北宋重視西北勁旅，南宋則以淮兵爲三衙之基幹也。自古江南文物，不能與中土埒，及宋統一宇內，然後七閩二浙與江之東西，冠帶詩書，翕然大肆，人才之盛，遂甲全國。

第三節　消息傳遞

宋代以人文之盛，印刷之便，政治活動之頻繁，社會關係之密切，因傳遞消息，而流行邸報與小報。前者爲官方消息，後者爲民間消息。此爲新聞紙之雛型，乃當時社會通訊作用之工具也。

所謂邸者，卽諸藩在京師自置之邸（駐京辦事處）。其制，漢諸侯王已然，唐藩倶因之。邸中傳抄詔令章奏報於諸藩，故稱爲邸報。至宋代，自太宗恢復都進奏院以後，邸報統籌編印。京師置進奏院，爲文報之收發機關，而諸路州郡亦各有進奏吏，凡朝廷已行之命令，已定之差除，皆以達於四方，謂之邸報。五代聽支郡自置邸，宋初沿舊制，置各進奏院，太平興國八年十月，詔於大內側近置都進奏官，人兼二三州(註三四)。進奏官之人數，凡一百二十人，由朝廷任命(註三五)。日赴院承受宣敕。「國初州郡自置邸吏，散在都下。外州將吏不樂久居京師，又符移行下，率多稽遲，或漏泄職事。太平興國初，起居郎何保樞奏置鈐轄諸道都進奏院，以革其弊，人給銅朱印一紐。」(註三六)其機掌：「進奏院隸給事中，掌受詔敕及三省樞密院宣劄，六曹寺監百司符牒頒於諸路。凡章奏至，則是事目上門下省，若案牘及申稟文書，則分納諸官司。凡奏牘違戾法式者，貼說以進。」(註三七)給事本隸屬於門下省，故都進奏院亦爲門下省再從機構，負責中央與地方之通傳使命，且能與各方保持聯絡，故為編印邸報最適當之機關。其名稱，有所謂邸報、邸狀、報狀、朝報、進奏院報、進奏官報、進奏報、應稱為朝報，卽政府公報。消息來源，由六曹供應。大中祥符元年十二月，詔進奏院不得非時供報朝廷事，宜令進奏官五人為保，犯者科違制之罪(註三八)。舊例，進奏院每五日派進奏官一名，於閤門抄劄報狀，申樞密院，呈定，錄供各處，仍實封一遞史館，一遞本院時政記房，然後傳之四方。此所謂定本謄報。而邸吏輒先期報下，或矯為家書，以入郵置。熙寧三年，樞密院吏房檢詳文字劉奉世乞革定本，去實封，但以通函謄報，從之(註三九)。四年，詔應朝廷擢用材能，賞功罰罪，事可懲勸者，中書檢正、樞密院檢詳官，月以事狀錄付院，謄報天下。元祐初罷之。紹聖元年，詔如熙寧舊條(註四〇)。定本謄報，由進奏院印刷，後以經費不足，交刑部印刷。邸報發行，十日一次，是利用當時已相當發達之郵傳制度（由兵部負責傳遞），以達於各州縣，同時亦間有零賣。南宋時，朝報「日出事宜也，每日門下後省編定，請給事判報，方行下都進奏院，報告天下。」(註四一)則南宋時邸報，由門下後省（門下外省）負責編輯，而進奏院只管理發行。新聞檢查機關，北宋時在樞密院，南宋則在門下省給事中。所謂檢查，「多刪去緊急事目，止傳常程文書。」(註四二)至於邸報之內容，是報導官吏任免、皇帝起居、臣下章奏、朝廷典禮、朝廷政策、及其他外患大變特殊之事故。南宋邸報，篇幅加大，凡朝廷政事施設、號令、賞罰、書詔、章表、辭見、朝謝、差除、注擬、及詩文等，令播告四方。紹興四年九月，侍御史魏矼言：「國家法度森嚴，講若劃一，凡成命之出，必先錄黃；其過兩省，則給舍得以封駁；其下所屬，則臺諫得以論列。已而傳之邸報，雖遐方僻邑，莫不如家至戶曉，此萬世良法也。」(註四三)是以各地藉閱邸報，而知京都之事。儂智高寇嶺南，詔奏邸毋得輒報。呂溱言一方有警，使諸道聞之，共得爲備(註四四)。自政和後，徽宗多微行，民間初猶未知，及蔡京謝表，有輕車小輦，七賜臨幸，自是邸報聞四方(註四五)。士大夫亦憑閱讀邸報，而知政情。「張尚書詠鎭陳台，一日邸報，同年王文貞公旦登庸，乖崖色不甚悅。」(註四六)蘇軾謂：「前日見邸報，范景仁乞上殿，不知其爲何也。」(註四七)陳文蔚謂：「近於邸報中，得知先生復有召命。」(註四八)王邁近體詩，二月閱邸報有云：「聞道邊頭數萬兵，倒戈歸我我遺民。處降失策國非國，淸野無糧人食人。」(註四九)凡此事例，不勝枚舉。

然而邸報之印發，傳抄新聞，情報每易洩漏。哲徽以後，更公然假冒朝報，印刷出版。元符元年五月，尙書省言：「進奏官許傳報常程申奏及經尙書省已出文字，其實封文字或事干秘密者，不得傳報。如違並以違制論，即撰造事端謄報，若交結謗訕惑衆者亦如之。並許人告，賞錢三百貫。事理重者奏裁。」從之。大觀四年六月詔：「近撰造事端，妄作朝報，累有約束，當定罪賞。仰開封府檢舉，嚴切差人緝捉，並進奏官密切覺察。」又同年十月詔：「近傳僞詔曰：朕承祖宗之烈，在位數年，深思股肱之臣，盡皆忠輔，以相予治，不可得也。前宰相蔡京，目不明而強視，耳不聽而強聽，公行狡詐，行跡諂諛，內外不仁，上下無檢，所以起天下之議。四夷凶頑，百姓失業，遠竄忠良之臣，外擢暗昧之流，不察所爲，朕之過也。今州縣有蔡京蹤跡，盡皆削除，有朋黨之輩，悉從貶剝，內外文武臣僚無隱，奉御筆。內外盛傳此御筆手詔，深駭聽聞，且姦人乘閒輒僞撰詔，撰造異端，鼓惑羣心，可立賞錢，內外收捕。」(註五〇)乾道六年四月二十八日，臣僚言：近日每遇批旨差除，朝殿未退，事已傳播，甚者諸處進奏官，將朝廷機事，公然傳寫謄執，欲乞嚴行禁止。詔三省檢坐條法，出榜曉諭(註五一)。靖康要錄：「凌晨有賣朝報者。」臨安商店，有供朝報一項營業(註五二)。朝報流傳，郵寄零賣，一如現代之報紙。然朝廷之三令五申，嚴厲取締者，一爲牽涉黨爭問題，反對派每假朝報以揭露朝政之錯誤而詆譭執政者，秘密發行，以製造輿論，二爲邊防問題，誠恐國防軍機，洩漏於敵也。

南宋時，另有所謂小報者，具有潛勢力，甚爲流行。高宗朝，周麟之論禁小報：「方陛下頒詔旨，布命令，雷厲風飛之時，不無小人譸張之說，眩惑羣聽，無所不至，如前日所謂召用舊臣，浮言胥動，莫知從來。臣嘗究其然矣，此皆私得之小報。小報者，出於進奏院，蓋邸吏輩爲之也。比年事有疑似，中外未知，邸吏必競以小紙書之，飛報遠近，謂之小報，如曰今日某人被召，某人罷去，某人遷除，往往以虛爲實，以無爲有，朝士聞之，則曰已有小報，州縣間得之，則曰小報到矣。他日驗之，其說或然或不然。使其然耶？則事涉不密。其不然耶？則何以取信？此於害治，雖若甚微，其實不可不察。」(註五三)印賣小報之行爲，早已見諸神宗之初，熙寧二年，監察御史裏行張戩言有矯撰敕文，印賣都市。小報既原由邸吏之所爲，乃邸報之變相，而流於民間之私採新聞也。因是之故，朝廷遂下令嚴禁。淳熙十五年正月二十日詔：「近聞不逞之徒，撰造無根之語，名曰小報，轉播中外，駭惑聽聞。今後除進奏院合行關報已施行事外，如有似此之人，當重決配，其所受小報，官吏取旨施行，令臨安府常切覺察，御史臺彈劾。」十六年閏五月二十日詔，更懸賞告發，「今後有私撰小報，唱說事端，許人告首，賞錢三百貫文，犯人編管五百里。」此皇皇禁令，仍無法根絕，故紹熙四年十月四日臣僚言：「此來有司防禦不嚴，遂有命令未行，差除未定，即時謄播，謂之小報。始自都下，傳下四方，甚者鑿空撰造，以無爲有，流布近遠，疑悟羣聽。且常程小事，傳之不實，猶未害也，倘事干國體，或涉邊防，妄有流傳，爲害非細，乞申明有司，嚴行約束，應妄傳小報，許人告首，根究得實，斷罪追賞，務在必行。」臣僚又言：「朝報逐日自有門下後省定本，經由宰執，始可執行。近年有所謂小報者，或是朝報未報之事，或是官員陳乞未曾施行之事，先傳於外，固已不可，至有撰造命令，妄傳事端，朝廷之差除，臺諫百官之章奏，以無爲有，傳播於外。訪聞有一使臣及閤門院子，專以探報此等事爲生，或得於省院之漏泄，或得於街市之剽聞。又或意見之撰造，日書一紙，以出局之後，省部寺監知雜司及進奏官悉皆傳授，坐獲不貲之利，以先得者爲功，一以傳十，十以傳百，以至遍達於州郡監司。人情喜新而好奇，而以朝報爲常，眞僞亦不復辨也。欲乞在內令臨安府重立賞牓，緝捉根勘，重作施行。其進奏官令院官以五人爲甲，遞相委保覺察，不得仍前小報於外，如違重寘典憲。」從之(註五四)。由於朝廷之加強檢舉，懸賞重罰，乃至進奏官採保甲制實行覺察，此證明小報之發行，漸漸擴大，難於制止。良以朝廷邸報既難滿足新聞之供應，在人文發達，出版便利，又有官官相護，處在黨爭潮流，造成此種背景之宋代社會，私人報紙，乃不脛而走。故小報之秘密組織，直至理宗朝，依然存在。「其有所謂內探、省探、衙探之類，皆衷私小報，率有漏泄之禁，故隱而號之曰新聞。」(註五五)自渡江以後，官衙淺隘，屋小人多，雖賣物之人，亦縱之入政事堂，故關防甚弛，消息容易洩漏。內探卽由宮廷所得情報，省探卽由三省所得情報，衙探卽在三省以外各機關所得情報，或加以臆測，或加以渲染，務期以最大速率發出，當時雖在禁令之下，仍秘密發行。

此外，尚有邊報，是沿邊守將對朝廷報告之軍情消息。榜文，爲朝廷曉諭官民之佈告。時文，是當時流行之文字。民間雕印發售，亦皆爲向大衆傳播消息之工具也。

第四節　宗　教

唐代道教頗盛，高宗乾封二年，追號老子，以宰相領道觀。宋代尊奉道教，早在太祖之時。建隆初，太祖遣使詣眞源祠老子，於京城閶闔門外修建隆觀，自是齋修率就此觀。乾德五年，詔萊州道士劉若拙爲左街直錄，俾其肅正道流。若拙蜀人，自號華蓋先生，善服氣養生，九十餘歲不衰，步履輕捷，每水旱，必召於禁中致禱。開寶五年，詔自今如願入道者，須本師與本觀知事，同詣長吏陳牒，請給公憑，方許披度，謂之度牒。又令若拙與功德使，集京師道士試驗，其學業至而不修飭者皆斥之(註五六)。私入道者，禁令亦嚴，「諸私入道及度之者杖一百，已除貫者徒一年，本貫主司及觀寺三綱知情者與同罪。」(註五七)

眞宗徽宗兩朝，道教最盛，故自宋代起，爲教權之確立時代。宋本趙氏，不能以老子爲祖，眞宗乃別創一道教之祖曰趙玄朗，而改太上玄元皇帝爲太上混元皇帝，使與唐高宗之封號相對，改玄聖文宣王（孔子）爲至聖文宣王，以避趙玄朗之諱。大中祥符二年十月，詔天下並建天慶觀，時罕習道教，惟江西、劍南人素崇重，及是，天下始徧有道像矣（註五八）。八年正月，建太極觀，五月宮成，凡七百二十六區。賜信州道士張正隨爲虛靜先生，王欽若爲奏立授籙院及上清觀（後改太上清宮，在江西龍虎山上），蠲其田租。自是凡嗣世者皆賜號，卽後世江西張天師之起源也。此時於汴京建玉清昭應宮（大中祥符元年建，至七年竣功）、會靈觀，管以宰相職。各路亦遍置宮觀，以侍從諸臣退職者領之，號爲祠祿，迄於南宋未改。方士凡二萬人，皆有俸，每觀給田數百千頃，大齋輒費錢數萬緡。民間禳災喪葬，求雨祈晴，多請道士爲之。道教之風習，普遍影響於社會，成爲中國人固有之習俗。道士度籙，歲有限數。景德三年，兩京諸州道釋，歲度十人者，特放一人，不取經業。大中祥符二年，詔全國宮觀寺院內，十人度一人，不滿十人者，亦度一人。三年，天慶節，兩京諸路宮觀，每十人度一人，不及十人者亦如之。天禧三年八月，詔普度全國道士、女冠、僧、尼，凡度二十六萬二千九百四十八人。仁宗朝，度籙之數漸減，至和五年，道士及女冠，率二十人度一人。北宋初葉，士大夫崇道者，有陶穀、王質、薛居正、張詠、張洎、舒雅、樂黃目、羅處約、楊億、晁迥、种放、劉溫叟、富弼等。四川之青城山、江南之茅山、江西之龍虎山，爲道教之聖地。道士常隱逸，好煉丹，每以五雷法爲人祈雨治祟。太宗朝，華山陳摶、華陽李奇，關中呂洞賓（註五九）；眞宗朝，陝府魏野、蒲中李瀆、嵩山种放等，以道學之湛深修養，有名於時也。

眞宗崇道教，帶有政治意味。徽宗崇道教，名色益繁，純屬君主之把戲，姦諛之蠱惑，以崇奉道教爲名，遂行其私慾爲實，然道教至時始正式成立，以皇帝而兼教主。崇寧四年五月，賜信州龍虎山道士張繼元號虛靖先生，漢張道陵三十代孫也。張氏自是相襲爲山主，傳授法籙者，即度爲道士。(註六〇)政和三年，詔求道教仙經於天下。四年，置道階，有先生處士等名，秩比中大夫，至將仕郎，凡二十六級。後又置道官二十六等，有諸殿侍宸、校籍授經，以擬待制、修撰、直閣之名（後改爲大夫等名，使與文武官階同）。七月，詔全國悉立神霄玉淸萬壽宮。此宮初止改天寧萬壽宮觀爲之。後別改宮觀一所，不用天寧。若州城無宮觀，即改僧寺。俄又不用宮觀，止改僧寺。初通撥賜產千畝，既而豪華無涯，西京以崇德院爲宮，據其產二萬一千畝，賃金錢園利錢，又在其外。已而凡縣皆改一僧寺爲神霄下院，駸駸日張，至宣和末方已，此則改佛爲道也(註六一)。六年，賜方士林靈素號通眞達靈先生。旋從靈素言，立道學，自元士至志士，凡十三品。詔太學辟雍，各置內經、道德經、莊、列博士二員。以內經、道德經爲大經，莊子、列子爲小經，升貢及三歲大比，法同科舉。又用蔡京言，集古今道教事爲紀志，賜名道史。上玉皇帝尊號曰太上開天執符御歷含眞體道昊天玉皇上帝。詔全國洞天福地，修建宮觀，塑造聖像。重和元年十月，帝如上淸寶籙宮，傳度玉淸神霄秘籙，會者八百人。時道士有俸，每一齋施，動獲數十萬，每一觀，給田亦不下數百千頃。貧下之人，多買靑布幅巾以赴，日得一飯餐及襯施錢三百，謂之千道會(註六二)。又欲盡廢佛教，宣和元年，改佛號大覺金仙，餘爲仙人、大士，僧爲德士，易服飾，稱姓氏，寺爲宮，院爲觀。女冠爲女道，尼爲女德。尋詔德士並許入道學，依道士之法。徽宗自稱教主道君皇帝。

北宋曾致力編輯道藏，欲確立聖典。大中祥符二年，選道士十人，校定道藏經。九年，王欽若上新校道藏經，賜目錄名寶文統錄，又命欽若詳定成羅天醮儀十卷。十年，於崇文院集官詳校，王欽若總領鏤印給之。舊藏經（徐鉉校）三千七百三十七卷，欽若增六百二十二卷。又以道德陰符經，自四輔部升於洞眞部(註六三)。雲笈七籤等於全部道藏之提要，其序文述校編道藏之經過：「盡得所降到道書，並續收到蘇州舊道藏經本千餘卷，越州台州舊道藏經本亦各千餘卷，及朝廷續降到福建等州道書，明使摩尼經等，與道士依三洞綱條，四部錄略，品詳科格，商較異同，以銓次之，僅能成藏都盧四千五百六十五卷，起千字文天字爲函目，終於宮字號，得四百六十六字，且題曰：大宋天宮寶藏，距天禧三年春寫錄成七藏。」(註六四)鄭樵通志藝文略，更詳爲分類。儒學之士，每採道學之理論，北宋大儒周敦頤採無極之說，邵雍襲龍圖之易（道藏於邵雍之皇極經世、擊壤集皆採入），蘇軾平生好道術，喜學煉形蟬蛻之道。南宋大儒朱熹，且撰陰符經考異，又爲周易參同契作注，亦有天堂地獄之說。至於眞德秀等，更無論矣。

宋南渡後，道教之分派漸起，有南北二宗。南宗主性，北宗主命。主性者由服食煉養而保嗇吾人之眞性，可稱爲自力派。主命者，由符咒科教，而得延命，可稱爲他力宗。南宗自老聃、東華少陽君、鍾離權、呂純陽、遼之劉操、宋之張伯端、石泰、薛道光、陳楠、白玉蟾至彭耜，爲正一教，即天師教，乃道教中最正統之嫡派。北宗自呂純陽傳至王喆，當靖康之變，汴宋遺民，創三派道教，流傳於北方，與金元二代相終始。一爲咸陽人王喆（重陽，一一一三—一一七〇）之全眞教。二爲滄州劉德仁（一一二二—一一八〇）之大道教。三爲汲郡蕭抱珍（金大定六年卒）之太一教。全眞教於金貞元元年倡立，合儒釋道三教教義，自立一教，名爲出家，實則濟世，先使人讀孝經及道德經，而修孝謹純一之德。立說多及於六經，而刻苦自勵，淡泊寡營爲主，不殺不爭爲尚，故能保西山之節。四方學者，輻湊堂下，歸皈參叩，于于而來，推進甚遠，結納士流，每爲遺老之逋逃藪。萊州諸地，說法設會，其二流以下，弟子恒千人，庵觀百所。必使三教之名，稱之爲全眞，蓋屛去妄幻，獨全其眞之意也。門人有譚處端（長眞子）、劉處元（長生子）、馬鈺（丹陽子）、丘處機（長春子）等七子，最爲有名。大道教以苦節危行爲要，而不妄取於人，不苟侈於己，一時翕然宗之。大定初，詔居京城天長觀，賜號東岳眞人，傳其道者幾徧國中。太一教，蓋取元氣渾淪，太極剖判，至理純一之義也。各建太一堂，奉持香火，以符藥濟人，蓋以老氏之學修身，以巫祝之術御世者也。其教盛行於趙州、眞定、衞州一帶。「金有中原，豪傑奇偉之士，往往不肯嬰世故，蹈亂離，輒草衣木食，或佯狂獨往，各立名號，以自放於山澤之間。當是時，師友道喪，聖賢之學，泯滅澌盡。惟是爲道家者，多能自異於流俗，而又以去惡復善之說勸人。一時州里田野，各以其所近而從之，受其教戒者，風靡水流，散於郡縣，皆能力耕作，治廬舍，聯絡表樹，以相保守，久而未之變也。」（註六五）此則汴宋雖陷落，北方之民風文化，寄托於道教而保存。南宋亡後，道教第三十六代天師張宗衍，北上受封，邀忽必烈之寵賞，盛行於南方，又爲南方士大夫在政治上盡相當掩護之作用也。

佛教方面，周世宗顯德二年敕全國寺院，非敕額者悉廢之，是歲全國廢者三萬零三百三十六所，存者二千六百九十四所，僧四萬二千四百四十四人，尼一萬八千七百五十六人。宋建隆元年，詔諸路寺院，經顯德二年當廢而未毀者聽存，其已毀者，所有佛像許移置存留，又度僧八千人。開寶二年，詔天下僧入殿廷，試經律論三學義十餘條，全通者賜紫衣，號曰手表僧。又令僧尼百人，許歲度一人。太平興國元年，詔普度天下童子，凡十七萬人。至道初，又令三百人歲度一人，以誦經五百紙爲合格。先是，泉州奏僧尼未度者四千人，已度者萬數。太宗驚駭，遂下詔曰：「一夫耕，三人食，尚有受餒者。今一夫耕，十人食，天下安得不重困，水旱安得無轉死之民？東南之俗，游惰不職者，跨村連邑，去而爲僧，朕甚疾焉，故立此制。」然太宗志奉釋老，崇飾宮廟，重修五臺十寺，峨嵋五寺，建開寶寺、靈感塔以藏師舍利。由於佛寺逐漸恢復，汴京寺塔之雄偉，固無論矣，而西京之王公戚里，富商大姓，喜於事佛者，往往割脂田沐邑貨布之贏，奉祠宇爲莊嚴，故浮屠氏之居，與侯家主第之樓臺屋瓦，高下相望於洛水之南北，若奕棋然。景德中，全國佛寺達二萬五千間。眞宗以崇道故，天禧二年三月，詔不許擲修寺觀院宮，州縣常行查察，如造一間以上者，許人陳告，犯者依法科罪。然當其末年，全國僧三十九萬七千六百一十五人，尼六萬一千二百三十九人(註六六)。景祐元年，四十三萬四千二百七十三人。慶曆二年，三十九萬六千五百二十五人。至和元年，敕增歲度僧率百人度一人，尼五十人度一人。熙寧元年，二十五萬四千六百七十人。熙豐以後，佛寺增至三萬九千所。徽宗初崇佛教，大觀四年，毛注奏言：「天下僧尼，增舊大倍，凡數十萬人，祠部歲給度牒幾三萬，乞權住三年，」帝從之。政和宣和間，道教方盛，一時詔命章表，皆指佛爲金狄，抑之甚而仇之也。

南宋累代保護佛教，或度僧，或寫經，或遣僧求法。高宗時，嘗敕賣四字師號，命僧道納免丁錢，算寺觀鐘磬，鬻僧道度牒。紹興二十七年，全國僧約有二十萬人。

佛經之訪求整編與翻譯，宋人不遺餘力。乾德三年，于闐國僧善名七人來，詔館於相國寺。又滄州僧道圓，遊五天竺，歷十八年，及還，偕于闐使者至京師，獻佛舍利，貝葉梵經。帝召見便殿，問西土風俗，賜紫方袍器幣。四年，詔秦涼既通，可遣僧往西域求法。時沙門行勤等一百五十七人應詔，所歷焉耆、龜茲、迦濕彌羅等國，並賜詔書，諭令遣人前導，仍各賜裝錢三萬。五年，右街應制僧文勝，奉敕編修大藏經隨函索隱凡一百六十卷。開寶四年，詔成都造金銀字佛經各一藏。是年，沙門建盛，自西竺還，詣闕進貝葉梵經，同梵僧曼殊室利偕來，室利者，中天竺王子也，持律甚精，詔館於相國寺（後太天興國三年歸國）。後可智、法見、眞理、彌羅等，接踵來朝。五年，詔雕佛經一藏，計十三萬板，經十二年而成，是所謂開寶勅版大藏經，即北宋官本。

唐自元和以後，不復譯經。中天竺摩伽陀國僧法天者，至鄜州，與河中梵學僧法進，共譯經義，始出無量壽、尊勝二經，七佛讚法，進筆受綴文，知州王龜從潤色之，開寶六年，遣法天、法進獻經闕下，太祖召見慰勞，賜以紫方袍。太平興國五年二月，北天竺迦濕彌羅國僧天息災，與其受具母弟烏塡曩國僧施護繼至，各持梵筴來獻。太宗召見，賜紫袍，令閱乾德以來西域所獻梵經。天息災等皆曉華言，帝遂有意翻譯，因命中使鄭守鈞就太平興國寺之西偏建譯經院，設三堂，中爲譯經，東序爲潤文，西序爲證義，七年六月院成。詔天息災等將梵本各譯一經以獻，擇梵學僧常謹、清沼等與法進同筆受綴文，義學僧苾芻、慧達等證義，高品、王文壽等監譯，光祿卿湯悅、兵部員外郎張洎參詳潤色之。七月，天息災上新譯聖佛母小字般若波羅密多經，法天上大乘聖吉祥持世陀羅尼經，施護上如來莊嚴經。詔新經入藏，開板流行。帝臨幸賜賚，詔賜金額，歲給餐錢，度僧十一人，翻譯之制，於茲大備。御製三藏聖教序，以冠經首，天息災賜名法賢。八年，詔譯經院賜名傳法院，更於其西偏，建印經院。既而天息災等言，歷朝翻譯，並藉梵僧，若遐阻不來，則譯經廢絕，奏請令兩街選童子五十人習梵文。詔令高品王文壽選惟淨等十人，送譯經院受學。雍熙二年，以天息災爲譯經三藏明教大師，施護爲傳教大師，並授朝散大夫，試鴻臚少卿，仍月給俸祿(註六七)。惟淨者，南唐李煜之姪，任梵學筆受，賜紫衣及光梵大師號，至道以後，所譯新經九千五百餘卷。眞宗繼世並隆，嘗應天息災之請，製繼聖教序，令置太宗之聖教序後，並詔賜名大中祥符法寶錄。沙門可升，注序進上，又製崇釋論及注四十二章、遺教二經。是時廣事譯經，大開梵學，五竺沙門，競集闕下，而專用宰輔詞臣，兼潤文之職。曾以自太平興國以來所翻譯，合經律論共成四百一十三卷，悉編入大藏。

仁宗景祐二年，又盛譯經典，「命宰相呂夷簡奉制兼使，參知政事宋綬、故樞密使王曙、參知政事張洎、趙安仁，樞密副使楊礪、翰林學士承旨晁迥、李維、翰林學士朱昂、梁周翰、楊億，繼司譯潤。主譯者則有三藏五人，皆賜朝散階，累遷試光祿卿。始法賢，次法天，次施護，並剎帝利氏(Ksatriya)，又次法護。次曰惟淨，特命主譯。其監譯內侍，則自文壽以來，有陳文一、閻士良、朱若水等十七人。筆受綴文證義等僧，則自法進至今，有文一、法凝、鑒深、慧濤、潛政、清漏、善初、義崇、慧素、存行、及梵學僧文涉、道隆、慧燈等七十九人。其貢經五印度僧，則自法軍至法稱八十人。取經還華僧，則自辭潮至棲秘一百三十八人。其貢獻並內出梵經，無慮一千四百二十八夾，秘之院閣，譯成經論，凡五百六十四卷。」(註六八)至於佛經數量，司馬光謂：「余嘗聞學佛者言：佛書入中國，經律論三藏，合五千四十八卷，般若經獨居六百卷，」(註六九)大抵約言其數耳。大藏經版本，除開寶勅版外，私刻者尚有福州東禪寺版。元豐三年，福州東禪寺住持慧空大師淨眞與其弟子等發願雕版，費時二十四年，至崇寧三年完成。崇寧三年至政和二年，又補刊新譯天臺部章疏，共成書六千八百七十卷。福州開元寺之慧通大師了一等，發願又刊大藏經，經時三十餘年，至紹興十六年完成，迄乾道八年，補入禪宗部經，亦爲六千一百一十七卷，是爲福州開元寺版。紹興二年，天台宗之淨梵，禪宗之懷深，於湖州思溪之圓覺禪院，得王永從之施財，而刻大藏經之版，成書六千卷，其事蓋始於北宋，而完成於紹興二年者，是爲思溪版。自是佛釋經典，供應方便，傳之鄰邦，視爲瓌寶矣。

佛敎宗派，以天台宗、淨土宗、禪宗爲最盛，律宗雖起而復微。天台宗有所謂山家、山外兩派之爭，詰難之論點，以觀境之眞妄爲中心。天台與淨土，其關係最密切。天台之學者，多修淨業，期往生。天台山家派之四明知禮，其弟子神照本如之系統，尤盛修淨業。本如在廬山結白蓮社，後成巨剎，仁宗賜名曰白蓮寺。抗州西湖昭慶寺省常，爲蓮社七祖之一，在西湖邊結蓮社，專修淨業，後易名爲淨行社，宰相王旦爲社首，士大夫預其會者，前後一百二十三人，皆投詩頌，自稱淨行社弟子。

比丘預者，復千餘人，廬山白蓮社之風，於是復興。禪家五宗，宋代以雲門、臨濟二宗最盛。雲門宗盛行凡二百年，至南宋法脈遂絕。臨濟宗之大慧宗杲，盛倡看話禪，從此禪流，無不以看話頭爲入門。貶曹洞宗天童正覺（卽宏智）所倡默照禪爲默照邪禪。佛教流行，風靡上下。太宗第七女申國大長公主，眞宗卽位，乞削髮爲尼，庭掖嬪御隨出家者二十餘人。山林避世之士，固無論矣，士大夫亦篤信其學，往往作偈頌以發明禪理。當嘉祐治平以前，濂洛之說未盛，儒者沿唐代餘風，認爲義理一也，不應有華夷之辨，而多歸心於浮屠。夏竦宋綬皆通釋典，王隨甚好釋氏。富弼致仕家居，爲佛氏之學。張方平、韓維、趙抃俱學佛。杜衍歐陽修獨不言佛，修且撰有本論以闢之。蘇軾信道外又喜佛，故佛徒每崇蘇而抑歐，謂歐陽修爲一代文宗，但其理不通，而東坡之理通，是以其文渙然如水之質，漫衍浩蕩，則其波亦自然而成文（註七〇）。晁迥性躭禪悅，喜究心於內典，撰法藏碎金錄十卷，宗向佛乘，以莊老儒書，彙而爲一。王安石罷相，歸老鍾山之定林，著有楞嚴經疏解，略諸師之詳，而詳諸師之略，非智者而莫能窺也。司馬光謂近歲舉世談禪，獨范景仁（鎮）未耳。「洛中有一僧，欲開堂說法，司馬君實夜過邵堯夫云：聞富彥國、呂晦叔欲往聽，此正不可，但晦叔貪佛，已不可勸，人亦不怪，如何勸得彥國？堯夫曰：今日已暮矣，姑任之。」（註七一）可見公卿大夫之悅禪者，大有人在也。人恒謂多疾病宜學道，多憂患則宜學佛。蘇轍常坐黨禍，兩謫高安，多與山林有道者語，乃爲排遣憂患之故。轍亦自云：「予自十年來於佛法中漸有所悟，經歷憂患，皆主所希有，而眞心不亂，每得安樂。崇寧癸未，自許遷蔡，杜門幽坐，取楞嚴經翻覆熟讀，乃知諸佛涅槃正路，從六根入。」

(註七二)晁補之亦好佛，黃庭堅與靈源大士極相得。南渡後，胡安國有崇正辨，乃佛氏之攻輸，但道學家仍襲佛釋之說。孝宗游心內典，深味禪悅。淳熙十四年十月二十日，會慶聖節，親書心經於禁中觀堂，崇信佛釋，頗見虔誠。民間信佛，甚爲普遍。杭州市肆，有喪之家，命僧爲佛事，必請親戚婦女觀看。信佛者組有上天竺寺光明會。至於佛節奉行，進香膜拜，殆視爲常禮也。

祆教在唐時爲盛，宋代仍有之。汴京城北有祆廟，京師人畏其威靈，甚重之。其廟祝爲史世爽，自云家世爲祝累代矣，藏先世補受之牒凡三：一爲唐咸通三年宣武節度使令狐綯給；二爲周顯德三年權知開封府王朴給；三爲顯德五年王朴給。鎮江府朱方門之東城上，亦有祆神廟，不知何人所立也。(註七三)廣州泉州，因大食波斯蕃商聚居，回教建有寺塔，亦頗盛行。一賜樂業教，即以色列 (Israel) 猶太教，宋代已傳入汴梁，俺都剌始建寺於開封，爲猶太人奉祀之所，有李、俺、艾、高、穆、趙、金、周、張、石、黃、李、聶、全、張、左、白十七姓。孝宗隆興元年，列轍五思達領掌其教，宣道不衰。

民間迷信，崇祀多神。各州縣皆有城隍廟，莫詳其起源，蓋唐代已有之。其他廟宇亦林立。神仙故事雖傳聞，但無八仙之說。星相占卜，甚爲流行。風鑒一事，乃昔賢甄識人物，拔擢賢才之所急，非市井卜相之流，用以賈鬻取貲者。宋代大臣，每好藻鑒。錢若水得異人傳相法，後傳楊大年。寇準年十九，擢進士第，有相者曰：「君相甚貴，但及第太早，恐不善終。若功成早退，庶免深禍，君骨類盧多遜耳。」(註七四)星命之學，初以唐李虛中命書(三卷)爲宗。虛中字常容，進士及第，元和中官至殿中侍御史，其書以人之始生年月日所直日辰支干相生勝衰死王相斟酌，推算人之壽夭貴賤吉凶，此僅以年月日起算，而未有所謂八字者。宋有徐子平珞琭子三命消息賦注二卷，其人不可考，但此書流行於宣和建炎之間，專以人生之年月日時八字，推衍吉凶禍福，今稱推八字爲子平，蓋因其名也。後之命名者，亦每根據八字而定之(註七五)。又有取人生年月日時成卦，謂之軌革術，亦曰卦影，以費孝先爲最著。孝先，蜀人，至和二年，始泝眉山，云遊青城山，一老人授以易軌革卦影之術，前此未知有此學者。由嘉祐至元祐間，孝先名聞天下，王公大人，皆不遠千里，以金錢求其卦影，孝先遂以致富。其術，先筮之，得兆詞，然後以丹青繪畫，預言將來休咎，多驗於事後。但所畫皆唐人衣冠，祿位亦唐官次，豈非唐代之精象數者爲之歟？宣和間，測字盛行，謝石，字潤夫，成都人，宣和四年到京師，以測字之驗，盛傳一時。理宗寶慶初，葉子仁，上饒人，推算筮占，往往如破的。至於星曆之學，張載、眞德秀、文天祥特喜談之，以推驗事變。

第五節　居室服飾

皇帝巨公名卿，宅第都麗，每兼園林之勝，假山池沼，橋臺亭榭，以爲點綴，皆仿文人畫而造園，盡量利用平面，效法自然，以藝術佈置環境，意趣甚高。此園第合式，隋唐時代，極爲普遍，至北宋而特盛，構造亦至精麗。名人隱士，雖土屋茅舍，常遍植松竹，寓詩情畫意，配合自然之美。太祖置瓊林苑，太宗置宜春苑、玉津園、芳林園(後改潛龍園，又改奉眞園)。徽宗築山號壽山艮嶽，假山結構之精，推爲第一。唐代風行設置離宮別館，故洛陽園第別墅甚多。宋代洛陽之名園，有富鄭公園、文彥博之東園、董氏之東西兩園、劉氏園、叢春園、歸仁園、苗帥園、趙韓王園、李氏仁豐園、紫金臺張氏園、水北胡氏二園、呂文穆園、司馬光獨樂園，以及唐氏遺留之大字寺園、湖園（裴晉公宅園），皆稱盛一時。茲舉富鄭公園與獨樂園爲例，可窺其內容：

一、富鄭公園　此園乃富弼所建，自其第東出探春亭，登四景堂，則一園之景勝，可顧覽而得。南渡通津橋，上方流亭，望紫筠堂而還。右旋花木中有百餘步，走蔭樾亭、賞幽臺，抵重波軒而止。直北走土筠洞，自此入大竹中。凡謂之洞者，皆斬竹丈許，引流穿之，而徑其上，橫爲洞一，曰土筠；縱爲洞三，曰水筠、曰石筠、曰樹筠。歷四洞之北有亭五，錯列竹中，曰叢玉，曰披風，曰漪嵐，曰夾竹，曰兼山。稍南有梅臺，又南有天光臺。臺出竹木之杪。遵洞之南而東，還有臥雲堂。堂與四景堂並南北，左右二山，背壓通流。凡坐此，則一園之勝，可擁而有也。富弼自還政歸第，一切謝賓客，燕息此園幾二十年，亭臺花木，皆出其目營心匠，故逶迤衡直，闓爽深密，皆曲有奧意。

二、獨樂園　司馬光居洛陽，自號迂叟。熙寧六年，於尊賢坊置田二十畝，闢爲獨樂園。其中爲讀書堂，數椽屋，聚書五千卷。堂南有屋一區，引水北流，中央爲沼，方深各三尺，疏水爲五派注沼。自沼北伏流會於西北而出，會之曰弄水軒。堂前爲沼，中央有島，島上植竹，攬結其杪，如漁人之廬，名曰釣魚庵。沼北橫屋六楹，開戶東出，南北列軒牖，以迎涼颸，前後多植美竹，爲清暑之所，曰種竹齋。沼東治地雜蒔草藥，畦北植竹，四周植木藥爲藩，命曰採藥圃。圃南爲六欄芍藥牡丹

圖十三 司馬光獨樂園（國立故宮博物院藏品）

雜花；欄北爲澆花亭。園中築臺曰見山臺，可望萬安轘轅至於太室(註七六)。又作地室，隧而入，以避暑熱。

洛陽固多名園，汴中園圃，亦以名勝於時。「州南則玉津園，西去一丈佛園子，王太尉園，景初園。陳州門外，園館最多，著者有奉靈園、靈嬉園。州東宋門外，麥家園，虹橋王家園。州北李駙馬園。西鄭門外，下松園，王太宰園，蔡太師園。西水門外，養種園。州西北有庶人園。城內有芳林園，同樂園，馬季良園。」(註七七)歐陽修在揚州作平山堂，壯麗爲淮南第一，環堂左右，老木參天；後有竹千餘竿。堂據蜀江，下臨江南數百里，眞、潤、金陵三州，隱隱若可見焉。

南宋偏安，園第亦不遜北宋之盛，高宗置御園、八仙園、養種園於金陵。杭州園圃，俯瞰西湖，高挹兩峯，亭館臺榭，藏歌貯舞。城南萬松嶺內有富覽園，慶壽庵褚家塘東瓊花園，清湖北慈明殿園，楊府秀芳園，張府北園。楊府風雲慶會閣，築一圃，亭臺花木，最爲富盛，每歲春月，放人遊玩。堂宇內頓放買賣關撲，並體內庭規式，如龍船、鬧竿、花籃、花工用七寶珠翠、奇巧裝結花朵，冠樣並皆時樣。官窰碗碟，歷古玩具，鋪列堂右，儼如關撲。歌叫之聲，淸婉可聽。湯茶巧細車兒，排設進呈之器。桃村杏館酒帘，裝成鄉落之景。數畝之地，觀者如市。又有富景園（城東御園），五柳園，張府七位曹園。南山長橋之慶樂園，舊名南園，有十樣亭樹，工巧無二，射圃、走馬廊、流杯池、山洞，堂宇宏麗，野店村莊，裝點時景，觀者不倦。淨慈寺南有翠芳園，雷峯塔前有張府眞珠園，塔後有謝府新園，羅家園、白蓮寺園、霍家園、劉氏園、北山集芳園、四聖延祥觀御園，下竺寺園。錢塘門外九曲橋下有擇勝園，錢塘正庫側新園。城北隱秀園，謝府玉壺園，四井亭園，楊府雲洞園，西園，楊府具美園，裴府山濤園，西秀野園，集芳園（賈似道園），趙秀王府冰月園，張府凝碧園，張內侍總宜園，九里松嬉園。湧金門外隄北一淸堂園，聚景園，張府泳澤環碧園。城南玉津園（御園）。嘉會門外包家山，有張侯壯觀園，王保生園，趙郭園(註七八)。此等園圃，有御園，有內侍公卿等之園，常有豪華侈麗，充滿金銀之氣，與北宋名園擅自然之美者有異焉。

吳興山水淸遠，昇平日士大夫多居之。城中二溪水橫貫，此全國之所無，故好事者園池之勝，有南沈尙書園、北沈尙書園、章參政嘉林園、牟端明園、趙府北園、丁氏園、趙氏菊坡園、程氏園、丁氏西園、倪氏園、趙氏南園、葉氏園、李氏南園、王氏園、趙氏園、趙氏淸華園、俞氏園、趙氏蘭澤園、趙氏繡谷園、趙氏小隱園、趙氏蘇灣園、畢氏園、倪氏玉湖園、韓氏園、劉氏園、錢氏園、程氏園、孟氏園。其中以南北沈尙書園，規模較大。沈德和尙書園依城南，近百餘畝，果樹甚多，林檎尤盛。內有聚芝堂，藏書室，堂前鑿大池數十畝，中有小山，謂之蓬萊。池南豎太湖三大石，各高數丈，秀潤崎峭，有名於時。沈賓王尙書園，正依城北，園中鑿五池，三面皆水，極有野意，有靈壽書院，怡老堂，溪山亭，對湖臺，盡見太湖諸山。其他各園，亦皆有堂室亭臺，池沼溪水，擅園林之勝，含丘壑之意也(註七九)。吳江方面，范成大晚歲卜築於盤門外十里，隨地勢高下而爲亭榭，所植多名花，而梅尤多。別築農圃堂，對楞伽山，臨石湖。又有北山堂，千巖觀，天鏡閣，壽樂堂，其他亭宇尤多。一時名人勝士，篇章賦詠，莫不極鋪張之美焉(註八〇)。

居室有階級性，景祐三年八月詔：天下士庶之家，屋宇非邸店樓閣臨街市之處，毋得爲四鋪作及鬪門八；非品官毋得起門屋；非宮室寺觀，毋得彩繪棟宇，及朱墨漆梁柱窗牖，雕鏤柱礎(註八一)。六品以上宅舍，許作烏頭門，父祖宅舍原有者，子孫許仍之。凡民庶家不得施重拱藻井，及五色文彩爲飾，仍不得四鋪飛簷。民庶舍屋許五架門一間兩厦而已。黃州產竹，故多竹屋。襄州人不善陶瓦，建屋亦用竹。里巷間有遷居者，鄰里醵金治具過之，名暖屋。民庶聚居而爲鄉村，其組織，北宋中葉以後，採都保制。南宋初期採鄉里制，縣以下分爲鄉，由鄉管里，里之下爲村。中期以後，兩浙、江東西等路則用鄉都制，由鄉管都（或稱爲保），都之下爲里爲村。故南宋施行經界法，州縣以鄉都保爲單位也。室內生活，唐代坐胡牀，尙少垂脚，五代漸有椅子，宋則椅子杌子，已甚普遍。丁晉公談錄：寶儀雕起花椅子二，以便右丞及太夫人同坐，此則椅子雕有花也。秦檜偶仰首墜巾，吳淵乃製荷葉託首以媚之，號曰太師樣，則椅又有託首也。公卿士大夫之家好焚香，故書室中有香几。焚香有香爐，香凡八十種，室中所焚者多爲伽南、龍涎、沉香等。衣袖有懷香，藏衣有薰香，刷牙有牙香，則須配藥劑而製之也。室內有懸肖像者，柳開在京師，謁監兵錢供奉之家，造其書閣，見壁上有繪婦人像甚美，詰以誰氏。監兵曰：「某之女弟也。」柳喜而求婚(註八二)。此爲一例。

服飾亦有階級性，分爲官服與民服。冠服各從本色。官服除朝服外，又有公服，公服卽常服。宋因唐制，三品以上服紫，五品以上服朱（緋），七品以上服綠，九品以上服靑，凡四等。其制：曲領大袖，下施橫襴，束以革帶，幞頭，烏皮鞾，自王公至一命之士通服之。諸司使以下，出入內庭，不得服皀衣，違者論其罪。三品以上服玉帶（帶上嵌以玉），四品以上服金帶（縷金），以下升朝官雖未升朝，以賜紫緋內職諸軍將校並服紅鞓金塗銀排方，雖升朝著綠者，公服上不得繫銀帶，餘官服黑銀方團胯及犀角帶（以犀角製爲板），貢士及胥吏工商庶人服鐵角帶。以金銀飾爲魚形，繫於帶而垂於後，謂之佩魚，以明貴賤。舊制：執政以上始服毬文帶佩魚。雍熙元年，內外升朝文武官皆佩魚，服紫者飾以金，服緋者飾以銀，京朝官兼幕州縣官賜緋紫者亦佩，親王武官內職將校皆不佩。其後定未升朝賜緋紫者皆不得佩魚。學士以上賜御仙花帶而不佩魚，翰林學士亦然，世謂之橫金。元豐官制行，四品以上服紫，六品以上服緋，九品以上服綠。服緋紫者必象笏佩魚，謂之章服。故六曹尙書、翰林學士、雜學士皆得佩魚，侍從官、給事中以上服金帶，中書舍人以下皀帶佩魚，與庶官等。武臣內侍皆服紫，不佩魚。非官至本品，不以假人。章服亦可恩賜而得，凡言賜者，謂以官品未合服而特賜之也，蓋官卑而職高，有特殊情形者，如轉遷、奉使、年勞等特許之。外官可借緋借紫，如知節鎭及轉運副使；衣緋綠者並借紫，如知防禦、團練、刺史、州；衣綠者借緋；衣緋者借紫之類是。借緋借紫，初不佩魚，後許之，但改其銜爲借紫金魚袋，借緋魚袋(註八三)。自朝辭出國門，則衣借色，任滿還朝，仍服本色。又有服官年久，敍賜緋紫者。南宋仍依元豐之制，但有定十五年或十七年可許改轉服色。幞頭一名折上巾，其初以藤織草巾子爲裏紗爲表，而塗以漆，後惟以漆爲堅，去其藤裏，前爲一折平施，兩脚以鐵爲之。幞頭簪花，謂之簪戴，凡郊祀、上壽、聖節、賜宴，每以賜臣僚。幞頭加戴帽，謂之重戴，宋初御史臺皆重戴，餘官或戴或否，後新進士亦戴至釋褐則止。除公服外，又有時服。宋初，因五代舊制，每歲諸臣皆賜時服，時服者，錦袍也。然只賜將相學士禁軍大校。建隆三年，乃徧賜之。歲遇端午，十月一日，文武羣臣將校皆給焉。禁軍帥從卒，服裝至為華貴，著新紫羅衫，紅羅袍，肚白綾袴，穿絲鞋，戴青紗帽，拖長紳帶，一身之服，不啻萬錢。通常軍警，服裝簡便，春冬嚴寒請衣帛，則賜棉衣也。

民間服飾，每有明令規定。太平興國七年李昉奏：「今後富商大賈，乘馬漆素鞍者勿禁。近年品官綠袍及舉子白襴下皆服紫色，亦請禁之。出私第便服，許紫皂衣白袍。舊制庶人服白，今流外官及貢舉人庶人，通許服皂。」以緋紫為章服，故禁人紫色衣。端拱二年詔：「庶人、商賈、不係官伶人，只許服皂白衣，鐵角帶，不得服紫。」至道元年，復許庶人服紫(註八四)。咸平景德以後，粉飾太平，服用寖侈，不惟士大夫之家，崇尚不已，市井閭里，以華靡相勝，議者病之。天聖三年，詔在京士庶，不得衣黑褐地白花衣服，並藍黃紫地撮暈花樣。慶曆八年，詔禁士庶倣契丹服，及乘騎鞍轡。皇祐七年，禁用黑紫。熙寧中，京師貴人戚里多衣深紫色，謂之黑紫，與皂色相亂，幾不可分。大觀四年十二月詔：「京城內近日有衣裝雜以外裔形製之人，以戴氈笠子，著戰袍，繫番束帶之類，開封府宜嚴行禁止。」蓋是時服裝好窄狹，有胡風。政和七年詔敢為契丹服，若氈笠、釣墪（韈袴，婦人之服）之類者，以違御筆論。宣和間，風俗雖已尚諂諛，然衣服猶趣簡便(註八五)。冷則著背子，或稱背心，抵雨則有油衣也(註八六)。幞頭巾子，高約二寸五分，尚白，皆折而歛前，紹聖後始改而偃後，兩脚不繫領，只為虛設，而有圓頂方頂之別。北宋人帽而不巾，燕居雖披襖亦帽，否則小冠(註八七)。

帽子尖形，謂之尖簷帽子。元祐之初，士大夫效蘇軾，戴短簷高桶帽，謂之子瞻樣。宋初猶襲唐制，士子皆曳袍重戴，出則席帽自隨，蓋大梁地勢平曠，每風起，則塵沙撲面，故侍從跨馬，許重戴以障塵。鞋爲便服，仍有帶，穿布襪，士庶要束帶，約束在後，散腰謂之不敬。宣和之季，京師士庶競以鵝黃爲腰腹圍，謂之腰上黃。又京城士人舊通用淸涼繖（傘），祥符五年，始詔惟親王得用，六年，中書樞密亦許用。太皇太后繖皆用黃，太妃用紅。

南宋士大夫之服，大抵因東都之舊而稍變焉：一曰深衣，二曰紫衫，三曰涼衫，四曰帽衫，五曰襴衫。深衣用白細布，衣全四幅，其長過脇，下屬於裳，其長及踝，圓袂方領，曲裾黑緣，大帶緇冠，幅巾黑履，士大夫家冠婚祭祀宴居交際服之。紫衫，本軍校服，金人南下，兵革擾攘，以冠帶不甚輕便，士大夫亦服之，形窄以便戎事。紹興九年，詔公卿將吏，毋得以戎服臨民，復用冠帶，論者以爲擾。二十六年再申嚴禁，於是紫衫遂廢，士大夫皆服涼衫（註八八）。涼衫，其制如紫衫，即白色衫，士大夫服之以爲便服。乾道初，以其純白可憎，有似凶服，禁服之，若便服許用紫衫，自後涼衫只用爲凶服。帽衫，帽以烏紗，衫以皀羅爲之，角帶繫鞵，東都時士大夫交際常服之。南渡後，一變爲紫衫，再變爲涼衫，自是服帽衫少矣，惟士大夫家冠婚祭祀猶服焉。襴衫，國子生常服之，以白細布爲之，圓領大袖，下施橫襴爲裳，腰間有襞積（註八九）。士大夫無官而以禮見者，幞頭、襴衫、腰帶，繫鞋；燕見者，深衣涼衫均可。乾道四年，臣僚言臨安府風俗，自十數年來，服飾亂常，習爲邊裝；聲音亂雜，好爲北樂，詔禁之。淳熙中，上下有從窄之論。光寧以後，服用乃更疏濶，大冠高髻，廣袖滿領，風氣又爲之一變。衣料以木綿紡績爲布(註九〇)，山居者常以紙爲衣(註九一)。民間好穿木屐，陸放翁詩：「百錢買木屐，日日繞村行，」(註九二)正謂此也。

婦女衣飾，亦有限制。端拱二年禁假髻，亦不得作高髻及高冠。其銷金、泥金、眞珠裝飾衣服，除命婦許服外，餘人並禁。大中祥符二年，詔申禁鎔金以飾器服，故民間不得以金銀爲裝飾品。天聖三年，詔在京婦女，不得將白色褐色毛段並淡褐色匹帛，製造衣服。非命婦之家，毋得以眞珠裝綴首飾衣服。皇祐元年，詔婦人冠高毋得踰四寸，廣毋得踰尺；梳長毋得踰四寸，仍禁以角爲之。貴婦上衣下裳，大袖，通用羅縠蔽膝，隨裳色，以緅爲領，緣加文繡重雉，爲章二等，大帶革帶，青韈舄，頭戴花釵冠，兩博鬢，寶鈿飾之。汴京閨閣，粧抹凡數變。崇寧間，作大髻方額。政宣之際，又尚急把垂肩。宣和以後，多梳雲尖巧額，鬢撐金鳳，小家至爲剪紙襯髮，膏沐芳香(註九三)。靖康初，婦女首飾衣服，皆備四時，如節物則春旛、燈毬、競渡、艾虎、雲月之類；花則桃杏荷花菊花梅花，皆併爲一景，謂之一年景(註九四)。庶民婦人，上衣下裙，娼妓大抵好服紅裙。婦女步行通衢，以方幅紫羅障蔽半身，俗謂之蓋頭，蓋唐帷帽之制也。婦人纏足，或云起於五代，熙豐間，爲之者猶少，宣和以後盛行。汴京閨閣，花靴弓履，窮極金翠，則人人相效以不爲者耻也。

第六節　飲食嗜好

南食多鹽，北食多酸，中州及城市人食淡，地不同而口嗜之味異也。汴京烹飪菜色，最擅名者，

「如王樓梅花包子，曹婆肉餅，薛家羊飯，梅家鵝鴨，曹家從食，徐家瓠羹，鄭家油餅，王家乳酪，段家熝物，石達巴子南食之類，皆聲稱於時。若遷湖上，魚羹宋五嫂，羊肉李七兒，奶房王家，血肚羹宋小巴之類，皆當行不數者。」(註九五)飯店茶飯之菜色，有百味羹、新法鵪子羹、三脆羹、二色腰子、蝦蕈、雞蕈、渾砲等羹，旋索粉、玉碁子、羣仙羹、假河魨、白渫虀貨鱖魚、假元魚、決明兜子、決明湯、虀肉醋、托胎襯腸沙魚、兩熟紫蘇魚、假蛤蜊、白肉夾面子茸、割肉胡餅湯、骨頭乳炊羊、鬧廳羊角𦟛腰子、鵝鴨排、蒸茘枝腰子、還元腰子、燒臆子、入爐細項蓮花鴨、簽酒炙肚胘、虛汁垂絲羊頭、入爐羊、羊頭簽鵝鴨、簽雞、簽盤兔、炒兔、葱潑兔、假野狐、金絲肚羹、石肚羹、假炙獐、煎鵪子，生炒肺、炒蛤蜊、炒蟹、渫蟹、洗手蟹之類。又有炙雞、燠鴨、羊脚子、點羊頭、脆筋巴子、薑蝦、酒蟹、獐巴、鹿脯。有外賣軟羊諸色包子、猪羊荷包、燒肉、乾脯。其餘小酒店，亦賣下酒，如煎魚鴨子、炒雞兔、煎燠肉、梅汁血羹粉羹之類，每分不過十五錢(註九六)。州橋夜市，猶今之排檔，亦有精美之食品，如煎羊白腸、鮓脯、爒凍魚頭、薑豉剿子、抹臟紅絲、批切羊頭、辣脚子、羌辣蘿蔔。夏月，麻腐雞皮、麻飲細粉、素簽沙糖冰、雪冷元子、水晶皂兒、生淹水木瓜、藥木瓜、雞頭穰、沙糖菉豆、甘草冰雪、凉水茘枝膏、廣芥瓜兒、鹹菜、杏片、梅子、薑萵苣筍、芥辣瓜兒、細料餶飿兒、香糖果子、間道糖茘枝、越梅鋸刀紫蘇膏、金絲黨梅香棖元，皆用梅紅匣盛貯。冬月，盤兔、旋炙猪皮肉，野鴨肉、滴酥水晶鱠、煎夾子猪臟之類，直至龍津橋須腦子肉止，謂之雜嚼(註九七)。

汴京有南北食之分，臨安則漸泯，因流寓之北人甚衆，倣製北饌，但苟簡終不如意。其菜色有百味羹、錦絲頭羹、十色頭羹、間細頭羹、海鮮頭食、酥沒辣象眼頭食、蓮子頭羹、百味韻羹、雜彩羹、杴葉頭羹、五軟羹、四軟羹、三軟羹、集脆羹、三脆羹、雙脆羹、羣鮮羹、落索兒、焙腰子、鹽酒腰子、脂蒸腰子、釀腰子、荔枝焙腰子、腰子假炒肺、雞絲簽、雞元魚、雞脆絲、笋雞鵝、柰香新法雞、酒蒸雞、炒雞蕈、五味焙雞、鵝粉簽。又有羊、黃雀、江瑤柱、海鮮等(註九八)。孝宗時，尚有京師流寓經紀人，如李婆婆魚羹、南瓦張家圓子之類。宋人菜色，不吃牛肉。汴菜有兔獐鹿、肉脯、鹹醃貨。杭菜有鵪子、鳩子、黃雀、亦有獐鹿肉，但不多，而注重海鮮，嗜田雞如炙。又有犯鮓，犯爲肉脯，鮓爲魚類。其粥品有七寶素粥、五味粥、粟米粥、糖豆粥、綠豆粥等。因天氣酷熱，則有凉水，如甘豆湯、椰子酒、豆兒水、鹿梨漿、滷梅水、薑蜜水、木瓜汁、沉香水、荔枝膏水、雪泡縮脾飲等。又有糖糕、雪糕、乳糕。晨早小食爲點心，有春䴵、大包子、荷葉餅、芙蓉餅、羊肉饅頭、細餡、豆沙餡、笋肉餡、薄皮、蟹黃、蒸餅、千層、月餅、燒餅、諸色餗子、包子、角兒、果食、從食，名目殊多(註九九)。

浙間以牛乳爲素食，餛飩甚爲流行。南方沿海盛產牡蠣，爲珍貴饌食，至南宋更爲普遍，以其令人「細肌膚，美顏色。」其食法有酒蠣、章舉蠣肉、牡蠣煨肚等外，而最流行是煨牡蠣。蘇軾嗜江瑤柱，孝宗帝則好食蛤蜊。同州糕、南都撥心麵，嘗爲東坡所稱許。至於山家淸供，有豆粥，東坡玉糝羹，用蘿蔔或芋爛煮，研白米爲糝。素蒸鴨乃蒸葫蘆，煨竹笋，荸薺粉也。

造酒原料，北方爲黍、秫，用麵麴，南方則用稻米，而用麴及米麴。太平興國間，釀酒者，自春至秋，醖成卽鬻，謂之小酒，其價自五錢至三十錢，有二十六等。臘釀蒸鬻，候夏而出，謂之大酒，自八錢至四十八錢，有二十三等（註一〇〇）。荆州士大夫家，以綦豆麴酒，多碧色可愛，而病於不醇。（註一〇一）戎州有荔枝酒，以荔枝釀之。各酒肆皆懸有旗望，所謂大字翩翩賣酒旗，以招徠顧客，「今都城與郡縣酒務，及凡鬻酒之肆，皆揭大帘於外，以青白布數幅爲之。微者隨其高卑大小，村店或掛缾瓢，標箒秆。」（註一〇二）豪飲者流，常怪態百出，「石曼卿喜豪飲，每與客痛飲，露髮跣足，著械而坐，謂之囚飲。飲於木杪，謂之巢飲。以稾束之，引首出飲，復就束，謂之鼈飲。其狂縱大率如此。」（註一〇三）

飲茶有解渴、滌煩、去膩、破睡之功。自唐以來，其風甚盛。當唐以前，茶惟貴蜀中所產，其次爲湖州紫筍，乃入貢之物。福建茶，至南唐李氏時漸見貴，置北苑使，始有團圈之製。建、劍製茶，旣蒸而研，編竹爲格，置焙室中，最爲精潔。新焙成，價甚貴，每餅包青蒻，紅籤，纏素廉。其品精絕者，一餅値四十貫。其名有龍鳳、石乳、的乳、白乳、頭金、臘面、頭骨、次骨、末骨、粗骨十二等。龍鳳皆團片，石乳的乳皆狹片，的乳亦有濶片者，白乳以下皆濶片。龍鳳團茶，凡八餅，重一斤，造作之精，經丁謂始大備。慶曆中，蔡襄爲福建轉運使，始造小片龍茶以進，謂之小龍團（註一〇四），味尤精美，所謂上品龍茶，凡二十餅，重一斤，値金二兩。建寧臘茶，北苑爲第一，其最佳者曰社前，次曰火前（寒食前），又次曰雨前（穀雨前），以造茶時期而名之也。北苑茶，所產爲曾坑，官焙也，所以供玉食，備賜與，太平興國間始置。漕司歲以入貢茶爲上。壑源，私焙也，土人亦以入貢茶爲次。二焙相去三四里間，若沙溪外焙，與二焙相去絕遠，自隔一溪茶爲下，味短而微澀矣。官焙造茶，常在驚蟄後一二日，興工採摘。是時茶芽，已皆一槍，故時人言茶者多云旗槍，蓋以始萌而嫩者爲槍，浸大而展者爲旗也。茶芽蘖細微，不可多得，色白，方爲上品。其取數多而碧綠者，乃常品也。元豐間，官焙又進密雲龍，其雲紋細密，更精絕於小龍團也。紹聖間，復進瑞雲翔龍者，御府歲止得十二餅焉。大觀初，龍焙於歲貢色目外，乃進御苑玉芽、萬壽龍芽。政和間，且增以長壽玉圭，芽僅盈寸。宣和間，又剔葉取心，造龍團勝雪。此大抵北苑絕品，瑞雲翔龍顧居下矣。兩浙之茶則日草茶，蓋與焙製之臘茶不同。虔、袁、饒、池等州，有仙芝、玉芝、先春、綠芽之類，凡二十六等。南宋時，雪川顧渚生石上者，謂之紫笋，毗陵之陽羨，紹興之日鑄，婺源之謝源，隆興之黃龍雙井，皆絕品也。蜀茶之細者，其品視南方已下，惟廣漢之趙坡、合州之水南、峨嵋之白牙、雅安之蒙頂，土人亦珍之，但所產甚微(註一〇五)。唐人於茶，雖有陸羽茶經，至蔡襄撰龍茶錄，持論尤精。良以飲茶者以味爲上，甘香重滑爲味之全，故對於煎茶，頗爲講究，所謂茶之佳品，宜點啜之；其煎啜者，皆常品也(註一〇六)。蘇轍詩：「相傳煎茶只煎水，茶性仍存偏有味。君不見閩中茶品天下高，傾身事茶不知勞。又不見北方俚人茗飲無不有，鹽酪椒薑誇滿口。」(註一〇七)蓋北人認爲寒中瘠氣，莫甚於茶，故濟之以鹽或用薑也。通常接客，客至則啜茶，去則啜湯。湯或溫或凉，則用甘草爲之(註一〇八)。糖霜始於宋，色白，細粒如霜，爲砂糖中之最進步產品。蘇軾嗜甘，日食蜜五合，嘗謂以蜜煎糖而食。

又好食薑蜜湯，甘芳滑辣，謂使人意快而神清也。

生果品類，柑甚爲流行，漬有黃柑酒。橘出溫州最多，其次爲蘇州台州，西出荆州，南出閩廣數十州。金橘產於江西，香清味美，光彩灼爍，以綠豆藏之，可經時不變。大柿出於唐鄧間，熟爛如泥可食(註一〇九)。西瓜乃由洪皓使金，於紹興十三年自北方帶歸，始傳入南宋，普遍種植(註一一〇)。河北梨，河陰石榴，河陽查子，爲著名土產。北人嗜甘蔗，南人則飫龍眼荔枝。漢永元間，荔枝來自交州。唐天寶間，則取之涪州。至宋，產於閩粵，並產於廣西之桂林，而四川之忠州、戎州、漢州、嘉州、夔門亦有之(註一一一)，傳由福建移植者(註一一二)。閩粵產荔枝最豐，陸放翁詩：「路僻蠻村荔子繁。」(註一一三)蘇軾詩：「日食荔枝三百顆，不妨長作嶺南人，」(註一一四)言嗜其美味也。歲貢則乾而致之，又有用蜜漬者。通常以閩產第一，蜀次之，嶺南爲下。福建所產之荔枝，似晚於廣東，但在宋時已極盛。蔡襄撰有荔枝錄，言其品種最詳：

「陳紫出興化軍秘書省著作佐郎陳琦家，於品爲第一。江綠出福州，類陳紫，差大而香味，蓋爲次也。方紅，徑可二寸，色味俱美，荔枝之大，無出此者，歲出二百顆而已，出興化軍尙書屯田郎中方秦家。紫種自陳紫實大過之，出興化軍。小陳紫，實差小，出興化軍。宋公荔枝，實如陳紫而小，甘美亦如之，出興化軍，宋氏世傳，其木已三百歲。藍家紅，泉州第一，出尙書都官員外郎藍丞家。周家紅，初於興化軍爲第一，及陳紫方紅出而周家紅爲次。何家紅出漳州何氏。法石白出泉州法石院，色青白，其大次於藍家紅。綠核出福州，荔枝紫核，而此獨核綠。圓丁香，荔枝皆旁蔕大，而下銳，此獨圓而味尤勝。右十四種皆以次第著於錄。

虎皮色紅而有靑斑，類虎皮，出福州。牛心以狀名之，長二寸餘，皮厚肉澀，出福州，惟一本。玳瑁紅，色紅而又有黑點，類玳瑁，出福州城東。琉黃，以色類琉黃。朱柿色朱如柿，出福州。蒲桃荔枝，穗生，一穗之實至三（一作一二）百，然其品殊下。蚶殼以狀名之。龍牙長可三四寸，彎曲如爪牙，而無瓤核，出興化軍，然不常有。水荔枝，漿多而淡，出興化軍。密荔枝以甘爲名，然過於甘。丁香荔枝，小如丁香。大丁香，殼厚色紫，味微澀，出福州天慶觀。雙髻小荔枝，每朶數十，皆並蔕雙實。眞珠荔枝，團白如珠，無核，荔枝之最小者。十八娘荔枝，色深紅而細長，閩王氏有女第十八，好食此因而得名，女冢在福州城東報國院，冢旁猶有此木。或云謂物之美少者爲十八娘，閩人語。將軍荔枝，五代時有此官者稱之，因以得名，出福州。釵頭顆荔枝，顆紅而小，可施釵頭。粉紅荔枝，荔枝多深紅，而此以色淺爲異。中元紅，實時最晚，因以得名。火山荔枝，本出南越，四月熟，穗生，味甘酸肉薄，閩中近年有之。右二十種無次第。

荔枝三十四種，或言姓氏，或言州郡，或皆識其所出，或不言姓氏州郡，則福泉漳州興化軍蓋皆有也。一品紅，言於荔枝爲極品也，出近歲，在福州州宅堂前。狀元紅，言於荔枝爲第一，出近歲，在福州報國寺。」（註一一五）

陳紫者，荔枝小紫，王十朋詠之：「端明品第首推陳，花裏姚黃是等倫。郡圃一株稱小紫，故家風味自宜珍。」（註一一六）興化陳紫與仙遊探花紅，號爲妙品。此外，又有所謂綴玉、大將軍、玉堂紅、奪先紅、七夕紅、白蜜、馬綠、馬家紅等，各目繁多。至於廣中荔枝，鄭熊嘗記之，亦有二十二種。

其特殊之嗜好者，巴蜀人好食生蒜，臭不可近。嶺南人好食檳榔，合蠣灰蔞藤葉食之，輒昏醉，已而醒，蓋口味之嗜，各地不同。

【注　釋】

（註一）彭城集，卷三十二，開封府南司判官題名記。

（註二）東京夢華錄，卷三，防火。

（註三）雞肋篇，卷中。

（註四）東京夢華錄，卷二，東角樓街巷。

（註五）張氏可書。

（註六）夢粱錄，卷二至三。

（註七）石林燕語，卷一。

（註八）拽龍舟之戲：「截春流，築沙坻。拽龍舟，過天池。尾矯矯，角岐岐。千夫推，萬麟隨。驚鴻鵠，沉魚龜。春三月，輕服時。薄水殿，習水嬉。馬特特，來者誰？魏公子，人不窺。車轔轔，集其涯。邯鄲倡，士交馳。銀缾索酒傾玻璃，用錢如水贈舞兒。卻入上苑看鬥雞，擊毬彈金無不爲。適聞天子降玉輦，當門虎脚看大旗。春風吹花入行幄，紅錦百尺爭蛟螭。雲蓋迥，綵纜維。明年結客觀未遲。」（宛陵先生集，卷十七，觀拽龍舟懷裴宋韓李）。

（註九）東京夢華錄，卷四，雜賃。
（註十）同上書，卷二，州橋夜市。
（註十一）同上書，卷四，魚行。
（註十二）司馬文正公傳家集，卷六十七，訓儉示康文。
（註十三）夢粱錄，卷十八，戶口。
（註十四）同上書，卷十，坊隅巡警。
（註十五）建炎以來繫年要錄，卷五十一。
（註十六）夢粱錄，卷十九，塌房。
（註十七）古杭夢遊錄。
（註十八）夢粱錄，卷十三，鋪席。
（註十九）武林舊事，卷六，諸市。
（註二十）夢粱錄，卷十三，團行。
（註二十一）同上書，卷十六，米鋪。
（註二十二）同上書，卷十六，肉鋪。
（註二十三）同上書，卷十三，天曉諸人出市。
（註二十四）武林舊事，卷二，元夕。
（註二十五）同上書，卷六，酒樓。

(註二十六) 夢粱錄,卷十六,酒肆。
(註二十七) 同上書,卷十六,茶肆。
(註二十八) 武林舊事,卷六,歌館。
(註二十九) 同上書,卷六,瓦子勾欄。
(註三十) 欒城集,卷二十三,京西北路轉運使題名記。
(註三十一) 張右史文集,卷四十九,臨淮縣主簿廳題名記。
(註三十二) 墨莊漫錄,卷四。
(註三十三) 宋史,卷八五至九十,志第三十八至四十三,地理一至六。
(註三十四) 高承,事物紀原,卷六,進奏院。
(註三十五) 宋會要輯稿,第五十九冊,職官二之四四,進奏院。
(註三十六) 王闢之,澠水燕談錄,卷五,官制。
(註三十七) 宋史,卷一六一,志第一一四,職官一,門下省進奏院條。
(註三十八) 續資治通鑑,卷二十七,宋紀二十七。
(註三十九) 宋史,卷三一九,列傳第七十八,劉奉世傳。
(註四十) 宋史,卷一六一,志第一四四,職官一,門下省進奏院條。
(註四十一) 趙昇,朝野類要,卷四,朝報。
(註四十二) 建炎以來繫年要錄,卷一七一,紹興二十六年二月條。

（註四十三）續資治通鑑，卷一一四，宋紀一一四。
（註四十四）宋史，卷三二〇，列傳第七十九，呂溱傳。
（註四十五）宋史，卷三五二，列傳第一一一，曹輔傳。
（註四十六）湘山野錄，卷上。
（註四十七）東坡志林，卷四。
（註四十八）陳克齋集，卷一，通晦庵先生書問大學誠意章。
（註四十九）臞軒集，卷十四。
（註五十）宋會要輯稿，第一六五冊，刑法二之五二—五四。
（註五十一）同上書，第一六六冊，刑法二之一五八。
（註五十二）武林舊事，卷六，小經紀。
（註五十三）海陵集，卷三，論禁小報。
（註五十四）宋會要輯稿，第一六六冊，刑法二之一二三—一二六。
（註五十五）朝野類要，卷四，朝報。
（註五十六）宋朝事實，卷七，道釋。
（註五十七）宋刑統，卷十二，戶婚律，僧道私入道。
（註五十八）續資治通鑑，卷二十八。
（註五十九）「世傳神仙呂洞賓，名巖，洞賓其字也。唐呂渭之後，五代間從鍾離權得道。權，漢人，不死者。

自本朝以來，與權更出入人間。權不甚靈，而洞賓踪跡數見，好道者每以爲口實。余記童子時，見大父魏公自湖外罷官還，道岳州，客有言洞賓事者云：近歲嘗過城南一古寺題二詩於壁而去。其一云：朝遊岳鄂暮蒼梧，袖裏青蛇膽氣粗。三入岳陽人不識，朗吟飛過洞庭湖。其一云：獨自行時獨自坐，無限時人不識我。惟有城南老樹精，分明知道神仙過。」（巖下放言，卷中）。

（註六十）續資治通鑑，卷八十九。
（註六十一）日知錄，日知錄之餘，卷三。
（註六十二）續資治通鑑，卷九十三。
（註六十三）通鑑長編紀事本末，卷十六，王欽若校道藏經。
（註六十四）張君房，雲笈七籤，序。
（註六十五）陳垣，南宋初河北新道教考，卷三，大道篇，引道園學古錄，五十，眞大道教第八代崇玄廣化眞人岳公碑。
（註六十六）宋朝事實，卷七，道釋。
（註六十七）通鑑長編紀事本末，卷十四，釋老。
（註六十八）文莊集，卷二十六，傳法院碑銘。
（註六十九）司馬文正公傳家集，卷六十七，書心經後贈紹鑒，元豐五年。
（註七十）石門文字禪，卷二十七，跋東坡忱池錄。
（註七十一）道山清話。

（註七十二）欒城集，後集，卷二十一，書楞嚴經後一道。
（註七十三）墨莊漫鈔，卷四。
（註七十四）山堂肆考，徵集，技藝第二十一卷，相士，骨類多遜，引歸田錄。
（註七十五）「嘉定四年龍集辛未五月二十二日，潚得男，其八字辛未乙未癸酉癸亥，以辛未土克癸亥水，或以為大海水，非土之所能克，是不然。辰戌丑未皆為土，而未乃坤位，納音又為土，是坤土也。坤為地，中庸謂振河海而不洩者也，何克之云。欲名以振。又有當避者，易曰：地勢坤，君子以厚德載物，名曰厚孫，抑誨之使從厚云。」（攻媿集，卷七十九，名厚孫）。
（註七十六）李格非，洛陽名園記。河南邵氏聞見後錄，卷二十四至二十五。
（註七十七）楓窗小牘，卷下。
（註七十八）夢粱錄，卷十九，園囿。
（註七十九）癸辛雜識，前集，吳興園圃。
（註八十）齊東野語，卷十，范公石湖。
（註八十一）續資治通鑑長編，卷一一九。
（註八十二）皇朝類苑，卷七，君臣知遇，柳仲塗。
（註八十三）燕翼詒謀錄，卷一。
（註八十四）宋史，卷一五三，志第一〇六，輿服五。
（註八十五）老學庵筆記，卷三。

（註八十六）「宋初，孔拯侍郎朝回遇雨，避於坊叟之廡下，欲借油衣，但叟寒熱風雨均不出，未嘗置油衣也」（苕溪漁隱叢話，後集，卷二十二，邵康節，引復齋漫錄）。

（註八十七）雲麓漫鈔，卷四。

（註八十八）鶴林玉露，地集，卷一，紫窄衫。

（註八十九）宋史，卷一五三，志第一〇六，輿服五。

（註九十）「閩廣多種木綿樹，高七八尺，樹如柞，結實如大麥而色青，秋深即開，露白綿茸茸然。土人摘取出殼，以鐵杖捍盡黑子，徐以小弓彈，令紡起。然後紡績爲布，名曰吉貝。今所貨木綿特其細緊爾。當以花多爲勝，橫數之得一百二十花，此最上品。」（泊宅編，卷中）。

（註九十一）「山居者常以紙爲衣，利其拒風，亦甚煖。造紙衣法，每一百幅，用胡桃乳香各一兩煮之。不爾，蒸之亦妙，令熱熟陰乾，用箭幹橫卷而順蹙之。今黟歙中有人造紙衣，近士大夫征行亦有衣之。」（文房四譜，卷四，紙譜）。

（註九十二）陸放翁集，劍南詩稿，卷三十一，買屐。

（註九十三）楓窗小牘，卷上。

（註九十四）老學庵筆記，卷二。

（註九十五）楓窗小牘，卷下。

（註九十六）東京夢華錄，卷二，飲食果子。

（卷九十七）同上書，卷二，州橋夜市。

(註九十八) 夢粱錄，卷十六，分茶酒店。

(註九十九) 武林舊事，卷六，蒸作從食。

(註一百) 宋史，卷一八五，志第一三八，食貨下七，酒。

(註一〇一) 豫章黃先生文集，卷十五，醇碧頌，並序。

(註一〇二) 容齋隨筆，續筆，卷十六，酒肆旗望。

(註一〇三) 夢溪筆談，卷九，人事一。

(註一〇四) 蔡襄之茶，「法用熟碾爲丸，爲梃，故所稱有龍鳳團、小龍團。」(長物志，卷十二，品茶)。

(註一〇五) 宋史，卷一八四，志第一三七，食貨下六，茶下。

(註一〇六) 苕溪漁隱叢話，前集，卷四十六，東坡九，引學林新編。

(註一〇七) 欒城集，卷四，和子瞻煎茶。

(註一〇八) 萍洲可談，卷一。

(註一〇九) 歐陽文忠公集，歸田錄，卷二。

(註一一〇) 洪适謂：「癸亥年，先公自北方帶歸。萬里隨虜使，分留三十年，甘棠遺愛在，一見一潸然！」(盤洲文集，卷九，西瓜)。又曰：「四夷附錄所載，西瓜、先君特以獻，故禁圃及鄉圃種之，皆碩大，西瓜始入中國。」(同上書，卷七十四，先君述)。

(註一一一) 唐白居易種荔枝於忠州。黃庭堅謂：「戎州荔子，歲登一種柘枝頭，出於遏臘乎？大如雞卵，味極美，每斤才八錢。」(豫章黃先生文集，卷十九，與王觀復書三首)。陸放翁詩：「江驛山程日夜馳，筠籠初折露猶滋。星毬皺玉雖奇品，終憶戎州綠荔枝。」（劍南詩稿，卷十一，莆陽餉荔子）。王十朋詩：「夔門又見荔枝紅」。（梅溪王先生文集，後集，卷十四，拾荔枝核欲種之戲成一首）

（註一一二）蘇轍詩：「蜀中荔支出嘉州，餘波及眉半有不？……近聞閩尹傳種法，移種成都出巴峽。名園競擷絳紗苞，蜜漬瓊膚甘且滑。北遊京師墮紅塵，箬籠白曬稱最珍。」（欒城集，後集，卷二，奉同子瞻荔支歎一首）。唐代交州荔枝貢長安，只七驛，自南平取道涪州達州以入子午谷，蓋經夔峽一帶，故川東荔枝，或由交州移植。

（註一一三）陸放翁集，劍南詩稿，卷十六，得所親廣州書。

（註一一四）蘇東坡集，後集，卷五，食荔枝二首。

（註一一五）元豐類稿，卷三十五，福州擬貢荔枝狀，並荔枝錄。

（註一一六）梅溪王先生文集，後集，卷十八。

第九章　社會風俗(二)

第七節　婚姻喪葬

宋代之結婚年齡，雖沿唐開元之制，但司馬氏書儀，定男子爲十六歲以上，女子爲十四歲，(註一)朱子家禮亦如之。宋刑統規定：凡同姓不婚，宗妻不婚，表親不婚，(註二)堂外甥女不婚，(註三)如違各杖一百並離之。又良賤不婚，僧道不婚，娶同族之寡婦，於禮亦非宜。父母及夫喪，不得嫁娶。財婚嘗見於帝系間，士庶可知，故進士登科，娶妻論財。或則貪女家之富而欲與之締婚，如仁宗謀立富人陳氏女爲后，(註四)其例也。或則貪男家之貨而竟妻之以女，宗室以女賣婚民間，又其例也。(註五)當仁宗時，曾禁以財冒充士族而娶宗室女者，然宗女當嫁，皆富家大姓以貨取，不復事銓擇如故也。因此，熙寧十年，詔嫁宗女，則令其婿召保，其妄冒成婚者，以違制論。又詔宗室嫁娶，不得與雜類之家爲婚。(註六)然元祐初，宗室女聽編民通婚，皆予官，民爭市婚爲官戶。朱彧謂：「近世宗女既多，宗正立官媒數十人掌議婚，不限閥閱。富家多賂宗室求婚，苟得一官，以庇門戶。後相引爲親，京師富人如大桶張家，至有三十餘縣主。」(註七)前述之禁令，徒爲具文。宋人不復以氏族家世爲重，王公之女，苟貧乏有盛年而不能嫁者，閭閻富室便可以婚侯門，婿甲科。至寧宗朝，詔禁宗室毋與胥吏通婚，遂著爲令焉。

婚姻憑媒，先使媒婦通意，俟女家許之，然後遣使者納采。(註八)汴京風俗，將爲婚姻者先相婦，「相媳婦，卽男家親人或婆往女家，看中卽以釵子插冠中，謂之插釵子；或不入意，卽留一兩端綵段與之壓驚，則此親不諧矣。」(註九)媒婦有時不可信，「古人謂周人惡媒，以其言語反覆，給女家則曰男富，給男家則曰女美。近世尤甚，給女家則曰男家不求備禮。且助出嫁遣之資；給男家則厚許其所遷之賄，且虛指數目。若輕信其言而成婚，則責恨見欺，夫妻反目，至於仳離者有之。」(註一〇)「祖無擇晚娶徐氏，有姿色。議親之時，無擇爲館職，徐氏必欲嘗相其人，而無擇貌寢，恐不得當也。同舍馮當世，丰姿秀美，乃諭媒妁，竢馮出局，揚鞭躍馬，經過徐居，曰：此祖學士也！徐窃窺甚喜，成婚始寤其非，竟以反目離婚。」(註一一)士大夫求婚有啓，(註一二)並有定儀，(註一三)女家皆有回書。宋律規定，諸許嫁女已報婚書及有私約，不得自悔，雖無許婚之事，但受娉財亦是。男家自悔者無罪，不得追還娉財。(註一四)司馬氏書儀，雖列納采、問名、納吉、納幣、請期、親迎六禮，但士庶人婚禮，併問名於納采，併請期於納成。(註一五)宋禮所存者納采、納吉、納徵、親迎四禮而已。惟朱子家禮並將納吉刪去，蓋得吉則送禮幣，不必於納徵之先，再有納吉之程序，故只存三禮。納采用雁，其無雁奠者，三舍生聽用羊，庶人聽以雉及雞鶩。親迎日，設禰位於廳，父祝告於親迎，子將行，跪受父命。男家以車子或花轎子發出，引至女家迎親，陳雁於階，報承父命，成茲嘉禮。主人答如命。女盛服，父母戒之。女出，婿先還，俟於門外，新婦用轎，蒙首；下轎，有陰陽執斗，內盛穀豆錢菓草節等咒祝，望門而撒，謂之撒穀。婿揖婦降自西階，至婦轎所立，舉簾以俟。入室，設對位，婿及婦皆卽坐，受醆飲者三，出見祖禰見舅姑而成婚。歐陽修謂：「今之士族，當婚之夕，以兩椅相背，置一馬鞍，反令婿坐其上，飲以三爵，女家遣人三請而後下，乃成婚禮，謂之上高坐。凡婚家，舉族內外姻親與其男女賓客，堂上堂下竦立而視者，惟婿上高坐爲盛禮爾。」(註一六)民間婚娶，仍涉於侈，樂官伎女茶酒之役皆備，其儀名色亦多。如元祐大婚，呂公著當國，執議不用樂，宣仁太后云：「尋常人家，娶個新婦，尚點幾個樂人，如何官家卻不得用？」習俗移人，雖古禮亦莫之遵也。

離婚不算稀奇，雖公主亦然，嘉祐二年，李瑋尙福康公主，不協，卒告離絕。章元弼娶中表陳氏，甚端麗。元弼貌寢陋嗜學，初眉山集有雕本，元弼得之也，觀讀忘寢，陳氏有言，遂求出，元弼出之。(註一七)離婚後，返回父母家，曰歸宗，然後俟擇婿再婚。宋以前，寡居不嫁者固多，但婦人再嫁，仍視爲非過惡，故婦人皆不諱再嫁。從一而終之義，莫如宋以後之甚。程頤認爲孀婦不可取，「凡取以配身也，若取失節者以配身，是己失節也。」或問：「孤孀貧窮無託者可再嫁否？」答之曰：「只是後世怕寒餓死，故有是說，然餓死事極小，失節事極大。」(註一八)於是朱熹以此勸其妹守節曰：「昔伊川先生嘗論此事，以爲餓死事小，失節事大，自世俗觀之，誠爲迂濶，然自知經識理之君子觀之，當有以知其不可易也。」(註一九)自經程朱倡爲夫死不嫁之說後，世俗遂以再嫁爲奇恥。以道學家之氣節論衡之，婦人夫死既不可再嫁，視之爲天經地義矣，但夫以婦死又何以許再娶者，蓋以「養親承家，祭祀繼續，不可無也。」(註二〇)宋律規定：「諸有妻更娶妻者，徒一年，女家減一等。

圖四十　馬和之女孝經圖(國立故宮博物院藏品)

若欺妄而娶者徒一年半，女家不坐，各離之。諸以妻爲妾，以婢爲妻者徒二年，以妾及客女爲妻，以婢爲妾者徒一年半，各還正之。若婢有子及經放爲良者聽爲妾。」(註二二)民間女幼許嫁未行，而養於婿氏者曰養婦，或曰童養媳，其爲名最早當始於宋，因「息婦」稱謂，至宋始有，以後遂變爲「媳婦」

故耳。（註二二）婦女以奴爲美稱，（註二三）閨閣女稱小娘子，小姐乃賤者之稱，如宮婢、娼妓則稱之也。招夫爲婚，宋代已有，袁采世範有接脚夫。（註二四）北宋時，京師買妾，其身價有騰至五千緡者，西北人名妾曰祗候人，或云左右人；浙人則稱之爲貼身。冥婚，盛行於北俗。典雇妻妾之風，始於宋元之際，有賜宮女爲妻者，陳修年七十三，中探花及第，尙未有室，仁宗爲選一宮女賜之。

與外國和親，宋人力斥其非，認爲漢開其端，實君臣莫大耻辱。宋祁撰新唐書突厥傳，蓋嘗有此言也。故迄宋世，與回鶻雖稱甥舅國，不過沿唐與五代之舊稱，而未嘗一有和親之事。慶曆二年，契丹求取關南地，朝廷欲以信安僖簡王允寧女許配契丹皇子梁王洪基，富弼以爲不可。金主固曾以趙氏女爲后爲妃，此乃由汴京陷落，被擄而迫充之，與韋妃之爲蓋天大王妻之例相類，不能與漢唐之和親同視也。宋不特斷絕和親，且嘗禁止族際通婚，如至道元年，太宗禁西北緣邊諸州民與內屬戎人婚娶是也。

唐朝崔盧李鄭及城南韋杜二家，蟬聯珪組，各守閥閱，宋不及其盛，但呂韓二族，亦號爲巨室。呂蒙正一家，相繼執政歷七朝，後爲東萊呂氏。韓族有桐木韓家（京師第門有桐木，韓億之家）與魏國韓氏（琦），兩韓並盛。元祐間，韓氏子弟，布滿中外，朝之要官，多其親黨。兩浙錢氏惟演兄弟，濮州李迪之一家，皆有盛名。至於大臣，亦多稱名門。韓億與李若谷未第時皆貧寠，同應舉，後皆至參政，子孫數代，婚姻不絕。名門卿士，每姻婭相聯，如王曾爲李沆之婿、王拱辰歐陽修爲薛奎之婿、富弼爲晏殊之婿，李淸臣爲韓琦之婿等是。大臣家法，素重謹嚴。竇儀爲尙書，弟儼、侃、

衆。

修，莫敢不從命，韓億教子亦然。范仲淹常以儉約戒諸子。司馬光治家，謹守禮法，以御羣子弟及家坐客蹁躚不安求去，省華笑曰：「此兒子輩爾。」其母馮氏，殊嚴肅，訓諸子尤力，不許諸子事華焉。陳堯咨兄弟，既登將相，其父左諫議大夫陳省華尙無恙，省華每與客坐，則堯咨兄弟左右侍立，偁、僖皆相繼登科，儀性嚴重，家法整肅，每對賓客，則二侍郎、三起居、四參政、五補闕皆侍立

開寶元年，詔荆蜀民，祖父母、父母在者，子孫不得別財異居。二年，詔川峽諸州，察民有父母在，而別籍異財者論死。淳化元年，禁川峽民父母在而出爲贅婿。大中祥符二年，詔誘人兄弟析家產者，令所在擒捕流配。其於維護家庭完整，敎民厚俗之意，可謂深且篤矣。(註二五)是以大家庭之累世同居，見於宋史孝義孝友傳者五十人。襄陽縣民張巨源五世同居，內無異爨，太平興國五年，詔旌表門閭，巨源嘗習刑名書，特賜明法及第。(註二六)李昉之家，居京城北崇慶里，七世不異爨，至宗謂之子昭遜，稍自豐殖，爲族人所望，然家法亦不隳，從子昭遘，性和易不忤物，善守前規。(註二七)淳化元年，江州陳競十四世同居，長幼一千二百餘口，常苦食不足，令歲貸官米二千石。(註二八)二年十月，信州言玉山縣民兪攜(一稱儁)，八世同居，內無異爨，詔旌表其閭，常稅外，免其他役。(註二九)至道二年六月，溫州言：永嘉縣民陳侃，五世同居，內無異爨，侃事親至孝，爲鄉里所稱，詔旌表門閭，賜其母粟帛。(註三〇)方綱，池州靑陽人，八世同爨，家屬七百口，居室六百區，每旦鳴鼓會食。嘗出稻五千篡，賑貸貧民，眞宗詔旌其門，並蠲其戶雜科。又有莫州高珪，永定軍朱仁貴，潞州邢

濬，相州趙祚，八世同居，均詔加旌表。大中祥符四年，越州言：會稽縣民裘承詢，居雲門山前，同居十九世，家無異爨，子弟習絃誦，鄉里稱其敦睦，詔旌其門閭。(註三一)江州民陳蘊，聚居二百年，食口二千，而蘊年八十，且有行義，天聖元年州以聞，乃授蘊本州助教。(註三二)至於大姓聚居，所在有之，如青州大姓麻氏，其富冠四方，縱橫臨淄。契丹之寇澶淵也，兵至臨淄，麻氏率莊人千餘，據堡自保，鄉里賴之，全濟者甚衆。(註三三)南宋時，理宗朝有潭州李符，度宗朝有高郵夏世賢，皆累世同居。陸九淵傳，其家累世義居，推一人最長者爲家長，家事悉聽命，子弟分任家事，田疇庖爨，賓客之事各有主。李庭芝傳，其家亦十二世同居。父祖有慮子孫爭訟者，每預立遺囑，故遺囑之文，皆賢明之人，爲身後之慮，然亦須公平，乃可以保家。(註三四)父曰爹，母曰媽。男子冠而字，字者表其取名之義，士大夫重之，常求學者撰字說以解其義。命字由父母家長，而朋友亦可代爲之。子歸宗，宋仍許之。有本身直接歸宗者，范仲淹二歲喪父，母改適朱氏，冒朱氏舉學究，及第後登仕版，迎養生母，天禧元年，二十九歲始復范姓。有遺子歸宗者，魏了翁之父孝璹，由其舅高黃中自襁褓間取養。後孝璹既知己爲魏氏子，嘗欲歸宗，但以請本州文解，有名籍在禮部，恐費申明，遂遣了翁代歸本姓。

奴婢之畜養，法律有保護之文。開寶二年詔：奴婢非理致死者，即時檢視，聽其主速自收瘞；病死者不須檢視。四年詔：應廣南諸郡民家有收買到男女爲奴婢，轉將傭僱以輸其利者，今後並令放免，敢不如詔旨者，決杖配流。淳化三年詔：陝西沿邊諸郡，先歲饑貧民，以男女賣與戎人，宜遣使者與本道轉運使分以官財物贖還其父母。至道二年，詔江南、兩浙、福建州軍，貧人負富人息錢無以償，沒入男女爲奴婢者，限詔到並令檢勘還其父母，敢隱匿者治其罪。咸平元年詔，川陝路理逋欠官物，不得估其家奴婢價以償。六年，詔士庶家僱僕有犯，不得黥其面。天禧三年，詔自今掠賣人口入契丹界者，首領並處死；誘致者同罪；未過界者決杖黥配。凡此皆明令保護人民，不得擅賣爲奴婢也。其虐殺奴婢，更嚴予懲處。大理寺言：按律，諸奴婢有罪，其主不請官司而殺者杖一百，無罪而殺者徒二年。又諸條主毆部曲至死者徒一年；故殺者加一等。其有愆犯決罰至死及過失殺者勿論。自今人家傭賃當明設要契及五年主因過毆決至死者，欲望加部曲一等，但不以愆犯而殺者，減常一等。如過失殺者，勿論，從之。(註三五)羅願謂：「今世所云奴婢，一概本出良家，或迫饑寒，或遭誘略，因此終身爲賤，誠可矜憐！臣昨來被旨權贛州日（乾道八年），捕治土人往廣南盜牛者，其間往往並掠其小兒以來。臣今假守鄂州（淳熙六年），又見民間所須僮奴，多藉江西販到，其小者或纔十歲左右，既離地頭，無復幾察。官吏不肖，或乃計口收其稅錢，歲時窃來，亹亹不已。臣嘗窮正其罪，選謹信人，給與路費，牒元來州縣，迭還其家。」(註三六)則奴婢之來源，多由被擄掠而販售之也。

北宋初年，重視喪禮，士大夫貴族之家，儀色甚盛。民間亦有用僧道誦經設齋作醮作佛事，曰資冥福也，出葬則用以導引。(註三七)仁宗崩，遺詔到洛，城中軍民以至婦孺，朝夕東向號泣，紙煙蔽空。京師罷市，巷哭數日不絕，雖乞丐與小兒，皆焚紙錢哭於大內之前。(註三八)故皇帝之喪，舉國致哀。紹聖元符間，喪祭用紙錢，以禮鬼神。又以蘆葦紮鬼屋，外糊彩紙，屋內裝潢器物，悉如生人所用，定期燒化。政和初，又造紙人或紙馬等置紙屋門口，一併焚而殉葬。葬法豐嗇不一，程頤主張鑿地必四五丈之深，但薄葬無如宋祁者，其治戒一文曰：「吾歿後，稱家之有無以治喪，斂用濯浣之衣，鶴氅裘，紗帽線履，三日棺，三月葬，愼無爲陰陽拘忌。棺用雜木，漆其四會，三塗即止，使數十年足以厝吾骸朽衣巾而已。……掘冢三丈，小爲冢室，劣取容棺及明器。左置明水二盎，酒二缸；右置米麵二奩，朝服一稱，私服一稱，鞾履一副。左刻吾誌，右刻吾銘，即掩壙，惟簡惟儉。」(註三九)朱熹言葬法：「於穴底先鋪炭屑，築之厚一寸許。其上之中，即鋪沙灰，四傍即用炭屑，側厚寸許，下與先所鋪者相接。築之既平，然後安石椁於上，四傍又下三物如前。椁底及棺四旁上面，復用沙灰實之。俟滿加蓋復布沙灰，而加炭屑於其上，然後以土築之，盈坎而止，蓋沙灰以隔螻蟻，愈厚愈佳。」(註四〇)如用木椁，則塗瀝青。士大天或巨室始有此葬法，墓有表，表其人之大略，可以傳世者。又有墓誌，敘次其族世名字事始末而銘之，碑則曰神道碑。

宋人重葬術，於是有風水之說。程頤之葬說，以爲地之美者，則其神靈安，子孫盛。所謂地之美者，土色之光潤，草木之茂盛，乃其驗也。父祖子孫同氣，彼安則此安，彼危則此危。此爲擇地之美惡，而非陰陽家所謂禍福者也。司馬光葬論，以爲葬者藏也，孝子不忍其親之暴露，故斂而藏之。風水之說，始於郭璞，其要旨謂本骸乘氣，遺體受蔭，所撰葬書二十篇，自宋始出。但蔡元定深覺其妄，刪去十二，而存其八篇。王禕撰青巖叢錄，曰擇地以葬，其術本於郭璞。後世爲其術者，「分爲二宗：一曰宗廟(屋宅)之法，始於閩中，其源甚遠，至宋王伋乃大行。其爲說主於星卦，陽山陽向，陰山陰向，不相乖錯，純取八卦五星，以定生尅之理，其學浙中傳之，而用之者甚鮮。一曰江西之法，肇於贛人楊筠松（唐代人）、曾文迪（筠松弟子），及賴大有、謝子逸輩，尤精其學。其爲說主於形勢，原其所起，卽其所止，以定位向，專指龍穴砂水之相配，而他拘泥在所不論。今大江以南，無不遵之者。二宗之說雖不相同，然皆本於郭氏者也。」（註四一）孝宗年間，地理之學，二家之說俱盛行，而贛人形氣說較優。（註四二）形氣說者，專言山龍脉絡形勢，形者山阜之象形於金木水火土也。氣者山川之脉理，或聚或散，聚者其生氣也。賴文俊，字太素，處州人，好相地之術。世稱賴布衣，有催官論二卷，分龍穴砂水四篇。蔡元定有發微論，乃相地之書。朱熹信元定陰陽風水之說，上書建議，乞以武林山爲孝宗皇堂。（註四三）廖瑀，字伯玉，寧都人，建炎中，以茂異薦不第，後精父三傳堪輿之術，卜居金精山，自稱金精山人，所著有懷玉經，鄒寬（字仲容）、傅伯通皆師其術。卜則巍，字應天，贛縣人，精形家言，著作甚富，所傳雪心一賦，旨約而該，業地理者咸宗之。（註四四）嘉定間，王彥正以風水名家，善靑囊之術。（註四五）北宋時，貴人多葬洛陽，埋葬則好講風水。南方用靑囊，西方用一行，而南人試葬地，用五色帛或器貯水養小魚，埋地下經年，以卜地之美惡。熙寧二年，洪适之高祖士良疾革，命家人曰：「葬我必於樂平滃港倉下，後世靑紫當不絕，科第蟬聯，子孫官者絡繹。」（註四六）蘇軾居陽羨，而葬嵩山。岳飛母葬廬山，曾言葬地雖佳，但處王樞密敏之先塋坐向既同，龍虎無異，掩壙之後，子孫須有非命。（註四七）此皆因信風水而葬也。道學家雖講義理，然程朱亦篤信風水。程頤之葬說，擇地有五事：相地須使異日決不爲路，不置城郭，不爲溝渠，不爲貴人所奪，不致耕犂所及，此大要也。其穴之法，南向北首。(註四八)朱熹謂：「伊川先生力破俗說，然亦自言須是風順地厚處乃可，然則亦須稍有形勢，拱揖環抱無空闕處，乃可用也，但不用某山某水之說耳。」(註四九)晦翁聽蔡元定預卜藏穴，門下裹糗行紼，六日始至。通常講風水之說者，先擇山水環抱，略成氣象之形勢，其次，注意葬地深淺高低，有無水石；又其次，葬時擇年月日時，以趨吉避凶，此其大略也。

無主孤骸，常由官方收斂。天禧中，於京城外四禪院，買地瘞無主骸骨，每具官給工値六百文，幼者半之，此義塚之法也。嘉祐七年，詔開封府市地於四郊，給錢瘞貧民之不能葬者。元豐二年三月詔：開封府界僧寺旅寄棺柩，貧不能葬，歲久暴露，其令逐縣度官不毛地三五頃，聽人安葬。無主者官爲瘞之。民願得錢者，官出錢貸之，每喪毋過二千，勿收息。崇寧三年，仿其法而推廣之，擇高曠不毛之地，置漏澤園，凡寺觀寄留轄櫝之無主者，若暴露遺骸悉瘞其中，縣置籍，監司巡歷檢察。應葬者，人給地八尺，方磚二口，以原寄所在鄉貫及月日姓名，以千字文爲號。若其子孫父母兄弟今葬字號年月日，悉鐫訖磚上，立峯記識如上法。無棺柩者，官給以葬，而子孫親屬認識。(註五〇)建炎紹興之際，兵荒馬亂，仍維持安濟坊與漏澤園。慶元六年，各路提舉司，令各州縣置義塚，以瘞無力葬者。

火葬之俗，自北魏始，唐代亦有之。貞觀八年，突厥頡利可汗卒，命國人從其俗焚尸。宋建隆三年，禁民火葬，但汴京仍行之，無墳墓，每寒食，則野祭而已。其後盛行於江南。紹興二十七年，監登聞鼓院范同言：「今民俗有所謂火化者，生則奉養之具，惟恐不至，死則燔爇而捐棄之，何獨厚於生而薄於死乎？甚者焚而置之水中，識者見之動心。國朝著令，貧無葬地者，許以係官地安葬。河東地狹人衆，雖至親之喪，悉皆焚棄。韓琦鎮并州，以官錢市田數頃，給民安葬，至今爲美談。然則承流宣化，使民不畔於禮法，正守臣之職也。方今火葬之慘，日益熾甚。事關風化，理宜禁止。仍飭守臣，措置荒閑之地，使貧民得以收葬，少裨風化之美。」（註五一）從之。廣東新州，亦有火葬，知州黃勳（紹興二年進士）曾禁之。景定二年，黃震爲吳縣尉，乞免再起化人亭，狀曰：「照對本司久例，有行香寺曰通濟，在城外西南一里。本寺久爲焚人空亭，約十間以罔利。合城愚民，悉爲所誘，親死卽舉而付之烈燄，餘骸不化，則又舉而投之深淵。」（註五二）焚尸火葬，原爲浮屠之俗，宋人習之，遂流行於河東兩浙也。

第八節　養老恤族

養老慈幼，原爲社會救濟政策之一，京師早有此類機關之設立。宋之爲治，一本於仁厚，凡振貧恤患之意，遇有疾疫饑荒，贈醫贈藥，施粥施棺，視前代尤爲切至。北宋時，京師有舊置東西福田院，以廩老疾孤窮乞丐，給錢米者才二十四人。英宗命卽寶勝壽聖禪院，增置南北福田院，幷東西各建屋五十間，所養各以三百人爲額，歲出內藏錢五千貫給其費。其後又賜以泗州大聖塔施利錢，增爲八千貫。（註五三）熙寧二年，京師雪寒，詔老幼貧疾無依丐者，聽於四福田院額外給錢收養，至春稍暖則止，此爲臨時救濟之性質。元祐四年，蘇軾知杭州，裒羨錢二千緡，黃金五十兩，於城中置病坊一所，名安樂，以僧主之。五年，醫愈千人，後改爲安濟坊。元符元年，詔鰥寡孤獨貧乏不能自存者，以官屋居之，月給米豆，疾病者仍給醫藥。崇寧初，詔州縣立安濟坊、居養院。安濟坊沿唐代養病坊之制，爲贈醫機關，醫治病人。居養院爲救濟機關，收養鰥寡孤獨疾病癃老之人，京師亦置之，給常平米，厚至數倍，差官卒充使，令置火頭，具飲膳。給以衲衣絮被。(註五四)居養安濟錢米頗贍，供養相同。楊時曰：「學校養士，反不如居養安濟所費之多。如餘杭學今止有三十人，而居養安濟乃共有百餘人。居養安濟，人給米二升，錢二十，爲士者所給如其數，加四錢耳。」(註五五)宣和二年定，居養人日給秔米或粟米一升，錢十文省，十一月至正月，加柴炭錢五文省，小兒並減半，比崇寧制略爲裁減。南宋時，地方之救濟機關，或稱居養院，或稱養濟院，各地常有之。例如江南西路轉運司養濟院，在隆興府城，由轉運副使芮燁等，於淳熙七年以私錢創建，原有資錢三百七十萬，買田一千一百一十一畝，歲入租穀九百八十三斛。其詳則書之牘，藏之有司，而院之戒令糾禁，亦書而揭之堂上。其後遷至東和門內故歸德佛舍之廢址，增屋十八間，並得故僧田六頃，又市田七十畝，歲收穀三百餘斛，錢五萬有奇以充入之，供給貧苦者之藥與食，不幸死者亦爲之斂葬焉。(註五六)紹熙五年，臨安府仁和、錢塘縣養濟院，收養流寓乞丐，令切實救濟，不得徒爲具文。福建莆田廖德明，慶元二年，在縣南設仁壽廬，使凡道路往來疾病之民，咸得以託宿而就哺。又請於郡，得廢寺之產，歲入穀以供藥餌，並立條約，以垂久遠。(註五七)嘉泰元年三月和州言：以本路提舉韓挺申請置居養院，收養孤老殘疾不出外乞食之人，起造屋宇，支給錢米，揀選僧行看管。計有瓦屋二十五間，可收養一百餘人。共用錢三千二百餘貫，米二十石。去年十二月建，收養六十九人，每人日支米一升，至歲終共支米一百七十二石八斗五升。差醫人診候，病人用藥調治，有過往客臥病在道路或店肆，不能行動者，許抬入院，官給錢米藥餌，俟其病愈，再給錢米津貼遣還鄉。（註五八）紹定初，魏了翁由靖州歸里後，在瀘州城南設有養濟院，有序有室，有府有庖，歲收穀八千三百斛，約其所入，可飽百人，乃增置官田，增養百人，凡老廢有養，疾病有療，孤幼者可以成人，鰥寡者有告也。又設有義塚，凡無主之喪，合而藏之，分左右以別男女，書年狀以待子孫，撥田租十三斛以爲掩埋之經費，命鄉之仕者司其事焉。（註五九）

孤貧小兒，收容教養。政和七年，成都府路提舉常平司，乞請居養院孤貧小兒可教者，令入小學聽讀，各人衣服襴鞹，於常平頭子錢內支給置造。詔從之。餘路依此（註六〇）。遺棄小兒，雇人乳養，仍聽宮觀寺院養爲童行。慶元元年，詔兩淛、兩淮、江東路提舉司行下所部荒歉去處，各州縣各選清強官一員，遇有遺棄小兒，支給常平錢米措置存養。內有未能食者，雇人乳哺，其乳母每月量給錢米養贍。如願許收養爲子者，並許爲親子條法施行，務要實惠，毋致滅裂。（註六一）各地貧苦人家，常有棄嬰，尤其鄂岳間溺嬰之風甚盛。淳祐九年，詔給官田五百畝，命臨安府創慈幼局，凡貧家子多欲厭棄不育者，許其抱至局，書生年月日，「官給錢典，雇乳婦在局中。如陋巷貧窮之家，或男女幼而失母，或無力撫養拋棄於街坊，官收歸局養之。月給錢米絹布，使其飽煖。養育成人，聽其自便生理，官無所拘。若民間之人，願收養者聽，官仍給月錢一貫，米三斗，以三年住支。」(註六二)歲稔，小孩多入慈幼局，道無抛棄者。其他州軍縣，亦多仿置。

恤族者，巨卿大夫以其資財賙濟宗族之舉也，以范仲淹所創之義莊爲最著。蘇州范氏之族，聚居者九十人，仲淹建義宅，置義田義莊以收其宗族，又設義學以教子弟，教養之法咸備。初，仲淹在蘇州吳長兩縣置田十餘頃，歲入粳稻八百斛。其所得租米，自遠祖而下諸房宗族，計其人口，供給衣食及婚嫁喪葬之用，謂之義莊。於諸房中選擇子弟一名管理，旋立定規矩，令諸房遵守，其規矩如下：

「一、逐房計口給米，每口一升，並支白米；如支糙米，卽臨時加折（支糙米每斗折白米八升，逐月實支每口白米三斗）。

一、男女五歲以上入數。

一、女使有兒女在家及十五年，年五十歲以上聽給米。

一、冬衣每口一疋，十歲以下五歲以上，各半疋。

一、每房許給奴婢米一石，卽不支衣。

一、有吉凶增減口數，畫時上簿。

一、逐房各置請米曆子一道，每月末於掌管人處批請，不得預先隔跨月分支請，掌管人亦置簿拘轄，簿頭錄諸房口數爲額，掌管人自行破用或探支與人，許諸房覺察勒賠塡。

一、嫁女支錢三十貫（七十七陌，下並准此），再嫁二十貫。

一、娶婦支錢二十貫，再娶不支。

一，子弟出官人，每還家待闕、守選、丁憂、或任川廣福建官留家鄉里者，並依諸房例，給米絹，並吉凶錢數。雖近官實有故留家者，亦依此例支給。

一、逐房喪葬，尊長有喪，先支一十貫；至葬事，又支一十五貫。次長五貫，葬事支十貫。卑幼十九歲以下喪葬，通支七貫。十五歲以下支三貫。十歲以下支二貫。七歲以下及婢僕皆不支。

一、鄉里外姻親戚，如貧窘中非次急難，或遇年饑不能度日，諸房同共相度詣實，卽於義田米內量行濟助。

一、所管逐年米斛，自皇祐二年十月支給逐月餱糧幷冬衣絹，約自皇祐三年以後，每一年豐熟，椿留二年之糧。若遇凶荒，除給餱糧外，一切不支。或二年糧外，有餘卻先支喪葬，次及嫁娶；如更有餘，方支冬衣。或所餘不多，卽吉凶等事，衆議分數，均匀支給。或又不給，卽先凶後吉，或凶事同時，卽先尊口後卑口，如尊卑又同，卽以所亡所葬先後支給。如支上件餱糧吉凶事外，更有餘羨數目，不得糶貨。椿充三年以上糧儲，或慮陳損，卽至秋成日，方得糶貨，回換新米椿管。

右仰諸房院依此，同共遵守。

皇祐二年十月日資政殿學士尚書禮部侍郎知杭州事范押。」

其後諸房子弟，有不遵守，范純仁乃奏請朝廷特降指揮下蘇州，令官司受理。治平元年四月，劄付蘇州照行。熙寧以至政和，隨事立規，關防益密。南宋紹興五年，義宅焚燬，族人散亡，尚餘二千。慶元二年，范良器恢復義宅，就立新倉，揭舊規於堂上，刻田籍於石。嘉定三年十一月七日，續定規矩，是關於補助貢舉考試、掌管問題（有奴婢米支）、給領、螟蛉子、私生子不受權利等修正。(註六三)嘉熙四年，范氏義莊田在吳縣者八百九十七畝，得米二百九十二石一斗；在長洲縣者二千二百七十一畝三角，得米六百八十一石五斗二升。至元朝至元二十七年，義莊義學仍存在。

范氏義莊之制，影響頗大，各朝之元臣故老，多仿之以濟貧活族。吳奎少時家貧，晚貴，以錢三百萬，置義莊以賙濟親戚朋友之貧乏者。湘陰富室鄧沿（循道），以族大口衆，貧富錯居，欲贍給其貧者，體其父之遺志，於宣和四年元旦，與族人爲約券，月給穀一斛。男議婚者錢十貫，再婚減其半。女議嫁者錢三十貫，再嫁則減其半。備喪者錢十貫，及葬更給其半，刻石以誌之。(註六四)紹定年間，洪雅毛拱己，承其先人之志，有慈惠莊，爲田百畝，歲儲其入，凡婚嫁喪葬疾病，而貧不能自贍者給之。(註六五)衡山趙氏義學莊，規模則較大。「衡山縣崇嶽鄉紫蓋里，地名神前，趙氏之祖居，至趙忠肅公（趙方）而族益蕃。忠肅公既貴，欲倣范氏義莊以厚其宗而未果。及丞相衛公世載勳勞，致位二府，欲成先志，乃設趙氏義學莊，置田五千畝。莊有籍，五世以下入籍，計口衣食，悉遵高平之約，惟嫁娶喪葬各加厚。至於笄冠乳哺有助，尤貧者計口歲有特給。又沾丐及於異郡之族，則推廣舊約之所無者。擇族之賢而廉者二人，掌其出納。既成，援嘉定免文正義田科敷之詔，拜疏於朝，璽書報可。又曰有養而無敎未也，乃立義學。中祠忠肅，旁闢四齋，歲延二師，厚其餼廩，子弟六歲以上入小學，十二歲以上入大學。課試中前列者有旌，發薦擢第銓集補入者有賻。學規如嶽麓石鼓，而所以禁切其佻闥，純糾其踰禮敗度者尤嚴。」（註六六）由上述數例，可見私人之救濟敎養機關，亦遍設於各地也。

京洛士大夫之家，聚族既衆，必立規式爲私門久遠之計，是謂家訓。司馬光有家範訓要十卷。熙寧中陳直有養老奉新書十五篇，皆爲居家雜儀，以約束子弟。各地巨族，又常訂有鄉約或義約，本出入相友，守望相助，疾病相扶持之義。張橫渠之敎，以禮爲先，熙寧中，其弟子呂大鈞條爲鄉約，關中風俗，爲之一變。此著名之藍田呂氏鄉約，茲錄其內容如下：

一、德業相勸

德謂見善必行，聞過必改，能治其身，能治其家，能事父兄，能敎子弟，能御僮僕，能肅政敎，能事長上，能睦親故，能擇交遊，能守廉介，能廣施惠，能受寄託，能救患難，能導人爲善，能規人過失，能爲人謀事，能爲衆集事，能解鬥爭，能決是非，能興利除害，能居官奉職。業謂居家則事父兄，敎子弟，待妻妾，在外則事長上，接朋友，敎後生，御僮僕。至於讀書治田，營家濟物，畏法令，謹租賦，如禮樂射御書數之類，皆可爲之。非此之類，皆爲無益。

右件德業同約之人，各自進修，互相勸勉。會集之日相與推舉，其能者書於籍，以警勵其不能者。

二、過失相規

過失謂犯義之過六，犯約之過四，不修之過五。犯義之過：一曰酗博鬥訟，二曰行止踰違，三曰行不恭遜，四曰言不忠信，五曰造言誣毀，六曰營私太甚。犯約之過：一曰德業不相勸，二曰過失不相規，三曰禮俗不相成，四曰患難不相恤。不修之過：一曰交非其人，二曰遊戲怠惰，三曰動作威儀，四曰臨事不恪，五曰用度不節。

右件過失，同約之人，各自省察，互相規戒。小則密規之，大則衆戒之。不聽則會集之日，值月以告於約正。約正以義理誨諭之，謝過請改，則書於籍以俟。其爭辯不服與終不能改者，皆聽其出約。

三、禮俗相交

禮俗之交，一曰尊幼輩行，二曰造請拜揖，三曰請召迭迎，四曰慶弔贈遺。

尊幼輩行凡五等：曰尊者（謂長於己二十歲以上，在父行者），曰長者（謂長於己十歲以上，在兄行者），曰敵者（謂長於己上下不滿十歲者，長者爲稍長，少者爲稍少），曰少者（謂少於己十歲以下者），曰幼者（謂少於己二十歲以下者）。造請拜揖凡三條：曰凡少者幼者於尊者長者，歲首、冬至、四孟月朔、辭見、賀謝，皆爲禮見。此外候問起居質疑白事，及赴請召，皆爲燕見。尊者受謁不報。長者歲首冬至具牓子報之，如其服，餘令子弟以己名牓子代行。凡敵者，歲首冬至辭見賀謝相往還。凡尊者長者，無事而至少者幼者之家，唯所服。曰凡見尊者長者，門外下馬，俟於外次，乃通名。主人使將命者先出迎客，客趨入至廡間。主人出降階，客趨進，主人揖之，升堂禮見，四拜而後坐。燕見不拜。退，則主人送於廡下，若命之上馬，則三辭，許則揖而退，出大門，乃上馬；不許，則從其命。凡見敵者，門外下馬，使人通名，俟於廡下，或廳側，禮見則再拜，退則主人請就階上馬。凡少者以下，則先遣人通名，主人具衣冠以俟。客入門下馬，則趨出迎揖，升堂來報，禮則再拜謝，退則就階上馬。曰凡遇尊長於道，皆徒行，則趨進揖。尊長與之言，則對；否則立於道側以俟。尊長已過，乃揖而行。或皆乘馬，於尊者則廻避之；於長者則立馬道側，揖之，俟過，乃揖而行；若己徒行，而尊長乘馬，則廻避之。若己乘馬，而尊長徒行，望見則下馬前揖，己避亦然。過既遠，乃上馬。若尊長令上馬，則固辭。遇敵者皆乘馬，則分道相揖而過。彼徒行而不及避，則下馬揖之。

請召送迎凡四條：曰凡請尊長飲食，親往投書，既來赴，明日，親往謝之。召敵者以書柬，明日交使相謝。召少者用客目，明日，客親往謝。曰凡聚會皆鄉人，皆坐以齒；若有親則必序；若有他客有爵者，則坐以爵；若有異爵者，雖鄉人亦不以齒。若特請召，或迎勞出餞，皆以專召者爲上客，如婚禮則姻家爲上客，皆不以齒爵爲序。曰凡燕集初坐，別設桌子於兩楹間，置大杯於其上，主人降席立於桌東西向，上客亦降席立於桌西東向。主人取杯親洗，上客辭，主人置杯桌子上，親執酒斟之，以器授執事者，遂執杯以獻上客。上客受之，復置桌子上，主人西向再拜，上客東向再拜，興取酒東向跪祭，遂飲。以杯授贊者，遂拜，主人答拜。上客酢主人如前儀，主人乃獻衆賓如前儀，唯獻酒不拜。若婚會，姻家爲上客，則雖少亦答其拜。曰凡有遠出遠歸者，則迎送之。少者幼者不過五里，敵者不過三里，各期會於一處，拜揖如禮，有飲食則就飲食之。少者以下，俟其既歸，又至其家省之。

慶弔贈遺凡四條：曰凡同約有吉事則慶之，有凶事則弔之，每家只家長一人，與同約者俱往，其書問亦如之。若家長有故，或與所慶弔者不相接，則其次者當之。曰凡慶禮如常儀，有贈物或其家力有不足，則同約爲之借助器用，及爲營幹。凡弔禮聞其初喪，未易服，則率同約者深衣而往哭弔之，且助其凡百經營之事。主人既成服，則相率素幞頭素襴衫素帶（皆用白生紗絹爲之），具酒果食物而往奠之。及葬，又相率致賵，俟發引，則素服而送之。及卒哭，及小祥，及大祥，皆常服弔之。曰凡喪家不可具酒食衣服以待弔客，弔客亦不可受。曰凡聞所知之喪，或遠不能往，則遣使致奠，就外次，衣弔服，再拜哭而送之。過期年則不哭，情重則哭其墓。

右禮俗相交之事，值月主之。有期日者爲之期日。當糾集者，督其違慢。凡不如約者，以告於約正而詰之，且書於籍。

乏之。

四、患難相恤

患難之事七：一曰水火，二曰盜賊，三曰疾病，四曰死喪，五曰孤弱，六曰誣枉，七曰貧乏。

右患難相恤之事，凡有當救恤者，其家告於約正，急則同約之，近者爲之告約正，命值月徧告之，且爲之糾集而綳督之。凡同約者，財物器用車馬人僕，皆有無相假。若不急之用，及有所妨者，則不必借，可借而不借，及踰期不還，及損壞借物者，論如犯約之過，書於籍。鄰里或有緩急，雖非同約，而先聞知者，亦當救助。或不能救助，則爲之告於同約而謀之。有能如此，則亦書其善於籍，以告鄉人。」（註六七）

此藍田呂氏鄉約，朱熹取其他書及附己意稍增損之，爲月旦集會讀約之禮。衆推有齒德者一人爲都約正，有學行者二人副之。約中月輪一人爲值月。置三籍，凡願入約者書於一籍；德業可勸者書於一籍；過失可規者書於一籍。值月掌之，月終則以告於約正而授於其次焉。呂氏鄉約，有類於地方自治與社會教育之性質，其組織之要旨，以禮統馭全鄉份子之行爲，使社會倫理化，而共同處於互助之生活中，在宋代實爲一別開生面之理想社會也。

第九節　時節習俗

時節多沿隋唐以來故事，臘月落雪三次，認爲是豐年預兆。村人有賽神，以神猪神鵝爲祭品，「荒園拋鬼飯，高杌置神鵝。」(註六八)正謂此也。臘日春米爲一歲計，多聚杵臼，盡臘中，畢事，藏之瓦缶中，經年不壞，謂之冬春米。上元一月前已賣燈，謂之燈市，爭奇鬥巧，買客雲集。吳中風俗尤競，價貴者數人聚博，勝則得之，喧盛不減燈夕。(註六九)臘月二十四夜祀灶，謂灶神翌日朝天，白一歲事，故前期禱之。二十五日煮赤豆作糜，暮夜合家同饗，云能辟瘟氣，未歸者亦留貯口分。鍾馗辟鬼事，濫觴於唐代。宋時，近歲節，市井皆印賣門神鍾馗桃板桃符，以備除夜之用。故新歲民間，遍貼鍾馗像於門首，「秉燭題桃符，登梯掛鍾馗」；(註七〇)「改歲鍾馗在，依然舊綠襦。」(註七一)又貼桃符，朱熹書所居之桃符云：「愛君希道泰，憂國願年豐」；書竹林精舍桃符云：「道迷前聖統，朋誤遠方來。」(註七二)此殆爲後世春聯之嚆矢。蜀之風俗，歲晚相與餽問爲餽歲，酒食相邀，稱爲別歲，至除夕，圍爐團在，達旦不寐，謂之守歲。此月，三數婦人扮鬼神，敲鑼擊鼓，沿門乞錢，俗呼爲打夜胡，蓋逐祟之意也。

元旦，家家戶戶慶新年。立春前一日（正月初四日）官府以旗鼓吹樂迎春牛（南宋時）。七日爲人日，家家剪綵或鏤金箔爲人，以貼屏風，亦戴之頭鬢。三元（正月十五日上元，七月十五日中元，十月十五日下元）觀燈，本起於方外之說，自唐以後，常於正月十五日夜，開坊市門燃燈，謂之上元張燈，亦稱爲元夕節。宋因之，上元前後各一日，城市張燈。太平興國中，吳越王錢俶來朝，值上元節，獻錢百萬，乞更買燈兩夜，即更增十七十八兩夜，由十四至十八連續五夜，是爲五夜燈。上元夜登樓，貴戚例有黃柑相遺，謂之傳柑。嘉祐七年，上元遊幸，正月十三十四日，車駕幸諸寺觀。十八日，仁宗御宣德門，召諸色藝人各進技藝，賜與銀絹，內有婦人相撲者，亦被賞賚(註七三)。「正月十五日元宵，大內前，冬至後，開封府絞縛山棚，立木正對宣德樓，遊人已集御街兩廊下。奇術異能，歌舞百戲，鱗鱗相切，樂聲嘈雜十餘里。」燈山上綵，「於左右門上，各以草把縛成戲龍之狀，用靑幕遮籠草上，密置燈燭數萬盞，望之蜿蜒，如雙龍飛走。」(註七四)南宋進一步爲鰲山大觀，元夕「至二鼓，上乘小輦幸宣德門觀鰲山，擎輦皆倒行，以便觀賞。金爐腦麝，如祥雲五色，熒煌炫轉，照耀天地，山燈凡千數百種，極其新巧，怪怪奇奇，無所不有。中以五色玉柵簇成皇帝萬歲四大字，其上伶官奏樂，稱念口號致語；其下爲大露臺，百藝羣工，競呈奇技。內人及小黃門百餘，皆巾裹翠蛾，傚街坊淸樂傀儡，繚繞於燈月之下，」(註七五)並燃放煙火。禁中又有琉璃燈山，皆琉璃所爲，號無骨燈，其高五丈，人物皆用機關活動，結大綵樓貯之(註七六)。又爲大屏，灌水轉機，百物活動。收燈畢，汴京都人，出郊探春，臨安則至禁煙爲最盛。二月初一日，爲中和節，民間向以青囊盛百穀瓜果子種，互相遺送爲獻生子，百官進農書，以示務本。蜀俗舊以二月二日爲踏靑節，成都士女，絡繹遊賞，緹幕歌酒，散在四郊。是日自萬里橋以綵舫十餘隻，與郡僚屬官分乘之，妓樂數船，歌吹前導，命曰遊江。於是士女駢集，縱觀如堵，抵寶曆寺，橋出，宴於內寺。寺前扠一蠶市，縱民交易，嬉遊樂飲，薄暮方回。(註七七)浙俗以十五日爲花朝節， 恣意遊賞。汴京通常以冬至後一百零五日爲寒食節，前一日謂之炊熟，用麵造棗錮飛燕，以柳條串之，插於門楣，謂之子推燕子，女子及笄者，多以是日上頭。寒食節後第三日爲淸明節，人家皆揷柳滿簷，雖小坊曲巷，亦靑靑可愛。凡新墳皆用此日拜掃，車馬紛然，野祭者尤多。成都於三月三日，遠近祈福於龍橋，命曰蠶市。(註七八)四月八日，佛生日，各禪院有浴佛齋會。五月五日端午節，有欆子，以桃柳葵花蒲葉陳於門首，又釘艾人於門上。臨安雖有龍舟競渡，但端午並無龍舟。六月六日，臨安人登舟泛湖爲避暑之遊。七夕乞巧，食油麵糖蜜煎果。七月十五日中元節，設盂蘭盆，焚冥器冥錢；有新墳者卽往拜掃。道院設大會，焚錢山祭陣亡將士，設孤魂道場。八月十五日，中秋賞月。民間有春社秋社，以祝年豐，吹簫擊鼓，聚衆賽神祭社，社飲序齒，並分肉，各以社糕社酒相賚。「太平處處是優場，社日兒童喜欲狂。且看參軍喚蒼鶻，京都新禁舞齋郎，」(註七九)社日蓋有演劇助興也。十五至十八日，杭州人則觀潮。九月九日重陽登高，以剪綵小旗揷糕上，十月十五日下元節，京師始張燈，如上元之夕。淳化元年，始罷中元下元張燈。十一月冬至，京師最重此節，更易新衣，備辦飲食，享祀先祖，慶賀往來，一如年節。

生日之禮，起於齊梁之間，逮唐宋以後，自天子至於庶人，無不崇飾此日，開筵召客，稱觴賀壽。宋時親王等生日，均有賜禮物之例。大臣生日，多賜羊酒米麵。大中祥符五年十一月，宰相王旦生日，詔賜羊三十口，酒五十壺，米麵各二十斛，令諸司供帳京府，具衙前樂，許宴其親友。南渡後，復有生日賜宴之例，如紹興十三年十二月二十三日，賜宰臣秦檜辭免生日賜宴詔，(註八〇)可以概見。公卿生日，以詩爲壽，見於唐末，而盛於北宋。陳執中再罷政，判亳州，年六十九，遇生日，族子獻老人星圖以爲壽。通常以畫松，或以檀香雕觀音像，畫壽星佛像等爲壽，而題以壽詩者。刻絲有羣仙拱壽、蟠桃獻壽、瑤池獻壽等圖。或用神鬼，焚香瞻禮。但自秦檜擅權，四方皆以其生日致饋，其後州郡監司，率受此禮，極其僭侈。故紹興二十六年，詔內外現任官，因生日受所屬慶賀之禮，及與之者，各徒三年，贓重者依本法。(註八一)

官吏退休，每以晚景自娛，或隱居山家，或優遊林泉，種梅植竹，養鶴插花，從容自適。張齊賢罷相歸洛，得唐裴度午橋莊，有池榭松竹之勝，日與賓客親屬，吟宴於其間。歐陽修與趙槩，同在政府，相得歡甚。槩先告老，歸睢陽；修相繼謝事，歸汝陰。一日，槩單車特往過之，時年幾八十矣，留劇飲踰月，日於汝陰縱遊而後返。大臣掛冠後，能從容自適，未有如此者。(註八二)江寧半山報寧禪寺，王安石故宅也，荊公掛冠後，「晚卜居鍾山謝公墩，自山距州城適相半，謂之半山。畜一驢，每食罷，必日一至鍾山，縱步山間，倦則卽定林而睡，往往至日昃而歸，率以爲常。」(註八三)宋代尙敬老，篤意於高年，「仁廟朝，河陽縣民張晉，一百五歲，定州新樂縣民楊則，一百三歲，棣州商河縣民蔣宜，一百二歲，石州平夷縣民高榮，一百三歲，密州諸城縣民丘氏，一百五歲，登州黃縣民姜文貴，一百一歲，潤州金壇縣民景皓，一百二歲，台州黃巖縣民葉成，一百三歲，洪州南昌縣民裴文，一百歲，宣州寧國縣民洪嵩，一百一歲，撫州臨川縣民何或，一百七歲，合州日照縣民李知全，一百二歲，守臣皆以名聞，詔並以爲本州助教。」(註八四)崇敬耆耇，卽古禮養老乞言之意也。士大夫年高致仕，以齒相尙，每有耆英之會。慶曆六年，吳興郡守馬尋，宴六老於南園，酒酣賦詩，胡瑗爲序其事。六老者，工部侍郎郎簡年七十九，司封員外郎范說八十六，衛尉寺丞張維九十一，俱致仕。劉維慶年九十二，周守中年九十五，吳琰七十二，皆有子弟列爵於朝，詩及序刻石園中。(註八五)慶曆末，杜衍年七十，告老，退居南京，與太子賓客致仕王渙，九十歲，光祿卿致仕畢世長，九十四歲，兵部郎中分司朱貫，八十八歲，尚書郎致仕馮平，八十七歲，至和三年中秋日，爲五老會，吟醉相歡，士大夫高之，(註八六)有睢陽五老圖詩傳於世。元豐間，吳中有十老之集，大中大夫盧革，八十二，奉議郎黃挺，八十二，正議大夫集賢修撰程師孟，七十七，朝散大夫鄭平方，七十二，朝議大夫閭邱孝終，七十三，蘇州太守章岵，七十三，朝請大夫徐九思，七十三，朝議大夫徐思閔，七十三，承議郎崇大年，七十一，龍圖直學士張詵，七十，米芾爲之序。(註八七)元豐五年正月，文彥博留守西京，年七十七，韓國公富弼納政在里第，年七十九。自士大夫以老自逸於洛者，於時爲多，如司封郎中席汝言，七十七歲，朝議大夫王尚恭，七十六歲，太常少卿趙丙，七十五歲，秘書監劉幾，七十五歲，衞州防禦使馮行己，七十五歲，大中大夫楚建中，七十三歲，朝議大夫王愼言，七十二歲，宣徽南院使檢校太尉判大名府王拱辰，七十一歲，大中大夫張問，七十歲，龍圖閣直學士張燾，七十歲，而端明殿兼翰林侍讀學士司馬光，六十四歲，年未及七十，用狄監盧尹故事，亦預於會。雅集在富弼之第舉行，置酒相樂，賓主凡十三人，人爲一詩，命畫工閩人鄭奐圖形於妙覺佛寺，時人謂之洛陽耆英會或耆年會。洛陽舊俗，燕私相樂，尚齒不尚官，自樂天之會已然，是日復行之。(註八八)文彥博有詩紀其盛：「九老舊賢形繪事，元豐今勝會昌春。垂肩素髮皆時彥，揮麈淸談盡席珍。染翰不停詩思健，飛觴無算酒行頻。蘭亭雅集誇修禊，洛社英遊賞序賓。自愧空疏陪几杖，更容欵密奉簪紳。當筵尙齒尤

圖十五　洛陽耆英會圖

(國立故宮博物院藏品)

多幸，十二人中第二人。」翌年三月二十六日，又作眞率會，伯康與君從七十八歲，安之七十七歲，正叔七十四歲，不疑七十三歲，叔達七十歲，司馬光六十五歲。用安之韻招諸子西園爲會云：「榆錢零亂柳花飛，枝上紅英漸漸稀。莫厭卿杯不虛日，須知無力惜春暉。」「眞率春來頻宴集，不過東里只西家。小園容易邀佳客，饌具雖無已有花。」會約云：「一序齒不序官。一爲具務簡素。一朝夕食，不過五味。一菜果脯醢之類，各不過三十器。一酒巡無算，深淺自斟，主人不勸，客亦不辭，逐巡無下酒時作菜羹不禁。一召客共作一簡，客注可否於字下，不別作簡，或因事分簡者聽。一會中早赴不待促。一違約者，每事罰一巨觥。」而七人合共五百一十五歲，再成詩用前韻云：「七人五百有餘歲，同醉花前今古稀。走馬鬥雞非我事，紵衣絲髮且相暉。」「經春無事連翩醉，彼此往來能幾家？切莫辭斟十分酒，儘教人笑滿頭花。」眞率會中，止有七人，而九老圖像有九人，不知彼二人者果何人？集中不載也(註八九)又。文彥博歸洛日，年七十八，同時有中散大夫程昫，朝議大夫司馬旦，司封郎中致仕席汝言，皆年七十八，嘗爲同甲會，各賦詩一首，潞公詩曰：「四人三百二十歲，況是同生丙戌年。招得梁園爲賦客，合成商嶺採芝仙。清談亹亹風盈席，素髮飄飄雪滿肩。此會從來誠未有，洛中應作畫圖傳。」(註九〇)由此各種集會，飲酒吟詩，可見士大夫年高致仕，風流自賞，志行高潔，自別有一種人文意趣也。

第十節　遊樂技藝

遊樂之戲，京師有溜冰，「故事齋宿，必御樓警嚴，幸後苑，觀花，作冰戲；」(註九一)跳水，「又有兩畫船上立鞦韆，船尾百戲，人上竿，左右軍院虞候監教，鼓笛相和。又一人上蹴鞦韆，將平，架筋斗擲身入水，謂之水鞦韆。」(註九二)及三月一日，駕幸臨水殿，觀競渡爭標，(註九三)蓋常在金明池舉行也。角觝，相撲之異名地，亦謂之爭交，置於皇室大宴之樂舞內，每春秋聖節三大宴，由軍中選有膂力者相撲，以助餘興。臨安瓦市相撲者，乃路岐人聚集一等選手，以圖奪標之賞。先以女颭數對打套子，令人觀覩，然後以膂力者爭交。若論護國寺南高峯露臺爭交，須擇諸道州郡膂力高強，天下無敵者，方可奪其賞。獲頭賞者有旗帳、銀盆、綵段、錦襖、官會、馬疋等。景定年間，賈似道秉政時，有溫州人韓福者，勝得頭賞，曾補軍佐之職。杭城有周急快，董急快，王急快，賽關索，赤毛，朱超，周忙憧，鄭伯大，鐵稍工，韓通住，楊長脚等，及女颭賽關索，囂三娘，黑四姐，俱在瓦市諸郡爭勝，以逞強雄耳。(註九四)蹴鞠卽踢毬，以皮爲之，始於唐，宋代亦流行，有蹴鞠打毬社之組織。神宗第十一子端王好踢毬，宰相李邦彥嘗謂踢盡天下毬。此種遊戲，當時想甚爲普遍。陸放翁詩：「少年騎馬入咸陽，鶻似身輕蝶似狂。蹴鞠場邊萬人看，鞦韆旗下一春忙。」(註九五)又謂：「蹴鞠牆東一市譁，鞦韆樓外兩旗斜。」(註九六)可見蹴鞠競技，極爲熱鬧。女性似亦有此運動，張敦禮繪有間庭蹴鞠圖（故宮博物院藏），在楊柳下一女子以足弄鞠，旁有四男子，立而觀看。工於蹴鞠者，肩背膺腹，皆可代足，兼應數敵，皆給自弄，旋轉縱橫，無施不可。擊鞠（馬上擊毬）之技，唐代自西域傳入，頗爲時尚，宋代仍盛行。汴京講武殿有毬場。太宗令有司詳定其議，三月，會鞠大明殿，豎木東西爲毬門，高丈餘，左右分朋主之。承旨二人守門，衛士二人持小紅旗唱籌。毬門兩旁，置繡旗二十四，而設空架於殿東西階下，每朋得籌，卽插一旗於架上以識之。陸放翁詩：「射朋命中萬人看，毬門對植雙旗紅，」(註九七)卽謂此也。毬隊組織，擊毬三十二人，左右軍各十六人，人員有毬頭、蹺毬、正挾、頭挾、左竿網、右竿網、散立等之分。張直方李詠各撰有打毬儀一卷。除馬上擊毬外，有步擊者，乘驢騾而擊者。軍中最爲盛行，「四十從戎駐南鄭，酣宴軍中夜連日。打毬築場一千步，閱馬列厩三萬匹。」（註九八）孝宗召諸將擊鞠殿中，雖風雨亦張油帟，布沙除地，蓋其父子皆好此藝也。

馬戲，表演御馬術之技巧最多，「先一人空手出馬，謂之引馬。次一人麾旗出馬，謂之開道旗。次有馬上抱紅繡之球，繫以紅錦索，擲下於地上，數騎追逐射之，左曰仰手射，右曰合手射，——謂之拖繡毬。又以柳枝插於地，數騎以剗子箭或弓或弩射之，謂之襹柳枝。又有以十餘小旗遍裝輪上而背之出馬，謂之旋風旗。又有執旗挺立鞍上，謂之立馬。或以身下馬，以手攀鞍而復上，謂之騗馬。或用手握定鐙袴，以身從後鞦來往，謂之跳馬。忽以身離鞍，屈右脚，掛馬鬃，左脚在鐙，左手把鬃，謂之獻鞍，又曰棄鬃背坐。或以兩手握鐙袴，以肩著鞍橋（同蹺），雙脚直上，謂之倒立。忽擲脚著地，倒拖順馬而走，復跳上馬，謂之拖馬。或留左脚著鐙，右脚出鐙，離鞍，橫身，在鞍一邊，左手捉鞍，右手把鬃，存身，直一脚順馬而走，謂之飛仙膊馬。又存身拳曲在鞍一邊，謂之鐙裏藏身。或右臂挾鞍，足著地，順馬而走，謂之趕馬。或出一鐙，墜身著鞦，以手向下綽地，謂之綽塵。或放令馬先走，以身追及，握馬尾而上，謂之豹子馬。或橫身鞍上，或輪弄利刄，或重物，大刀，雙刀。百端訖。」（註九九）御馬之技，宋人可謂絕唱。

汴京皆乘馬，與唐人習俗同，士大夫以乘馬朝服爲禮，乘車爲不恭。老病不能騎者，始肩輿出入。用人舁，則稱擔子，稱車兜子，又稱轎子。太平興國七年令：工商庶人家乘擔子，或用四人八人，禁斷之。聽乘車兜子，舁不得過二人。士大夫不甚用轎，如王荊公程伊川皆云不以人代畜。元祐初，司馬光三日一至都堂聚議或門下尚書省治事，因老病，皆乘小竹轎子來往。京師士人與豪右大姓，出入率乘轎，四人舁之，甚至飾以樓蓋，徹去簾蔽，翼其左右，旁午往來於通衢。紹聖二年，以其僭擬，禁之。又有暖轎，甚爲流行。政和七年，禁非品官不得乘之。行遠路則用籃輿，輿以竹爲之，故曰竹輿，左右開兩窗，舁行時伊軋有聲。南渡後，因馬缺乏，仕宦皆乘輿，無復乘馬者。泉福二州婦人轎子，則用金漆，雇婦人以荷，福州以爲僧擎，至其他男子則不肯肩也。（註一〇〇）民間遊樂來往，每乘犢車，婦女亦有之。「京師承平時，宗室戚里，歲時入禁中。婦女上犢車，皆用二小鬟持香毬在旁，而袖中又自持兩小香毬。車馳過，香煙如雲，數里不絕，塵土皆香。」（註一〇一）

秋千仍盛行，「牆裏秋千牆外道，牆外行人牆裏佳人笑，」此乃女子在庭院打秋千，蘇東坡爲詞（蝶戀花）以描寫之也。釋德洪直詠其戲：「畫架雙裁翠絡偏，佳人春戲小樓前。飄揚血色裙拖地，斷送玉容人上天。花板潤霑紅杏雨，綵繩斜掛綠楊煙。下來閑處從容立，疑是蟾宮謫降仙。」（註一〇二）少年於秋郊放鷂子，獵鳥雀以取樂。又有鬥雞之戲。

京師雜樂百戲，有踏毬、蹴鞠、踏蹻、藏挾（幻人之術，取物象而懷之，觀者不能見其機）、雜旋（取雜器圓旋於竿標而不墜）、弄鎗、鋺瓶、齪劍、踏索、尋橦、筋斗、拗腰（翻折其身手足皆至於地，以口銜器而復立）、透劍門，飛彈丸。女伎百戲之類，皆隸左右軍而散居，每大饗燕，宣徽院按籍召之。（註一〇三）臨安有演史、說經諢經、小說、影戲、唱賺、小唱、鼓板、雜劇、雜扮、彈唱因緣、唱京詞、諸宮調、唱耍令、唱撥不斷、說諢話、商謎、覆射、學鄉談、舞綰百戲、神鬼、撮弄雜藝、泥丸、頭錢、踢弄、傀儡、頂橦、踏索、淸樂、角牴、喬相撲、女颭、使棒、打硬、舉重、打彈、蹴毬、射弩兒、散耍、裝秀才、吟叫、合笙、沙書、教走獸、教飛禽蟲蟻、弄水、煙火等。（註一〇四）又有踢瓶、弄碗、踢磬、踢缸、踢鐘、弄花錢、花鼓、槌踢、筆墨壁上睡、虛空掛香爐、弄花毬兒、槮築毬、弄斗、弄熊、藏人、燒火、藏劍、喫針、射弩端、親背、攢壺瓶等手藝。藏去之術，則手法疾而已。（註一〇五）此等百戲，與當今馬戲團所表演之技藝相類似，殆爲當時江湖客討生活之專技職業也。傀儡戲最盛，種類亦多，有懸絲傀儡、走線傀儡、杖頭傀儡、藥發傀儡、肉傀儡、水傀儡等。又有影戲，喬影戲。（註一〇六）「仁宗時，市人有能講三國事者，或采其說，加緣飾作影，人始爲魏吳蜀三分戰爭之像」。（註一〇七）「有弄影戲者，元汴京初，以素紙雕鏃。自後人巧工精，以羊皮雕形，用綵色裝飾，不致損壞。杭城有賈四郎、王昇、王閏卿等，熟於擺布，立講無差。其話本與講史書者頗同，大抵眞假相半，公忠者雕以正貌，奸邪者刻以醜形，蓋亦寓褒貶於其間耳。」（註一〇八）遊藝之同道組合，文士有西湖詩社，武士有射弓踏弩社。凡遇神聖誕日，諸行市戶，組會迎獻不一，以爲助興。「二月八日，爲桐川張王生辰，霍山行宮，朝拜極盛，百戲競集，如緋綠社（雜劇）、齊雲社（蹴鞠）、遏雲社（唱賺）、同文社（耍詞）、角牴社（相撲）、淸音社（淸樂）、錦標社（射弩）、錦體社（花繡）、英略社（使棒）、雄辯社（小說）、翠錦社（行院）、繪革社（影戲）、淨髮社（梳

剃）、律華社（吟叫）、雲機社（撮弄）。三月三日，殿司眞武會。三月二十八日，東嶽生辰。社會之盛，大率類此。」（註一〇九）

賭博之技有攤，「今人意錢賭博，皆以四數之，謂之攤。」（註一一〇）擲錢爲博戲，以錢文面背分勝負，曰字曰幕。遊藝有象棋，「象，獸之雄，故戲兵而以象戲名之。局縱橫十一，棊三十有四，爲兩軍，畫地而守。規矩有截，而變化舒卷，出入無倪。」（註一一一）圍棋之書，北宋末，劉仲甫有棋訣，南宋時，晏天章有元棋經。仲甫，徽宗朝江西人，爲棋待詔，奕名號國手第一，比唐開元國手王積薪高兩道。衢州祝不疑，紹聖初，曾勝仲甫。相繼有河東晉士明，其藝亦高仲甫兩道。南宋之楊中隱、王琬、孫侁、郭範、李百祥，亦爲圍棋之名手。其他手藝，羣琴則有僧梵如，教坊琵琶則有劉繼安，舞有雷中慶。世皆呼之爲雷大使。笛有孟水淸。此數人者，祖前代之技，一皆過之。（註一一二）士大夫好打詩謎，元祐間，好事者取達官姓名爲詩謎；又取古人名而傳以今事，如「人人皆戴子瞻帽，君實新來轉一官。門狀送還王介甫，潞公身上不曾寒，」蓋指仲長統、司馬遷、王安石、與文彥博也。

第十一節　風流玩賞

唐代士大夫常溺於色情，風流韻事，雖經生亦不諱言。宋代雖不及唐人之盛，但相習成風而不變，太學生宴飲，公然召妓。司馬光君子人也，私幸營妓不諱。嘉祐以前，惟提點刑獄不得赴妓樂，熙寧以後，監司率禁，至屬官亦同，唯聖節一日許赴。(註一一三)然日久玩生，亦視爲具文。唐之妓女所居曰坊曲，北里志有南曲北曲；宋則謂南院北院也。宋代妓女，有官妓，有營妓，有家妓，有歌妓，有私妓。文武官用官妓，軍士用營妓，卽軍妓。家妓之蓄，示客以爲歡，韓絳有家妓十餘人，歌妓擅歌唱，而私妓則花街柳巷以賣歡也。蜀妓每多才情，蓋習薛濤之遺風。吳下風俗尚侈，貧民有女必教之樂藝，以待賓客，蓋覬利瞻家，一切不顧，長大鬻爲妾，狠戾則籍之官，動以千計，習俗薄惡，教女當娼，莫此爲甚也。(註一一四)

妓有擅才華，能文學者，每與士大夫結文酒之緣，才情繾綣，詞壇相競。如聶勝瓊、蘇瓊、李師師、僧兒、嚴蕊等，不獨煊赫一時，多能塡詞製曲，與文人相爭勝。張詠席上贈官妓小英歌。范仲淹守鄱陽，屬意於小鬟妓。劉敞知長安，妓有茶嬌者，以色慧稱，敞惑之，事傳一時。徐州有營妓馬盼者，甚慧麗，蘇軾守徐日，極喜之，盼能學軾書，得其髣髴。至其守杭日，悅杭妓琴操能詞，其妾朝雲，亦本錢塘妓也。張耒初官許州，喜營妓劉淑奴，作少年遊令，其後去任，又爲秋蕊香寓意。黃庭堅鍾情於小妓楊姝及衡陽妓陳湘。秦觀在蔡州，與營妓婁婉字東玉者甚密，贈之詞。又贈歌妓陶心兒南歌子詞。妓有寄詩於賀鑄者。餘杭名妓周月僊，意態丰采，精神艷冶，尤工詞翰，柳永年甫二十五，來守茲郡，造玩江樓於水滸，每召月僊至樓上歌唱。后山詩話云杭妓胡楚、靚靚，皆有詩名。宿州營妓張玉姐，字溫卿，技冠一時，見者皆屬意，沈子山爲獄掾，最所鍾愛，罷官途次南京，猶念之不忘，爲剔銀燈二闋。蘇州官妓蘇瓊，能詞，蔡京道經蘇州，太守召飲，命卽席爲之，乞韻，以九字。南宋時，唐仲友守臺州，命營妓嚴蕊作紅白桃花如夢令，賞以雙縑。此則才藝之妓，身世飄零，每以風雅動人憐也。

北宋名妓，有郜六、李師師、崔念月、秦妙觀等，而以李師師爲最著。郜六卽蔡奴也，元豐中，曾命待詔崔白圖其貌入禁中。政和間，崔念月與李師師齊名。宣和名娼秦妙觀，色冠都邑，畫工多圖其貌售於外方。(註一一五)師師著名於宣和間，樹豔幟於京師金線巷，才藝歌舞，冠絕一時，達官貴人，王孫公子，爭相接納。徽宗放意佚樂，亦不惜以萬乘之君，紆尊燕婉，止宿其家(見宣和遺事)。師師之爲人，有謂：「慷慨飛揚有丈夫氣，以俠名傾一時，號飛將軍。每客退，焚香啜茗，蕭然自如，人靡得而窺之也。」(註一一六)但其他詞人，則描狀之爲細柳腰肢，佳人如仙。此一代尤物，吸引文人爲之歌詞，但以聖情追歡故，其舊婿武功郎賈奕有南鄉子，因此被貶瓊州。周邦彥爲太學生時，每遊其家，其賦玉樓春、少年遊等詞，幾至於禍。張先贈新製詞，爲師師令。秦觀亦有贈汴城師師生查子詞。甚至傳山東巨寇宋江，將圖歸順，潛入汴京訪師師，酒後且書念奴嬌一闋。金兵入汴，烽煙兵燹之間，門庭車馬冷落，而人老珠黃，師師乃嫁爲商人婦，隨其行旅南下，劉屏山有詩云：「輦轂繁華事可傷，師師垂老過湖湘。縷衣檀板無顏色，一曲當年動帝王。」(註一一七)此詠名妓之晚景淒涼，與詠杜秋娘詩相類也。淳祐間吳妓徐蘭，擅名一時。其他代有名姝，但不及北宋之盛。

汴京亦有男娼，以圖衣食。政和中，始立法告捕男子爲娼者杖一百，賞錢五十貫。吳俗此風尤盛，杭州新門外，乃其巢穴，皆傅脂粉，盛裝飾，善針指，稱呼亦如婦人。(註一一八)

以花比美女，作人性化，所謂若教解語能傾國，任是無情也動人。士大夫對自然之觀察，欣賞花木，故撰有梅譜、菊譜、竹譜、牡丹記、海棠記等，爲研究之資，生活內容，饒有興趣。賞花賦詩，始於雍熙初年。二年四月，太宗宴近臣於後苑，賞花釣魚，張樂賜飲，命賦詩習射，自是歲以爲常。眞宗朝，歲歲賞花釣魚，羣臣應制，賦詩而退。春月氣暖，尋芳賞花，蔚爲一種風俗者久矣。洛陽人好花，正月梅已放，二月桃李雜花盛，三月牡丹開。牡丹謂之眞花，又謂之賽花。唐自武后以後，洛陽牡丹始盛，至宋更爲狂熱。城南沿洛水一帶，家家作塘，花園尤盛，遍種花而少大樹。春光明媚，滿城士女皆揷花。花開時，又競爲遨遊，都人載酒爭出，往往於古寺廢宅有池臺處，爲市井，張幄幕，笙歌之聲相聞，最盛於月陂堤、張家園、棠棣坊、長壽寺、東街與郭令宅，至花落乃罷。邵雍曾詠之曰：「洛陽人慣見奇葩，桃李花開未當花。須是牡丹花盛發，滿城方始樂無涯。」「桃李花開人不窺，花時須是牡丹時。牡丹花發酒增價，夜半遊人猶未歸。」(註一一九)洛俗春月放園，園子得茶湯錢，與主人平分。魏家花圃之牡丹初出，人有欲觀者，每人納十數錢，乃得登舟渡池至花所，日收十餘緡，洛陽至東京，計六驛，自李迪相國，歲遣衙校一員，乘驛馬，歷一晝夜，至京師，以姚黃魏紫三數朵進御。皇帝用於宴會，每令內侍爲親王宰臣揷牡丹。春初時，洛人於壽安山中斲小栽子，賣城中，謂之山篦子，人家治畦種之，至秋乃接枝。最知名之接花匠爲門園子，本姓東門氏也，豪家皆雇之。姚黃一接頭，値錢五千，秋時立約，至春見花乃付値。洛人甚惜此花，雅不欲傳於別人，以其不時得，率三四歲一開，開或得一二本，傾城往觀若狂，餘花雖盛勿視也。(註一二〇)黃山谷詩：「正是風光嬾困時，姚黃開晚落應遲，」（註一二一）此花大抵較遲開也。魏花初出時，接頭亦値錢五千。洛人種牡丹，將佳種移入於他枝，謂之轉枝花，故最重接枝。「接時須用社後重陽前，過此，不堪矣。花之木，去地五七寸許截之，乃接，以泥封裹，用軟土擁之，以蒻葉作庵子罩之，不令見風日，惟南向留一小戶以達氣。至春，乃去其覆，此接花之法也。種花必擇善地，盡去舊土，以細土用白斂末一斤和之，蓋牡丹根甜，多引蟲食，白斂能殺蟲，此種花之法也。澆花亦自有時，或用日未出，或日西時。九月，旬日一澆；十月十一月，三日二日一澆；正月，隔日一澆；二月，一日一澆，此澆花之法也。一本發數朵者，擇其小者去之，只留一二朵，謂之打剝，懼分其脉也。花纔落，便剪其枝，勿令結子，懼其易老也。春初既去蒻庵，便以棘數枝置花叢上，棘氣暖，可以辟霜，不損花芽，他大樹亦然，此養花之法也。花開漸小於舊者，蓋有蠹蟲損之，必尋其穴，以硫黃簪之。其旁又有小穴如鍼孔，乃蟲所藏處，花工謂之氣窗，以大鍼點硫黃末鍼之，蟲乃死；蟲死，花復盛，此醫花之法也。」（註一二二）

洛陽亦有黃芍藥、緋桃、瑞蓮、千葉李、紅郁李之類，而洛人不甚惜，謂之果子花，曰某花某花。至牡丹則不名，直稱之曰花，其意以爲天下眞花獨牡丹，其名之著，不假曰牡丹而可知也。牡丹出丹州延州，東出青州，南亦出越州，而出洛陽者，推爲第一。（註一二三）歐陽永叔有詩詠之：「洛陽地脉花最宜，牡丹尤爲天下奇。我昔所記數十種，於今十年半忘之。開圖若見故人面，其間數種昔未窺。客言近歲花特異，往往變出呈新枝。洛人驚誇立名字，買種不復論家貲。比新較舊難優劣，爭先擅價各一時。當時絕品可數者，魏紅窈窕姚黃妃。壽安細葉開尙早，朱砂玉版人未知。傳聞千葉昔未有，只從左紫名初馳。四十年間花百變，最後最好潛溪緋。」一(註一二四)牡丹名稱凡九十餘種，而通常所見者僅三十種。㈠以姓而稱者，有姚黃（自穠綠葉中出微黃花，出於邙山後白司馬坡下姚氏酒肆）、魏花（千葉肉紅花，出於魏仁浦家）、牛家黃（亦千葉，出於牛氏家，比姚黃差小）、左氏（千葉紫花，葉密而齊，亦稱平頭紫）。㈡以州著者，有鞓紅（單葉深紅色，出青州，亦曰青州紅，後傳洛，其色類腰帶鞓，故名，稱爲洛中花之奇者）、延州紅、丹州紅（皆千葉紅花）。㈢以地著者，有細葉壽安、粗葉壽安（千葉肉紅花，出壽安縣錦屛山中，細葉者尤佳）、潛溪緋（千葉緋花，出潛溪寺）。㈣以色名者，有鶴翎紅（多葉花，其末白而本肉紅，如鴻鵠羽色）、朱砂紅（多葉紅花，向日視之，如猩血）、多葉紫、甘草黃（單葉、色如甘草）、一擫紅（多葉淺紅色，葉杪深紅一點，如人以手指擫之）、玉板白（單葉白花，葉細長，如拍板，其色如玉，而深檀心）。㈤志其異者，有獻來紅（大多葉淺紅花，張齊賢罷相，居洛陽，人有獻此花者，因曰獻來紅）、葉底紫（千葉紫花，其色如墨，亦謂之墨紫花，在叢中旁必生一大枝，引葉覆其上）、添色紅（多葉花，始開而白，經日漸紅，至其落，乃類深紅）、倒暈檀心（多葉紅花，自外深色，近蕚反淺白，而深檀點其心）、九蕊眞珠（千葉紅花，葉上有一白點如珠，而葉密蹙其蕊）、蓮花蕚（多葉紅花，青趺三重，如蓮花蕚）、一百五（多葉白花，洛花以穀雨爲開候，而此花常至一百五日，開最先）、鹿胎花（多葉紫色，有白點如鹿胎之紋）。洛陽牡丹，姚黃稱花之王，魏花則爲后。姚黃未出時，牛黃爲第一；

牛黃未出時，魏花爲第一；魏花未出時，左花爲第一。左花之前，唯有蘇家紅、賀家紅、林家紅之類，皆單葉花，當時爲第一。自多葉千葉花出後，此花黜矣，人亦不復種也。（註二二五）又有以千葉多葉而別爲黃紅紫白者，凡一百零八種。（註二二六）元祐間，韓縝留守西京，命留臺張子堅續牡丹記，達百餘品。政和間，牡丹花未開，官遣人監護，初開盡檻土移之京師，籍園主姓名，歲輸花如租稅，洛陽故事遂廢矣。（註二二七）宋初，越俗亦好牡丹，其絕麗者有三十二種。雍熙三年，僧仲林撰有越中牡丹花二卷，紀其盛，謂始乎郡齋豪家名族梵宇道宮池臺水榭，植之無間，來賞花者無間親疏，謂之看花局，其繁富如此，殆不減洛中也。（註二二八）李述著慶曆花品，以叙吳中牡丹之盛，凡四十二品。潁川人喜種花，比於洛陽，園戶植花，如種黍粟，動以頃計，每歲春夏，遊者相屬彌月，有千葉牡丹，所謂：「潩上名園似洛濱，花頭種種鬥尖新，」（註二二九）可見其盛也。淮陽亦有牡丹，花開時，遊人若狂，張耒詠以詩云：「淮陽牡丹花，盛不如京洛。姚黃一枝開，衆艷氣如削。」（註二三〇）汴京以杏爲多，但亦有牡丹，淳化三年十月，太平興國寺牡丹紅紫盛開，不踰春月，冠蓋雲擁，僧舍塡駢。（註二三一）禁中並種有白牡丹，紫牡丹。

牡丹在蜀，以天彭爲第一，號小西京，以其俗好花，有京洛之遺風。崇寧宣和間，州民宋張蔡楊等氏，嘗買洛中新花以歸，自是洛花散於蜀，花戶始盛，皆以接花爲業。大家好事者，皆竭其力以養花，多至千本，而天彭之花，遂冠兩川矣。花之多葉者曰京花，單葉者曰川花，川花則較賤。花時，自太守而下，往往卽花盛處張飲，帟幙車馬，歌吹相屬。最盛於淸明寒食時，在寒食前者謂之火前花，其開稍久，火後花則易落。大抵花品近百種，然著者纔四十，而紅花最多，紫花黃花白花，各不過數種，碧花一二而已。紅花二十一種，有狀元紅、祥雲、紹興春、燕脂樓、金腰樓、玉腰樓、雙頭紅、富貴紅、一尺紅、鹿胎紅、文公紅、政和春、醉西施、迎日紅、彩霞、疊羅、勝疊羅、瑞露蟬、乾花、大千葉、小千葉。紫花五品，有紫繡球、乾道紫、潑墨紫、葛巾紫、福嚴紫。黃花四品，有禁苑黃、慶雲黃、青心黃、黃氣球。白花三品，有玉樓子、劉師哥、玉覆盂。碧花一品，有歐碧。其餘轉枝紅、朝霞紅等三十三品，尚未詳其類。(註一三二)雙頭紅初出時，一本花取值至三十千，祥雲初出，亦值七八千。州家歲常以花餉諸臺及旁郡。(註一三三)

牡丹以洛陽爲盛，芍藥則以揚州爲首。「洛陽賣牡丹，江都買芍藥。賣與富人歡，買爲遊子樂」(註一三四)，正爲此而詠也。芍藥之盛，不知始於何代，但在宋初，已馳名全國，非特以多爲誇也，其敷腴盛大，而纖麗巧密，皆他州所不及。蘇軾謂：「揚州芍藥，爲天下冠，蔡繁卿爲守始作萬年會，用花十餘萬株，既殘諸園，又更因緣爲姦，民大病之。余始至，問民病苦，以其如此，遂罷之。」(註一三五)舊傳龍興寺山子、羅漢、觀音、彌陀之四院，芍藥冠於此州。種花之家，負郭園舍相望。其後最盛於朱氏、丁氏、袁氏、徐氏、高氏、張氏，餘不可勝紀。而朱氏之園，最爲冠絕，南北二圃，所種幾於五六萬株，當其花之盛開，飾亭宇以待來遊者，逾月不絕。自三月初旬芍藥始開，浹旬而甚盛，遊觀者相屬於路，障幕相望，笙歌時聞。揚之人無貴賤皆喜戴花，故開明橋之間，方春之月，拂旦有花市焉。州宅舊有芍藥廳，在都廳之後，聚一州絕品於其中，不下龍興朱氏之盛。其後監護不密，悉爲人盜去，易以凡品，自是芍藥廳徒有其名爾。(註一三六)劉攽有芍藥譜一卷，述維揚產花之盛。熙寧八年冬王觀守揚州，所見所聞，撰芍藥譜一卷，列其花爲三十九種，分上中下七等。上之上，有冠羣芳、賽羣芳、寶粧成、盡天工、曉粧新、點粧紅。上之下，有疊香英、積嬌紅，中之上，醉西施、道粧成、掬香瓊、素粧殘、試梅裝、淺粧匀。中之下，醉嬌紅、擬香英、妬嬌紅、縷金囊。下之上，怨春紅、妬鵝黃、蘸金香、試濃粧。下之中，宿粧殿、取次粧、聚香絲、簇紅絲。下之下，效殿粧、會三英、合歡芳、擬繡韉、銀含稜。新收八品，有御叔黃、黃樓子、袁黃冠子、峽石黃冠子、鮑黃冠子、楊花冠子、胡家纈、黽池紅。絕品冠羣芳者，大旋心冠子也，深紅堆葉，頂分四五旋，其英密簇，廣可及半尺，高可及六寸，艷色絕妙，可冠羣芳，因以名之，枝條硬，葉疏大。(註一三七)孔武仲初官維揚，謂其色以黃爲最貴，所謂緋黃千葉，乃其中下者，撰有芍藥圖序一卷，紀其花有三十三種：御衣黃（千葉而淡，其香正如蓮花，比他色最殊絕）、青苗黃樓子（葉大小間出千餘層，其苗青）、尹家二色黃樓子（與黃樓子無異，而間有微紅）、絳州紫苗黃樓子（初開時淺紅，經數日乃黃）、圓黃（千葉而圓）、硤石黃（千葉而黃）、鮑家黃（晚開）、石壕黃、道士黃（最先開）、壽州青苗黃樓子（花差小）、黃絲頭（葉淺黃，大葉中叢生，細葉如絲也）、白纈子（花有紅纈，而其外深紅，經日色則自纈之外皆變爲白色）、金線冠子（千葉淺紅，間有細葉如金線）、金繫腰（紅葉有黃暈，橫色如金帶然）、沔池紅（千葉肉紅）、紅纈子（千葉深紅，葉端淺紅）、胡家纈（千葉肉紅而有纈紋）、玉樓子（千葉而白，上下葉中又出細葉數層）、玉逍遙（千葉而白，葉厚大如仙冠然）、紅樓子（千葉粉紅）、靑苗旋心（千葉深紅，花葉旋心）、赤苗旋心（千葉深肉紅）、二色紅（千葉淺紅，葉端深紅）、楊家花（千葉粉紅）、茅山紫樓子（與諸樓子相似而色紫）、茅山冠子（千葉而淺紅）、柳鋪冠子（千葉粉紅，如柳葉疊成冠子）、輭條冠子（千葉肉紅）、常州冠子、紅絲頭（狀如黃絲頭，但色紅）、緋多葉、多葉鞍子（多葉粉紅，其端如粉綠，或成雙頭，謂之雙頭芍藥，尤多開成鞍子，故謂之多葉鞍子）、髻子（色紫紅，下有大葉，其上細葉環抱，而黃色雜出於其間）。（註一三八）其後有名腰帶金者，花若紫袍，而中有黃絲，稱爲世瑞。（註一三九）洛陽之芍藥，其名品不減維揚，而開頭之大殆不如也。有千葉黃花十六種，紅花十六種，紫花六種，白花二種，緋花一種。（註一四〇）陳州芍藥花殊勝，晚芍藥於三月盛開，穠豔亦可愛。自陳一晝夜馳驛，進花至都下，歲以爲常。

洛陽人謂牡丹爲花，成都人則謂海棠爲花，尊貴之也。慶曆間：「蜀之梅與海棠，在衆葩中最爲高第。」（註一四一）海棠花五出，初極紅，如臙脂點點然，及開則漸成纈暈，至落則若宿粧淡粉矣。南宋時，成都燕王宮碧雞坊，海棠最盛，尤以張園爲著名，二月花開，公卿名士，詠海棠者甚多，獨步於西州，足與牡丹抗衡。陸放翁詩：「成都海棠十萬株，繁華盛麗天下無。」（註一四二）又有海棠歌：「我初入蜀鬢未霜，南充樊亭看海棠。當時已謂目未覩，豈知更有碧雞坊。碧雞海棠天下絕，枝枝似染猩猩血。蜀姬艷粧肯讓人，花前頓覺無顏色。扁舟東下八千里，桃李眞成僕奴爾。若使海棠根可移，揚州芍藥應羞死。風雨春殘杜鵑哭，夜夜寒衾夢還蜀。何從乞得不死方，更看千年未爲足。」

（註一四三）放翁之推崇海棠，可謂備至。開慶元年，陳思有海棠譜三卷。

唐代菊花，僅限於黃白紫諸色。至宋代，大都市栽植，至爲普遍。「九月重陽，都下賞菊有數種，其黃白色蕊若蓮房曰萬齡菊，粉紅色曰桃花菊，白而檀心曰木香菊，黃色而圓者曰金鈴菊，純白而大者曰嘉容菊，無處無之。酒家皆以菊花縛成洞戶。」（註一四四）洛陽風俗，亦喜藝菊，比別地特盛。崇寧三年，劉蒙在洛，撰有菊譜一卷，論菊三十五品，有龍腦（出京師，九月末開，類金萬鈴而葉尖，黃菊有深淺色兩種，而是花獨得深淺之中，香氣芬烈，甚似龍腦，故推爲第一）、新羅（玉梅或倭菊，或云出海外）、都勝（陳州）、御愛（京師）、玉毬（陳州）、玉鈴、金萬鈴、大金鈴（未詳出）、銀臺（洛陽）、棣棠（西京）、蜂鈴、鵝毛、毬子（未詳出）、夏金鈴、秋金鈴、金錢（西京）、鄧州黃、薔薇（未詳出）、黃二色（未詳出）、甘菊（雍州）、酴醾（相州）、玉盆（滑州）、鄧州白、白菊（與鄧州白相類）、銀盆（西京）、順聖淺紫（陳州鄧州）、夏萬鈴（鄜州）、秋萬鈴（鄜州）、繡毬（西京）、荔枝（西京）、垂粉絲紅（西京）、楊妃、合蟬（未詳出）、紅二色（西京）、桃花（未詳出）。（註一四五）南宋時，節屆重陽，宮院陳列菊花千萬盆，供人玩賞。藝菊風氣，吹遍江南。范石湖謂蘇州花匠，善於栽菊，一榦生花數十百朵，團團如車蓋熏籠，花匠細心培植，新品種不時產生，曾見東陽人家菊圃多至七十種者，淳熙十三年，范村所植，止得三十六種。（註一四六）菊以黃爲正，故菊曰黃花。黃菊十六種，有勝金黃、疊金黃、棣棠菊、疊羅黃、麝香黃、太眞黃、垂絲菊、千葉小金黃、鴛鴦菊、金鈴菊、毬子菊、單葉小金錢、夏小金鈴、十樣菊、甘菊、野菊。白菊十五種，有五月菊、金杯玉盤、喜容、千葉御衣黃、千葉萬鈴菊、蓮花菊、芙蓉菊、茉莉菊、木香菊、酴醾菊、艾葉菊、白麝菊、白荔枝、銀杏菊、波斯菊。雜色菊四種，有佛頂菊、桃花菊、燕脂菊、紫菊。(註一四七)淳熙二年，史正志亦撰有菊譜一卷，謂可見於吳門者二十七種，其中多與范村譜之品相同。杭州菊花最多有七十餘種。(註一四八)淳祐間，史鑄有百菊集譜六卷，菊史補遺一卷，列菊名品一百三十一種，附註者三十二種，又一花五名，一花四名者二種。此可見南宋菊花品種至繁，講求藝菊而成為專技矣。

梅花占於春前，牡丹殿於春後，蜀花稱美者有海棠紅梅，而紅梅清艷兩絕，昔獨盛於姑蘇。汴京種梅花，城中有販售者。然古者不重梅，至宋為詩家所最貴，范石湖有范村梅譜一卷。周密以為「梅花為天下神奇，而詩人尤所酷好。淳熙乙巳（十二年），得曹氏荒圃於南湖之濱，有古梅數十。又闢地十畝，植梅合三百餘株，築堂曰玉照，因審其性情，思所以為獎護之策，乃疏花宜稱二十六條，花憎嫉十四條，花榮寵六條，花屈辱十二條，揭之堂上，使來者有所警省。」(註一四九)此視梅有性格而珍重之也。大庾嶺上梅花，南枝已落，北枝方開，宋代已有之。蘭有幽香，亦為人所愛，有紫白二色，吳蘭色深紫，建蘭色白，趙時庚撰有金漳蘭譜三卷。

洛中花木，雜花八十二品，果子花一百四十七種，刺花三十七種，草花八十九種，水花十七種，蔓花六種，共計有三百七十八種。(註一五〇)南宋花卉，見於載籍者，有牡丹、芍藥、丹桂、江梅、酴醾、紅梅、海棠、瑞香、菊花、蠟梅、榴花、千葉黃梅、千葉紅桃、千葉白桃、佛見笑、荷花、白山茶、茉莉、素馨、含笑、木犀、文官花、玉蕊花、聚八仙、衮繡毬、重杏、紫薇、木蘭、玉蘢葱、山茶、黃薔薇、海仙、繡帶、水仙、鬥日紅、玉簪、小黃葵、金鳳、雞冠、杜鵑花、玉蝴蝶等。南中花木爲北地所無者，茉莉花、含笑花、闍提花、鷹爪花（微似梔子，香而色雪白，亦稱爲鷹爪含笑花）之類。（註一五一）故廣州多外國異卉奇花，余靖詩：「石有羣星象，花多外國名。」（註一五二）正謂此也。

【注　釋】

（註一）司馬氏書儀，卷第三，婚儀上。

（註二）宋刑統，卷十四，戶婚律：「諸同姓爲婚者，各徒二年，緦麻以上以姦論。若外姻有服屬而尊卑自爲婚姻，及娶同母異父姊妹，若妻前夫之女者，亦各以姦論。其父母之姑舅兩姨姊妹，及姨若堂姨母之姑堂姑，己之堂姨及再從姨堂外甥女女婿姊妹，並不得爲婚姻，違者各杖一百，並離之。」但宋人仍有表親結婚者。

（註三）宋會要輯稿，第一六五冊，刑法二之七六。

（註四）仁宗欲以茶商陳氏女入宮，樞密使王曾、宰相呂夷簡，屢論列不可，卒罷之。

（註五）宋史，卷二八六，列傳第四十五，蔡齊傳。卷二九一，列傳第五十，宋綬傳。卷三四六，列傳第一〇五，彭汝礪傳。

（註六）雜類謂舅曾爲人奴僕，姑曾爲娼，並父祖係化外，及現居緣邊兩屬之人，其子孫並不許與皇家袒免以上親爲婚。（續資治通鑑長編，卷二八四）。

（註七）萍洲可談，卷一。
（註八）司馬氏書儀，卷第三，婚儀上，婚。
（註九）東京夢華錄，卷五，娶婦。
（註十）袁氏世範，卷一，媒妁之言不可信。
（註十一）苕溪漁隱叢話，前集，卷二十九，六一居士上，引高齋詩話。
（註十二）徐太宰宅求婚啓云：「伏以夫婦有經，周禮莫嚴於判合；婚姻尚族，衞詩偏敘於宗親。輒忘憑藉之微，仰恃游從之舊。某第幾姪某，從師有日，授室及時。伏承賢姪女第幾小娘子，相冑高華，姆儀嫻習。幸聞名於下執，許徼福於先公。門地非侔，雖培塿本無于松栢；宗祊有慶，庶澗溪共采于蘋蘩。有少定儀，具如別錄。」（浮溪集，卷二十二）。
（註十三）下定書云：「門館遊從，早託金蘭之契；衣冠歆艷，共稱冰玉之賢。倘非姻好之求，孰識交情之厚。伏承令女，閨房挺秀。某男中饋偶虛，雖文采風流，難繼乘龍之喜；而幣帛筐篚，聊陳執雁之儀。但顧衰宗，有慚嘉偶。」（于湖居士文集，卷二十八）。
（註十四）宋刑統，卷十三，戶婚律，婚嫁妄冒。
（註十五）宋史，卷一一五，志第六十八，禮十八，嘉禮六，士庶人婚禮。
（註十六）歐陽文忠公集，歸田錄，卷二。
（註十七）師友談記。
（註十八）河南程氏遺書，卷二十二下，伊川先生語八下。

（註十九）朱文公文集，卷二十六，與陳師中書。
（註二十）張子全書，卷八，理窟，喪紀。
（註二十一）宋刑統，卷十三，戶婚律，婚嫁妄冒。
（註二十二）能改齋漫談，卷五，息婦新婦。
（註二十三）十駕齋養新錄，卷十九。
（註二十四）袁氏世範，卷一，收養義子當絕爭端。
（註二十五）日知錄，卷十四，分居。
（註二十六）續資治通鑑，卷十，宋紀十。
（註二十七）宋史，卷二六五，列傳第二十四，李昭述傳。
（註二十八）江州陳氏，乃唐元和中給事陳京之後，長幼七百口，不畜僕妾，上下雍睦。凡巾櫛椸架及男女授受通問婚葬，悉有規制。食必羣在廣器，未成人者別一席。犬百餘隻，一巨船共食，一犬不至，則羣犬不食。別墅建家屬，聚書延四方學者，伏臘皆資焉。江南多士，多肄業於其家。（湘山野錄，卷上）。
（註二十九）澗泉日記，卷上。
（註三十）續資治通鑑長編，卷四十。
（註三十一）燕翼詒謀錄，卷五。
（註三十二）續資治通鑑長編，卷一〇一。

（註三十三）東都事略，卷五十四，列傳第三十七，姜遵傳。

（註三十四）袁氏世範，卷一，遺囑公平維後患。

（註三十五）文獻通考，卷十一，戶口二。

（註三十六）鄂州小集，卷五，鄂州到任五事劄子。

（註三十七）司馬氏書儀：「世俗信浮屠誑誘，於始死及七七日、百日、期年、再期、除喪，飯僧，設道場，或作水陸大會，寫經造佛，修建塔廟，云爲死者滅彌天罪惡，必生天堂，受種種快樂。不爲者，必入地獄，剉燒舂磨，受無邊波吒之苦。」（卷五，喪儀一，魂帛）。

（註三十八）河南邵氏聞見前錄，卷二。

（註三十九）宋景文公筆記，卷下。

（註四十）朱文公文集，卷四十五，答廖子晦。

（註四十一）四庫全書總目提要，卷一〇九，子部十九，術數類二，葬書條。

（註四十二）陔餘叢考，卷三十四，葬術。

（註四十三）四朝聞見錄，乙集，武林。

（註四十四）宋史翼，卷三十八，列傳第三十八，方技二。

（註四十五）魏了翁贈王正彥曰：「嘉定二年，余以心制里居，宅兆未卜，聞資中王直夫雅善青囊之術，即具書幣致之。居三日，余表兄高南叔，拉與登隈支山，過蟠鰲鎮，歷馬鞍山。未至山數里，直夫頓足而言曰：由長秋山而下，乾岡數里，其下當有坤申朝甲乙出之水，子之先君子其當葬此乎？下而卜之，果如所云，遂爲令長寧仟。既又爲余言：子未有室居，子之先廬，被山帶江，其上有山，與馬鞍之朝向若相似，然隈支爲巽巳峯，實當其前，儻知之乎？余曰：而未嘗涉吾地而惡乎知之？曰：余以氣勢之所萃知之。卜之，又如其所云，由是卽其地成室，是爲今白鶴書院。直夫又曰：書院氣勢之所鍾，當有以文字發祥者。余乃約十餘士之當赴類省試者，會文其上。是歲，自類元王萬里而下凡得七人；其不在得中者，後亦接踵科第，或以恩得官，莫有遺者。又曰白鶴書院雖得江山之要，然此地堙欝已久，今一旦開豁呈露，則家於是下之下者，其餘氣所鍾，亦當有科級之應。是歲余弟嘉甫與鄰居譙仲甫同登，卽七人之選也。先是，貢士題名於浮屠，以問直夫。直夫曰：若在七級則當七士，後皆如其言。凡此皆余一歲間身履而目擊者，自餘類此者，不可勝數。恐歲浸久而忘之，姑隨筆書此以記。」（鶴山先生大全文集，卷九十二，贈王彥正）。由此可略窺宋代堪輿對於陰宅陽宅風水之說。

（註四十六）盤洲文集，卷三十三，盤洲老人小傳。

（註四十七）揮麈錄，三錄，卷三，岳侯與王樞密葬地一同。

（註四十八）河南程氏遺書，卷第二下，二先生語二下。

（註四十九）朱文公文集，卷六十三，答胡伯量。

（註五十）宋會要輯稿，第一六〇册，食貨六八之一二八——一三〇。

（註五十一）宋史，卷一二五，志第七十八，凶禮四。

（註五十二）日知錄，卷十五，火葬。

（註五十三）續資治通鑑長編，卷一九九，嘉祐八年十二月條。
（註五十四）宋史，卷一七八，志第一三一，食貨上六，振恤。
（註五十五）楊龜山集，卷二，語錄，京師所聞，丙戌（崇寧五年）四至六月。
（註五十六）朱文公文集，卷七十九，江西運司養濟院記。
（註五十七）同上書，卷八十三，書廖德明仁壽廬條約後。
（註五十八）宋會要輯稿，第一五〇冊，食貨六〇之一一二。
（註五十九）鶴山先生大全文集，卷四十五，瀘州社倉養濟院義塚記。
（註六十）宋會要輯稿，第一六〇冊，食貨六八之一三六。
（註六十一）同上書，書一四九冊，食貨五八之二一。
（註六十二）夢粱錄，卷十八，恩霈軍民。
（註六十三）范文正公集，義莊規矩。
（註六十四）石門文字禪，卷二十二，先志碑記。
（註六十五）鶴山先生大全文集，卷四十四，毛氏慈惠莊記。
（註六十六）後村先生大全集，卷九十二，趙氏義學莊。
（註六十七）宋元學案，卷三十一，呂范諸儒學案。
（註六十八）陸放翁集，劍南詩稿，卷四十八，賽神。
（註六十九）石湖居士詩集，卷三十，臘月村田樂府十首序。

(註七十) 劍南詩稿，卷四十九，辛酉除夕。
(註七十一) 同上書，卷六十五，新歲。
(註七十二) 朱子語類大全，卷一〇七，雜記言行。
(註七十三) 司馬文正公傳家集，卷二十三，論上元令婦人相撲狀。
(註七十四) 東京夢華錄，卷六，元宵。
(註七十五) 周密，乾淳歲時記。
(註七十六) 武林舊事，卷二，燈品。
(註七十七) 皇朝類苑，卷六十二，風俗雜誌，嬉遊。
(註七十八) 山堂肆考，宮集第十卷，蠶市。
(註七十九) 劍南詩稿，卷二十七，春社。
(註八十) 日知錄，卷十四，生日。
(註八十一) 十駕齋養新錄，卷十九，生日獻詩詞。
(註八十二) 苕溪漁隱叢話，後集，卷二十三，六一居士，引蔡寬夫詩話。
(註八十三) 避暑錄話，卷上。
(註八十四) 清波別志，卷中。
(註八十五) 齊東野語，卷十五，張氏十咏園。
(註八十六) 澠水燕談錄，卷四，高逸。

（註八十七）齊東野語，卷二十，耆英諸會。

（註八十八）司馬文正公傳家集，卷六十八，洛陽耆英會序。苕溪漁隱叢話，後集，卷二十二。夢溪筆談，卷九，人事一。

（註八十九）苕溪漁隱叢話，後集，卷二十二。

（註九十）夢溪筆談，卷十五，藝文二。

（註九十一）宋史，卷九十九，志第二十五，禮二，吉禮二，南郊。

（註九十二）東京夢華錄，卷七，駕幸臨水殿觀爭標錫宴。

（註九十三）同上書，卷七，三月一日開金明池瓊林苑。

（註九十四）夢粱錄，卷二十，角觝。

（註九十五）劍南詩稿，卷二十二，晚春感事。

（註九十六）同上書，卷十二，三月二十一日作。

（註九十七）同上書，卷六，春感。

（註九十八）同上書，卷二十五，九月一日夜讀詩稿有感走筆作歌。

（註九十九）東京夢華錄，卷七，駕登寶津樓諸軍呈百戲。

（註一百）雞肋編，卷中。

（註一〇一）陸放翁集，老學庵筆記，卷一。

（註一〇二）石門文字禪，卷十一，鞦韆。

（註一〇三）文獻通考，卷一四七，樂二十。
（註一〇四）武林舊事，卷六，諸色伎藝人。
（註一〇五）夢粱錄，卷二十，百戲伎藝。
（註一〇六）東京夢華錄，卷五，京瓦伎藝。
（註一〇七）事物紀原，卷九，影戲。
（註一〇八）夢粱錄，卷二十，百戲伎藝。
（註一〇九）武林舊事，卷三，社會。
（註一一〇）容齋隨筆，五筆，卷一，俗語有出。
（註一一一）雞肋編，卷三十五，廣象戲圖序。
（註一一二）鐵圍山叢談，卷六。
（註一一三）張舜民，畫墁錄。
（註一一四）陳郁，藏一話腴。
（註一一五）玉照新志，卷二。
（註一一六）汴京平康記。
（註一一七）後村先生大全集，卷一七四，詩話前集。
（註一一八）癸辛雜識，後集，禁男娼。
（註一一九）伊川擊壤集，卷十九，洛陽春吟八首。

（註一二〇）鐵圍山叢談，卷六。

（註一二一）豫章黃先生文集，卷九，乞姚花二首。

（註一二二）歐陽文忠公集，居士外集，卷二十二，洛陽牡丹記，風俗記第三。

（註一二三）同上書，花品序第一。

（註一二四）同上書，居士集，卷二，洛陽牡丹圖。

（註一二五）同上書，居士外集，卷二十二，洛陽牡丹記，花釋名第二。

（註一二六）洛陽牡丹，千葉黃花十種，紅花三十四種，紫花十種，白花四種。多葉紅花三十二種，紫花十四種，黃花三種，白花一種。（周叙，洛陽花木記，牡丹）。

（註一二七）邵氏聞見前錄，卷十七。

（註一二八）文獻通考，卷二一八，經籍四十五。

（註一二九）欒城集，後集，卷三，次遲韻千葉牡丹二首。

（註一三〇）張右史文集，卷十，與潘仲達二首。

（註一三一）楓窗小牘，卷上。

（註一三二）陸放翁集，渭南文集，卷四十二，天彭牡丹譜，花品序第一。

（註一三三）同上書，風俗記第三。

（註一三四）宛陵先生集，卷五十七，楊樂道留飲席上客置黃紅絲頭芍藥。

（註一三五）東坡志林，卷五。

（註一三六）揚州芍藥譜，敘。
（註一三七）同上書。
（註一三八）能改齋漫錄，卷十五，芍藥譜。
（註一三九）鐵圍山叢談，卷六。
（註一四〇）洛陽花木記。
（註一四一）丹淵集，卷二十五，賞梅唱和詩序。
（註一四二）劍南詩稿，卷四，成都行。
（註一四三）同上書，卷七十五，海棠歌。
（註一四四）東京夢華錄，卷八，重陽。
（註一四五）劉蒙，菊譜。
（註一四六）范村菊譜，序。
（註一四七）同上書。
（註一四八）夢粱錄，卷十八，花之品。
（註一四九）齊東野語，卷十五，玉照堂梅品。
（註一五〇）洛陽花木記。
（註一五一）捫蝨新話，上集，卷四，論南中花卉。
（註一五二）武溪集，卷一，寄題田待制廣州西園。

中華史地叢書

宋代政教史 上篇（一） 上篇（二）

1912

作　　者／劉伯驥　著
主　　編／劉郁君
美術編輯／中華書局編輯部

出 版 者／中華書局
發 行 人／張敏君
行銷經理／王新君
地　　址／11494 臺北市內湖區舊宗路二段181巷8號5樓
客服專線／02-8797-8396　　傳　真／02-8797-8909
網　　址／www.chunghwabook.com.tw
匯款帳號／兆豐國際商業銀行　東內湖分行
067-09-036932　中華書局股份有限公司

法律顧問／安侯法律事務所
印刷公司／維中科技有限公司　海瑞印刷品有限公司
出版日期／2015年3月再版
版本備註／據1971年12月初版復刻重製
定　　價／NTD 1,185

國家圖書館出版品預行編目（CIP）資料

宋代政教史. 上篇 / 劉伯驥著. — 再版. —
臺北市 : 中華書局, 2015.03
冊 ; 公分. —（中華史地叢書）
ISBN 978-957-43-2399-9(全套 : 平裝)

1.政教關係 2.宋史

625.1　　104006259

NO.G0013-1(1) G0013-1(2)
ISBN 978-957-43-2399-9（平裝）

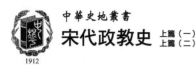